한국어로 내려온
New Bible

새로운
성 경

제26권

2부 | 총10부

하얀마음

하나님 말씀 중에서

1. 사랑의 하나님

- 세상을 창조하신 하나님은 모두를 사랑하신다. 인간만 특별히 더 사랑하지 않고, 우주 만물을 다 똑같이 사랑하신다. 그러니 하나님이 창조하신 천지 만물과 화친하고, 미물까지도 소중히 대하라.

- 하나님은 특정 종파나 민족만을 더 사랑하지 않으신다. 자기 자신만 구원받겠다는 욕심을 버리고, 자기 종파만 구원받는다는 편협한 교리에서 벗어나야 한다. 종파를 초월해서, 모두를 사랑하라.

- 원수까지 사랑하라 했으니, 이 세상에 사랑하지 못할 자가 누가 있겠는가? 종파가 다르다고 해서 부모 형제와 원수처럼 지내는 자는 인간의 근본을 모르는 자다. 가장 가까운 가족부터 사랑할 때 남도 진심으로 사랑할 수 있다.

- 한 사람을 원수같이 생각하던 마음에서 사랑하는 마음으로 돌리면, 자기 자신의 마음이 가장 기쁘고 행복하다. 하나님께서는 인간의 마음속에 무거움이 없이 기쁘고 행복한 삶을 살기를 바라신다.

- 이웃을 "내 몸처럼" 사랑하라 했으니, 마지막 한 장 남은 천국의 티켓도 이웃에게 양보하라. 자기 중심적인 신앙에서 벗어나서 남을 위해 살아야 한다.

- 독초도, 약초도, 이단도 사탄도 천사도 다 필요하기에 존재한다. 독초일지라도 극소량을 사용해서 생명을 살릴 수 있고, 약초라 하더라도 남용하면 생명을 잃을 수 있다.

- 세상 모든 것을 명약으로 활용하는 것은 인간의 지혜에 달렸다. 어떤 것이든 어떤 사람이든 적재적소에 꼭 필요한 명약으로 승화시키라.

- 사탄도 이단도 천사도 모두 하나님의 주관하에 존재한다. 진정한 하나님의 백성은 사탄과 마귀까지도 감화시켜서 천사로 거듭나게 한다.

2. 기도

- 하나님은 인간의 생각까지 모두를 다 알고 계신다. 우리의 소원도 이미 알고 계시기에, 소원의 기도를 할 필요가 없다. 우리가 받을 자격이 되면 내려 주신다.

- 죄를 짓고 아무리 회개를 해도 용서받지 못한다. 도둑질한 자는 용서해 달라고 기도하고, 도둑맞은 자는 도둑을 잡게 해 달라고 기도하면, 공의의 하나님은 누구의 편에 서시겠는가?

- 자기가 잘못한 것은 그 사람에게 직접 갚고 용서를 구하라. 그가 용서하면 하나님도 용서하신다. 땅에서 매면 하늘에서도 매이고, 땅에서 풀리면 하늘에서도 풀리는 이치다.

- "회당에서 기도하지 말고 골방에서 기도하라" 했다. 눈에 보이는 골방이 아니라, 골방과 같이 고요한 마음이다. 잡념을 버리고 하나님을 향해 마음을 집중하며, 사랑하고 용서하는 아름다운 생각만 나오도록 하라.

- "두드리면 열릴 것이다." 하는 것은 육의 소원을 위해 두드리라는 것이 아니라, 진리의 깨달음을 얻기 위해 두드리라는 것이다.

- 기도하는 방법: 생활 속에서 수시로 기도하는 삶을 살아야 한다.

- "저의 죄를 용서하여 주옵소서." 하는 회개의 기도를 하라.
- 범사에 "하나님! 감사합니다." 하라. 현재 가진 것에 감사하며, 과욕하지 말라. 자기 노력 이상의 것을 더 갖고자 기도하는 것은 도둑놈심보다. 공의의 하나님은 각자 노력한 만큼 주신다.
- "하나님 뜻대로 살아가겠나이다." 하며 마음의 각오를 다지라.

- 기도는 하나님의 말씀을 받아서 "행하는 것"이다. 하나님이 계심을 굳건히 믿고, 하늘을 향하여 한 점 부끄럼 없이 사는 삶 자체가 가장 위대한 기도이며, 삶이 곧 예배다.

3. 지도자

- 똑같이 사랑한다는 말을 해도, 순수하게 하는 말은 천사의 말이지만, 사기 쳐서 재산을 가로채려고 하는 말은 사탄의 말이다.

- 종교 지도자가 아무리 훌륭한 설교를 해도, 신도의 재물을 거둬서 더 큰 교회를 짓고 자기의 부귀영화를 바라며 설교하면 사탄의 가르침이 된다.

▪ "저희 교회는 만원사례요, 믿음은 다 같으니 이웃의 개척 교회에 가서 예배를 드리시오." 하며, 이웃 교회의 부흥을 먼저 생각하여 제 신도를 보내는 종교 지도자가 있다면 그를 따르라. 그가 하나님의 사랑을 실천하는 자다.

▪ "부자가 천국에 들어가는 것은 낙타가 바늘구멍을 통과하는 것보다 더 힘들다" 하였거늘, 지금의 교회에서는 부자가 되기만을 기도하고 소원하니, 이는 곧 천국을 포기하고 지옥 행 열차의 티켓을 사는 것과 같다.

▪ 예수는 빈손이었다. 종교 지도자가 예수보다 더 호화롭고 편안하게 살아간다면 잘못된 것이다. 부귀영화와 명예를 바라는 자는 절대로 갈 수 없는 좁고 협착한 길이 종교 지도자의 길이다.

▪ 종교 지도자는 유리로 비춰 봐 한 점의 부끄러움이 없이 살아야 한다. 의식주도 직접 일해서 해결하고, 예수의 가르침과 행함을 그대로 따라야 한다.

▪ 종말은 없다. 지금의 잘못 가는 종교 집단에게만 종말이 있다. 보이지 않는 하나님은 보이는 육의 종말은 관여하지 않으신다. 환경 파괴로 인간이 스스로 멸망을 자초하는 것이다. 종파끼리 싸우기 전에, 무너진 인성을 바로잡고 지구의 몸살을 해결하는 데 뜻을 모으는 게 급선무다.

4. 성전이란

▪ 이 세상 자체가 하나님께서 만드신 성전이다. 자연보다 더 아름다운 성전이 있는가? 보이는 건물이 성전이 아니라, 성스러운 마음가짐이 성전이다.

▪ 반석 위에 교회를 지으라 했다. 지상의 단단한 돌은 인간이 쪼갤 수 있으나, 마음속의 굳은 결의는 세상 무엇으로도 쪼갤 수 없다. 바르고 굳건한 믿음으로 성경의 가르침을 실천하는 것이 마음의 반석 위에 교회를 짓는 것이다.

▪ 손으로 지은 건물의 교회에 모여서 복음을 전하는 것이 아니라, 교회를 개인과 가정에 심어 주어야 한다. 무너지고 부서지는 건물을 짓지 말고, 마음속에 영원히 불변하는 참진리의 교회를 지으라.

5. 십계명

- 십계명은 인간이 죽어서 반드시 통과해야만 하는 열 개의 관문이다.

- 부모를 공경하지 아니한 자는 "네 부모를 공경하라." 하는 제5계명의 관문이 열리지 않으니 구원받을 수 없다.
- 살인, 간음, 거짓, 우상 등의 나머지 계명도 마찬가지다.

- 십계명은 하나님의 친필이다. 모기소리만 한 하나님의 음성이라도 들어 보겠다고 여기저기 찾아 헤매지 말고, 십계명부터 암송하고 지키라.

- 십계명은 영혼을 구원하는 양식이며, 십계명을 지키는 것이 구원을 받는 길이다. 인간이기에 지키고자 노력하고 또 노력한다면 지킬 수 있다.

- 십계명을 지키고 천사처럼 아름답게 살아가는 그 마음 하나면 세상에 이루어지지 않는 것이 없다.

6. 보물

- 하나님은 재물이 아니라 우리의 마음을 받으신다. 사랑을 실천하며 천사처럼 변하는 마음이 하나님께 바치는 보물이다.

- 보이지 않는 하나님께 재물을 바치려 하지 말고, 너희를 길러 준 부모에게 용돈 드리고, 찾아뵙고, 효성을 다하라. 그것이 하나님께 효도하는 것이다.

- 하늘에는 선과 악의 창고가 있다. 자기 창고에 선이 많으면 천국으로 구원을 받고, 악이 많으면 심판받아 지옥으로 간다. 그것이 바로 "선한 일을 행한 자는 생명의 부활로, 악한 일을 행한 자는 심판의 부활로" 나오는 것이다.

- "선악과를 따먹지 말라"는 것은 양심을 지키라는 것이다. 선과 악을 구분할 수 있는 양심을 최초에 인간에게 주셨다. 선한 열매는 취하고, 악한 열매는 버리며, 양심에 비추어 부끄럼 없는 삶을 살아가라.

- 가장 작은 거짓말을 하지 않고, 가장 작은 죄를 짓지 않으며, 가장 작은 선행을 하고, 가장 작은 악행을 멀리하는 것이 율법의 일점 일획도 빠뜨리지 말고 다 지키는 삶을 사는 것이다.

7. 우상

- 박물관에 있는 불상은 하나의 예술품이다. 그 조각품에 대고 제 소원을 빌 때 우상숭배가 된다. 십자가라 하여도 그 앞에서 소원을 빈다면 우상숭배하는 것이며, 하나님께 소원을 빈다면 하나님을 우상으로 전락시키는 것이다.

- 지금 기복신앙에 젖어 있는 모든 사람이 우상 앞에 절을 하고 있다. 조각품을 우상이라며 파괴하지 말고, 네 마음속에 있는 욕심의 우상을 무너트리라.

- 생수를 약초가 먹으면 약을 만들고 독사가 먹으면 독을 만든다. 같은 성경을 봐도 선한 지도자는 신도를 천사로 만드는 데 활용한다. 그러나 욕심이 가득한 지도자는 재물을 거두어들여 제가 부귀영화를 누리는 데 악용한다. 그가 바로 성경을 우상숭배의 도구로 전락시키는 거짓 선지자다.

- 성경을 한 획도 빼거나 더하지 말라는 것은, 그 가르침을 빠트리지 말고 온전히 지키라는 것이다. 성경 속에서 자기에게 유리한 구절만 보는 것은, 자기에게 불리한 구절들을 빼 버리는 것이다. 믿음이 제일이요, 행함은 구원과는 관계없다는 것은 자신에게 유리한 쪽으로 성경을 악용하는 것이다.

- 진정한 종교 지도자는 종파에 관계없이 어떤 종파든 어떤 책이든 접하고 보고 깨우쳐 견문을 넓히도록 인도한다. 참진리를 모르고 자신이 없는 자가 남을 이단이라며 배척하고, 신도들의 눈과 귀를 가린다.

8. 예수

- 예수의 재림은 없다. 예수가 다시 온다 해도, 과연 누가 그를 예수라고 믿겠는가? 예수와 같은 삶의 행함이 곧 예수의 재림이다. 각자 모두가 “재림 예수”가 되는, 차원 높은 믿음으로 가야 한다.

- 예수는 “주여 주여 하지 말고, 아버지의 뜻대로 행하라”고 했다. 예수가 전한 하나님의 뜻이 곧 “길이요, 진리요, 생명”이며, 그 가르침이 예수의 보혈처럼 소중한 것이다. 예수를 믿는 것은, 예수의 가르침을 믿고 따르는 것이다.

- 예수는 낮은 자로서 만백성을 섬기고자 했다. 만나는 모든 사람을 다 하나님이라 생각하라. 돈을 벌수록 겸손하고, 높은 지위를 얻을수록 낮아지라.

▪ 예수는 종파를 만들지 않았다. 인간이 만든 종교와 인간의 교리를 따르지 말고, 예수를 통해 전한 하나님의 참진리를 연구하고 따르라.

▪ 예수가 2천 년 전에 만백성을 위해 죽었으니, 지금 이 땅에는 예수의 가르침대로 사는 천사만 존재해야 한다. 예수가 죽어 가면서 바란 것은 만백성이 천사가 되어 예수의 자리를 채워 주는 것이지, 지금과 같이 재물을 바치면서 중언부언 제 소원만을 비는 백성들을 바란 것이 아니다.

9. 구원

▪ 천사가 사는 천국에는 천사만 갈 수 있으니, 천사 같은 마음을 길러야 한다.

- "천국 열쇠를 네게 주리니 땅에서 무엇이든지 매면 하늘에서도 매일 것이라" 했다. 땅에서 천사같이 사는 자가 하늘에서도 천사가 되어 천국에 들어간다. 모든 사람에게 천사같다는 말을 듣는 삶을 살아야 한다.

▪ 천사의 곱고 아름다운 마음은 부모를 공경하고 어른을 어른으로 대접하는 데에서 출발한다. 효도하는 자는 형제와 화목하게 지내기에 가정이 화목해지고, 이웃과 화목해지고, 국가가 화목해지고, 온 인류가 화목해진다.

- 그러므로 지상의 아름다운 소왕국은 가정에서부터 이루어야 한다.

▪ 선택된 14만 명만 구원받는 것이 아니라, 천사처럼 변하고자 하는 14만 명을 기초로 온 인류가 천사처럼 거듭나는 영적인 개혁이 시작되는 것이다.

▪ 천 년에 걸쳐서 하늘에서 이루어진 것같이 이 세상을 낙원으로 만들어, 만백성이 지상의 천국에서 살다가 죽어서 그대로 하늘의 천국으로 들어가는, 영원한 지상 낙원을 건설하는 것이 하나님의 계획이다.

- **이것이 구약과 신약에 이어 "새로운 성경"으로 역사하시는 하나님의 창조의 완성이다.**

▪ 지금의 믿음으로 구원받을 수 있다면 그 길을 가라. 그러나 자신이 없다면 하나님께서 직접 내리신 160권의 "새로운 성경"을 읽고 구원의 길을 보라!

하나님 머리말씀

이 새로운 성경을 읽는 너희 모두는
이 율법에 따라 행하면 영원히 구원받을 것이니라.

너희 인간이 수년, 수십 년, 평생
성서를 공부하고 기도하는 것은
하늘나라 나의 곁으로 오고 싶은 소망일진대,

몇천 년 전의 너희 인성과 생각이
지금의 너희와는 판이하게 다르니,

꺾여 가고 병들어 가는 너희를 고칠 수 있는 길은,
오늘 내가 선지자에게 내리는 새로운 성경과 같이
너희가 변화되는 것뿐이니라.

나의 예수가 태어난 것처럼
내가 아들 선지자를 선택하여
나의 새로운 성경을 온 세계에 전하고자 하니,

묵은 것은 버리고 새로운 것은 취하여,
너희 모두는
'여호와 하나님! 저의 죄를 용서하여 주옵소서.'
하는 기도문으로 기도하고, 죄를 뉘우치라.

이 새로운 성경은
수천 년간 내려온 성서를 요약한 것이니,
너희는 이 책을 정독하여 쉽게 깨달음을 얻고,
이대로 실천하여 하늘에 오르라.

대역자 머리말

■ 하나님의 율법을 지키는 선지자로 선택을 받도다.

저는 남들처럼 그저 열심히 살아온 평범한 사람이었습니다. 그러나 50대 중반에 사업에 실패하여 많은 부채에 시달렸으며, 건강도 악화되어 눈이 잘 안 보이고, 걷기도 어렵고, 두통이 심해서 잠을 이룰 수 없는 고통의 나날을 보냈습니다. 그때 제가 선택할 수 있는 것은 육의 삶을 끝내는 길뿐이었습니다.

죽기 직전에 그동안에 죄를 지은 이들에게 용서를 빌고 인생을 끝내기로 작정하였습니다. 어려서부터 지은 죄를 빌고 빌다 보니 끝이 없었고, 죽음으로도 그 많은 죄를 용서받을 길이 없다는 생각에 하염없이 눈물이 흘렀습니다. 그 순간 '재래식 화장실의 구더기는 죄를 짓지 않는데, 나는 인간으로서 구더기만도 못한 삶을 살았구나.' 하는 생각이 들면서 괴로움에 몸부림칠 때, 갑자기 하나님의 음성이 들렸습니다.

"나는 여호와 하나님이니라. 너는 십계명을 암송하고 내가 내려 주는 메시지를 받아 책으로 만들어 만백성을 구하라." 하시며, 제 눈을 손으로 문지르게 하시고, 아픈 머리와 다리를 손으로 두드리게 하셨습니다. 그러고 나니 눈도 잘 보이고 걸을 수 있었으며 머리의 통증도 말끔히 낫게 되었습니다. 그때부터 십계명을 암송하고 나면 들려주시는 말씀을 기록하였고, 1999년 8월부터 2004년 7월까지 권당 288쪽, 총 160권을 받아서 "새로운 성경"이라는 책으로 펴내게 되었습니다.

그러한 저에게 죽기보다도 힘든 길이 시작되었습니다. 모든 교인들이 저에게 사탄이요, 이단이요, 악마요, 마지막 시대에 온 거짓 선지자라 하면서 공격하였고, 저를 짐승을 보듯이 대하는가 하면, 편협한 종교 지도자들의 선동으로 신도들이 이 책을 직접 읽어 보고 평가할 기회마저 막아 버렸습니다. 그래서 하나님의 말씀을 세상에 내는 데 많은 어려움을 겪으며, 피를 토하는 심정으로 책을 전하고 있습니다.

그러나 아무리 인간의 힘으로 막으려 해도, 하나님의 뜻이 세상에 전해지는 위대한 역사는 계속될 것입니다. 책으로 전해지는 "하나님의 말씀"은 세상 끝날까지 항상 우리와 함께하실 것입니다. 사람은 죽어도, 책에 기록된 말씀은 영원히 남으니까요.

■ 따뜻한 실천

하나님께서는 어려운 사람들에게 삶의 터전을 마련해 주고, 미래를 열어 주는 것을 기뻐하십니다. 어려운 이웃이 스스로 자립할 수 있도록 이끌어 주는 것이 진정으로 이웃을 돕는 것이라고 말씀하셨습니다. 그래서 일자리가 없는 제자들에게 작은 사업장을 만들어 주는 "달란트 사업"을 하고 있습니다. 식당, 반찬 가게 등을 차려 주고, 기존의 어려운 사업장이 자립할 수 있도록 돕고 있습니다(커피숍, 미용실, 의상실 등).

하나님께서는 교회에 나와서 모든 시간과 재물을 쏟기를 원하지 않으시고, 그 시간과 재물을 교육에 투자하여 스스로 미래를 열어 가기를 원하십니다. 그래서 제때 공부하지 못한 제자들에게 학업을 이어 가도록 하였습니다. 중화요리 주방장을 하며 초등학교 검정고시부터 공부하여 2012년에 방통대를 졸업한 36세 남성, 만학도들의 2년제 중학교에 입학해서 2007년에 명지대학을 졸업한 38세 여성, 중학교 검정고시를 시작으로 숭의여자대학을 졸업한 47세 여성 등이 있습니다. 그밖에도 많은 제자들에게 나이를 초월하여 배우고 깨우쳐서 사회 속의 당당한 일원이 되도록 인도하고 있습니다.

학자금 대출로 힘겨워하는 젊은이들을 위해 "따뜻한 바람 장학회"를 발족하여(2016년 12월) 대출받은 학자금 전액을 매월 갚아 주고 있습니다. 또한, 다문화 가정을 위해 "다문화 가족 랜드"를 조성하여, 각종 시설을 무료로 활용하도록 하고 있습니다.

이러한 따뜻한 실천이 아직은 미약합니다. 그러나 책의 수입이 늘고, 저와 뜻을 같이하는 분들이 늘어나면 계속 확대할 것입니다. 지도자로서 신도의 재물을 헌금으로 거둬들여 착복하는 것이 아니라, 하나님께서 기뻐하시는 일에 사용하도록 중매 역할만 하며 살아가고자 합니다. 이런 제가 과연 사탄이고 이단인가요? 하나님께서 기뻐하시는 일이라면, 저에게 사탄이라 하든 거짓 선지자라 하든 굽히지 않고 실천해 나갈 것입니다.

끝으로, 일상의 삶 속에서 "지금 내가 하는 행동이 과연 하나님께서 기뻐하실까, 슬퍼하실까?" 생각하고, 매사에 하나님께서 기뻐하시는 길을 택하기 바랍니다. 교회에 모여서 집단적으로 예배 드리는 것이 아니라, 개인이나 가정 단위로 새로운 성경을 읽어 스스로 깨우치고 그대로 행하면 충분합니다. 그것이 마음속에 성전을 짓고, 신령과 진정으로 예배 드리는 길입니다. 그러면 천국의 문에 들어서게 됩니다.

2017. 2. 1.

하나님 말씀 대역자 김용철

차 례

십 계 명

이 책은 십계명을 암송하고 나면 내려 주시는 "하나님의 음성"을 듣고 그대로 받아쓴 기록입니다. 하나님께서 십계명을 모세에게 내려 주셨지만, 그것은 만백성에게 내려 주신 것입니다. 마찬가지로 이 책의 모든 말씀도 저에게 내려 주셨지만, 만백성 각자에게 들려주시는 말씀입니다. 여러분도 이 책을 접할 때마다 십계명을 암송하고 나서 정독해 주시기 바랍니다.

제일은, 너는 나 외에는 다른 신들을 네게 있게 말지니라.
제이는, 너를 위하여 새긴 우상을 만들지 말고, 또 위로 하늘에 있는 것이나, 아래로 땅에 있는 것이나, 땅 아래 물 속에 있는 것의 아무 형상이든지 만들지 말며, 그것들에게 절하지 말며, 그것들을 섬기지 말라.
제삼은, 너는 너의 하나님 여호와의 이름을 망령되이 일컫지 말라.
제사는, 안식일을 기억하여 거룩히 지키라.
제오는, 네 부모를 공경하라.
제육은, 살인하지 말지니라.
제칠은, 간음하지 말지니라.
제팔은, 도적질하지 말지니라.
제구는, 네 이웃에 대하여 거짓 증거하지 말지니라.
제십은, 네 이웃의 집을 탐내지 말지니라.

나 여호와가 존재함을 믿는 그 자체가 구원의 길에 들어서는 기본이요, 근본이며, 나의 새로운 성경을 가슴에 안고 정독하는 자, 반석 위에 서서 하늘에 오르는 찬란한 빛을 보게 되는 영광을 얻게 됨이니라. 진정 나를 따르고 믿는 자는 감히 사탄이나 마귀도 근접하지 못하느니라.

〈하나님 말씀〉

2002년 3월

2,013 번째 하나님 말씀

2002년 3월 11일 01시 20분

1 사랑하는 선지자야!
2 "네, 여호와 하나님! 말씀하옵소서."
3 내가 너에게 일깨워 말하였느니라.나
의 아들 예수가 너희들의 육이 먹어서
배부른 떡과 생선을 그 많은 군중에게
먹인 것이 아니라 성령의 그 떡과 생
선을 그들에게 먹였음이니, 그들이 그
와 같이 받음이니라.
4 이는 곧 그들이 나 여호와가 존재함을
믿으며 나의 아들 예수가 그들에게 전
하는 나의 성령의 뜻을 그들의 가슴
으로 받아 육의 고기요, 생선이요, 떡
이라는 것보다도 성령으로써 더 위대
함을 받아 그들이 그와 같은 형국이
이루어진 것을 너희들이 지금 잘못 기
록하여 잘못 전하고 있는 그 형국으로
변하여졌음이니라.
5 너는 이를 갖고 두려워 말라.
6 이와 같은 나의 진실을 나의 피조물
만백성에게 전할 때, 그를 들어 너에
게 사탄이요, 이단이요, 사악한 자라
말하는 자 수없이 있을 것이나,
7 그렇지 아니하고 정녕 이것이 나 여호
와의 뜻이라 하여 너를 따르고 추종
하는 자가 또한 더 많이 인산인해를
이룰 것이며, 이를 듣고 이해하고 깨
닫는 자가 있을 것이니, 너는 걱정하
지 말라.
8 내가 너에게 말하였느니라.
9 감히 누가 잘못된 것을 고치고 바로잡
을 수 있는가?
10 너희들이 타고 다니는 그 차라는 것도
부속끼리 서로 싸우면 어찌 된다 하였
느냐?
11 그는 아무것도 아니며 내분만 난다 하
였느니라.
12 그리하여 그것을 만든 사람이 크고 작
은 것을 수정하고 고쳐서 올바른 그
기계를 만들 수 있듯이,
13 지금 내가 제3의 시대를 열어 천 년에
걸쳐 나의 피조물 만백성을 바로 세우
며, 사악한 무리가 이 땅에 뿌리를 내
리지 못하게 하고 선하고 천사와 같은
하얀 마음을 가진 나의 백성이 이 세
상을 덮어 살아가게 하고자 하는 것이
나의 뜻이라 하였음이니라.
14 그리하여 내가 직접 너에게 성령을 내
려보내어 법전을 만들어 세상 나의 피
조물 만백성을 구하는 그 대업을 시작
함이니,
15 내가 잘못된 부분을 잘못되었다 너희
들에게 깨우쳐 줌이니, 이는 나만이
할 수 있는 일이며 나 여호와만이 명
할 수 있음이니라.
16 이 모두는 사실인 것이니라.
17 그리하여 그리 왜곡되게 기록되어 저
희들이 그와 같은 기적이요, 영광을
이룰 수 있는 것처럼, 그리고 저희들
도 그렇게 할 수 있으며 그러한 영광
이 있을 것이라는 저희들 나름대로 환
상에 젖어 착각 속에 살아가도록 지금

만들어 놓은 것이 너희 잘못된 종교
지도자들이 잘못 이끌어 온 형국이니
라.
18 이와 같은 잘못된 부분을 받아들이는
자와 받아들이지 못하며 제 고집만
피우는 자가 있으니, 이는 구원을 받
고 못 받음이 여기에 있음이니라.
19 네가 지금 나의 법전이라 하여 기록하
는 이 나의 성령이 정녕 거짓이요, 이
게 사탄의 장난이요, 이단의 사악한
무리가 하는 것이라면, 이것이 천년만
년 흘러가는 나의 피조물 만백성에게
생명수가 되는 책으로서 기록되어 전
할 수가 없으며,
20 이와 같이 네가 나 여호와를 찾으며
나의 명에 따라 이 기록을 할 수 없으
며, 네가 장장에 십계명을 외우지 아
니한 것이 없으며 십계명을 바로 지키
겠다는 그 약속에서 네가 행하는 그
모습에 내가 너에게 성령을 내려 기록
하게 하였음이니, 이는 나 여호와가
주관함이니라.
21 이와 같이 잘못된 것을 하나하나 바로
잡아 갈 것이며, 이를 바로잡아 가는
것은 나 여호와밖에 없음이니라. 아무
도 이를 바로잡아 갈 수가 없는 것이
너희들의 형태이니라.
22 너희들도 스스로 광야에서 5천 명에
게, 그 많은 사람에게 떡과 생선을 먹
였다 하는 것을 알 것이니라.
23 그리고 너희들은 하나의 기록을 잘못
함이 있음이니라.
24 너희들은 몇 광주리의 떡과 생선이 남
았다 말하였으니,
25 나의 아들 예수가 너희들에게 먹이는
그 귀하고 소중한 나의 재산을 어찌하
여 더 많이 만들어 몇 광주리씩이나
더 쌓아 썩히고 버리게 만들었다 하는
것이냐?
26 이것은 너희들이 너무 과장되게 기록
하고자 하여 그를 기록하는 자가 실수
하였음이니, 이게 바로 그게 현실이
아니라는 것을 알게 되는 증표이니라.
27 너희들이 그저 과장되게 생각하지 아
니하며 나의 피조물 만백성을 그와 같
은 환상으로 잡아 놓고자 하는 생각이
없었더라면, 너희들은 그저 5천 명이
면 5천 명, 6천 명이면 6천 명에 대한
떡과 생선을 먹을 수 있는 기적을 이
루었다 했으면 끝날 것이니라.
28 그러나 그것이 많이 남았다는 것은,
전지전능한 나 여호와가 나의 아들을
통하여 전하는 나의 음식을 그리 썩어
나가도록 많이 만들어 놓겠는가?
29 이 부분이 너희들이 과장되게 한 하나
의 잘못 기록된 것이니, 이게 너희 스
스로 판 무덤에 너희가 빠지는 결과가
되었음이니,
30 남았다는 그 자체가 잘못되었음을 너
희들은 알아야 할 것이며, 그 뜻을 한
번 생각해서 너희들이 선지자 앞에 설
명해 보라.
31 그와 같은 몇 광주리의 떡이 어찌 남
았는가?
32 떡이 남았다는 것은 풍족히 만들었으
며, 풍족히 너희들에게 줄 수 있으며,
나 여호와의 아들 예수를 믿음으로써
너희들은 양식과 곡식이 넘고도 넘치
는 그와 같은 은혜와 축복을 받을 수
있다는 그와 같은 생각으로써 나의 피

조물 만백성을 이끌어 가며,
33 그들이 그와 같은 기적 속에서 그 기
적을 이룬 나의 아들 예수를 믿고 따
름으로써 너희들은 구원을 받을 수
있으며, 그와 같은 권능과 역사를 이
루었기 때문에 너희들이 다 그 보혈로
써 은혜를 받았다는 그런 생각으로써
너희들이 그리 유도하고자 만들어 낸
하나의 과장이니라.
34 정녕 떡과 생선은 없었음이니라.
35 그는 나의 성령의 생선과 떡으로써 그
들을 배불리 채웠으며, 그리 성령으로
써 내린 그 역사인 것을 너희들이 알
아야 될 것이니라.
36 그를 기록한 것을 너희들이 정녕 육
신의 떡과 생선을 받은 양 그리 만들
었음이니,
37 모두는 성령으로써 이루어지며 성령
을 받아 성령으로써 모든 것을 잉태하
며 성령으로써 이루어진 그 역사 속에
나에게 구원의 길에 오르고자 함이지,
38 떡 한 쪽과 생선 한 쪽으로써 배부른
육신을 위해서 그러한 기적은 이룰 수
도 없으며 이루지도 아니함이니라.
39 오로지 성령인 것이니라.
40 성령으로써 그들을 배부르게 하였으
며 그들을 먹였음이니, 너희들은 이와
같이 성령의 역사가 이루어졌다는 것
을 다시 한 번 깊이 깨우치고 생각해
보면 나의 이 가르침의 뜻을 알게 될
것이니라.
41 그리하여 지금 나의 성령이요, 나의
뜻이라 하여 성경으로써 너희들이 가
르치고 지도해 온 그 부분의 잘못된
부분이요, 너희들이 기록해 놓은 그
부분이며 너희들이 나의 피조물 만백
성이 읽고 현혹되게 하기 위해 만든
그와 같은 잘못된 부분들을 내가 다
찍어 내고 찾아내 그것을 나의 피조물
만백성에게 깨우쳐 주어 바르고 옳은
성서가 되며,
42 그 성서의 다음 세대의 나의 법전이
역사를 이루는 것이며, 천 년에 걸쳐
아름다운 동산 속에 살아가는, 악의
씨를 뿌리를 뽑고 오로지 나의 선한
백성만이 존재하는 그 역사가 이루어
짐이니, 내가 너에게 말하였느니라.
43 나의 법전에 잘못된 부분이 있으며 잘
못 기록된 부분이 있으며 너희들이 말
로써 전하며 말로써 전달하면 전하는
사람에 따라서 큰 오차가 생긴다고 하
였음이니라.
44 지금 나의 성서를 가지고 공부하는 너
희들은 어찌하여 이와 같이 사악하고
험악한 시대가 이루어졌는지 아는가?
45 나의 성서의 중간중간에 너희들이 필
요한 부분을 꿀떡과 같이 너희들에게
좋고 편리한 쪽으로 만들어 삽입하였
기 때문이니,
46 그리하여 지금 너희들이 험악한 이와
같은 역사의 현장에 와 있게 되었으며
지금에 종말의 시대를 이루게 되었음
이니, 그를 다 찾아내고 뽑아내야 할
것이니라.
47 그리하여 바른 성서의 깨달음이요, 구
약의 깨달음이요, 신약의 깨달음 속에
서 나의 법전을 너희들이 볼 때,
48 정녕 나의 뜻인 것만 가지고 공부하고
깨우쳐야만 너희들이 바른 삶을 살 수
있으며, 새로운 시대를 볼 수 있으며,

새 역사요, 새 땅이요, 새 나라를 이룩
하는 그와 같은 뜻을 너희들이 알게
될 것이니라.
49 모두는 다 성령이라 하여, 그리고 모
든 성서는 한 자도 오류가 없으며 한
자도 더하고 빼서는 안 된다는 그러한
말로써 너희들을 그리 잡아 놓았음이
니,
50 더하지도 말고 빼지도 말라는 말은 할
수가 있느니라.
51 성서를 기록하는 자에게 더하지도 말
고 빼지도 말라는 말은 할 수는 있으
나, 한 자도 오류가 있다 없다 하는 것
은 너희들이 위장된 것을 감추고자 함
이니라.
52 나의 선지자를 통하여 내가 성령을 내
려 그에게 기록하는 과정을 들었는가?
53 '사랑하는 선지자야, 너의 생각을 한
자도 넣어서는 안 되며 너희들의 생각
을 넣어서는 안 되며 네 뜻을 기록해
서는 안 된다.' 그리 깨우치고 다그쳐
나가느니라.
54 그러나 내가 그에게 이 글자는 한 자
도 틀린 것이 없으며 또 하나도 오류
가 없다 그리 가르치는가?
55 너희들이 나의 뜻 외에 다른 것을 집
어넣는 것은 안 된다 말할 수 있으나,
오류가 있다 없다 하는 이야기는 할
필요가 없음이니라.
56 그는 거꾸로 뒤집어 보면 너희들 스스
로 잘못된 것을 집어넣음이니, 너희
뜻대로 기록했기 때문에 이는 한 자도
틀린 것이 없으며 오자와 탈자도 없으
며, 이와 같이 너희들의 생각을 미리
못을 박아 놓아 다른 생각을 하지 못
하게 하는 그와 같은 사악한 잔꾀를
너희들이 부렸음이니,
57 이게 또한 성서를 가르치는 너희들의
하나의 허점임을 알아야 될 것이니라.
58 너희들은 가장 현명한 것이라 행하는
것은 너희들 인간사에 기록했으며 너
희들이 가르치고자 삽입한 것이요, 꿀
떡을 너희들이 챙기기 위하여 나의 성
서에 기록한 거기에는 너희들이 강조
하고 또 강조하는 것이 너희들이 잘못
가르친 올가미가 되는 것이니라.
59 5천 명의 백성을 먹이고 몇 광주리가
남았다는 그 자체는 너희들이 더 크나
큰 기적을 이룰 수 있고 풍부한 기적
을 이뤘으며 위대하다는 것을 기록하
기 위하여 너희들이 더 남았다 기록하
였으나,
60 더 남았다 기록한 그것이 과장된 것이
며, 그리고 나의 아들이 그리 남게 할
수 없으며 나의 음식을 그리 버리지
아니함이니,
61 이것이 너희들이 하나의 실수를 기록
한 것이니라.
62 그리고 성서에는 한 자의 오자도 없으
며 한 자도 나 여호와의 뜻이 아닌 말
은 기록되지 아니하였다 그리 강조하
는 것이 또한 그게 바로 너희들의 잔
꾀에 너희들 스스로 무덤을 판 것이니
라.
63 정녕 그리 된 성서 같으면 그러한 말
을 할 필요가 없느니라.
64 그저 그대로 전하고 깨우치면 된다는
당당한 자부심을 가져야 될 것이거늘,
65 너희들이 잘못 가르치고 잘못 써 놓고
너희들이 변질시켰기 때문에 그를 덮

고 너희들이 덮어 버리기 위하여, 너
희들의 흉악한 그 행위를 덮기 위해서
한 자의 오류도 없으며 잘못된 것이
없으며 오로지 하나님 말씀만 기록되
었다 그리 너희들이 말하여 덮어두고
자 하는 것이니라.
66 나의 선지자가 무어라 말하는가? 내
가 또 선지자에게 무어라 가르치더
냐? 그를 내가 뭐라 다그치더냐?
67 '한 자도 네 생각을 넣지 말라.' 하였
음이니라. 넣는 것은 잘못됨이라 내가
그리 가르쳤음이니라.
68 그러나 나의 법전이 나의 뜻 외에 한
자의 틀린 것이 없으며 획이 틀린 것
이 없으며 오류가 없이 완전무결한 것
처럼 그리 나는 말하지 아니함이니라.
69 그는 너희들 인간이 하기 때문에 변화
가 있으며 또 변화되고 잘못된 것을
서서히 잡아 나가 완벽한 것으로 너희
들이 만들었을 때 내가 그와 같은 말
을 할 수 있음이니라.
70 너희들이 그와 같이 완벽한 양 말하는
것이 너희들의 가식이 그곳에 숨어 있
으며 너희들의 오류가 숨어 있으며 너
희들 자신이 잘못한 것을 위장하고자
하는 너희들이 바로 너희들이 판 무덤
에 걸려들어 이게 진실이 아니라는 것
이 밝혀짐이니, 그 또한 나의 뜻이니
라.
71 너희들은 속일 수 없으며 너희 뜻을
집어넣은 것을 언젠가는 내가 나의 피
조물 만백성에게 일깨워 주기 때문에,
너희들이 그와 같은 자충수를 두었다
는 것을 잊지 말라.
72 나의 사랑하는 피조물 만백성 너희들
은 나의 성령이요, 성령을 태워 내려
보낸 나의 법전을 읽고도 나의 이 뜻
을 깨우치지 못한다면 이를 어찌하겠
는가?

2,014 번째 하나님 말씀

2002년 3월 11일 02시 20분

1 사랑하는 선지자야!
2 "네, 여호와 하나님! 말씀하옵소서."
3 내가 너에게 일렀느니라.
4 지금까지 살아오는 너희들의 그 삶에
서 반대 방향으로 사는 것만이 너희들
이 구원의 길을 볼 수 있는 길이라 극
단적으로 내가 너희들에게 깨우쳐 주
었으나, 너희들은 과연 이 말을 어디
까지 믿는가?
5 그리고 내가 말하기를 오른쪽으로 도
는 팽이를 너희들이 왼쪽으로 돌려야
만 구원의 길을 오를 수 있으며 구원
을 받는다 말하였음이니, 얼마나 어렵
고도 힘들게 그 삶의 방향을 전환해야
되겠는가?
6 내가 너희들에게 이르기를, 지금의 종
교 지도자들이요, 믿음의 길을 가고
있는 자들을 너희들이 일깨워 줘야 하
는 그 수고에 너희들이 하나 알고 넘
어갈 것이 있다 하여 가르쳤으니,
7 믿음이라는 곳에 많은 세월을 두고 바
치고 투자한 사람, 많은 세월 동안 그
믿음을 간 사람을 너희들이 돌리려 하
지 말라 하였음이니,
8 이는 왜 그러냐 하면 반대의 길의 삶
을 너무 오래 살고 많이 산 자들일수
록 그를 돌릴 수 없음이라 하였음이니

라.
9 그들이 또한 굳어져 있으며, 그들은
육의 믿음을 위하여 살아왔기 때문에
영의 믿음과는 전혀 반대의 길을 왔으
며, 그리하여 그들의 영이 죽어져 있
기 때문에 그들을 돌이킬 수 없다 말
하였느니라.
10 지금 나의 피조물 만백성이 살아가는
형태요, 믿어 가는 형국이 이와 같이
되어 있음이니,
11 이를 바로잡아 새로운 세상을 만든다
는 것이 얼마나 어렵고 힘든 길인가를
너는 알아야 될 것이니라.
12 그들은 그러니라. 아무리 옳은 것을
저희 손에 쥐여 주어도 그를 옳다고
보지 아니하며, 아무리 옳고 바른 뜻
을 그들에게 전하여 주려 해도 그들은
그를 듣지 아니함이니라.
13 이는 종교 지도자들이 그들을 너무나
잘못 가르쳤으며 그들을 세뇌시켜 놓
았음이니,
14 쇠도 불에 달구어 두드리면 길들이고
만들 수 있으며, 아무리 단단한 바위
라 해도 그를 잘라서 너희들이 만들고
자 하는 형태로 조각하여 만들 수 있
음이며 다스릴 수 있음이니라.
15 그러나 인간의 변해진 마음은 다스릴
수가 없음이니라.
16 세뇌되어 그 길밖에 가지 아니하며 그
것밖에 보지 않는 인간은 바로잡을
수가 없으며 돌이킬 수가 없음이니라.
17 그리하여 인간의 세뇌가 무서운 것이
니라.
18 그리하여 나의 피조물 만백성을 종교
지도자가 수천 년 동안 그 조상 대대
로 세뇌를 시켜 왔음이니라.
19 인간이기 때문에 완벽하게 살 수 없다
는 세뇌를 시켰으며, 인간은 예수의
보혈로써 구원을 받았기 때문에 더 이
상 바랄 것이 없다, 그저 저희들의 성
전에 와서 기도하면 된다 그와 같이
세뇌를 시켜 그들이 그리 굳어져 있음
이니, 생각하는 기계가 되어 있음이니
라.
20 생각하지 않는 기계요, 생각이 없는
기계는 너희들이 조종할 수 있으나,
생각할 수 있는 기계는 그걸 조종할
수 없음이니라.
21 조종사가 조종하는 방법으로 움직이
는 것이 아니라 제 생각과 제 뜻을 거
기에 부합시켜 움직이니 조종할 수 없
는 것이 인간이니, 그와 같이 세뇌된
자이니라.
22 너무나 길고 긴 세월 동안 그들은 세
뇌가 되어 있고 그리하여 그들이 굳어
져 있으니, 이는 어떠한 방법으로써
그들을 깨우친다고 될 일이 아님이니,
23 그리하여 그들이 천 년이라는 세월을
두고 나의 법전으로써 서서히 깨우쳐
감이니, 이는 곧 너희들이 깨우쳐 바
로 서며 네 주변들이 바로 서며,
24 이와 같이 하여 이 세상을 덮어 가는
그 길밖에 없음이니, 조급해서는 아니
되며 성급해서도 아니 되며 남들과 갑
론을박하며 가서도 아니 됨이니라.
25 조용히 물 흐르듯이 그저 나의 법전을
읽고 너희들이 깨우치며 그 깨우침만
을 이웃에게 전하여 그들이 반대 방향
으로 가는 그 삶을 돌이켜 놓는 것이
너희들이 해야 할 일이니, 이것이 그

리 쉽지 아니함이니라.
26 이를 빨리 너희들이 돌려놓고자 하며 또한 오른쪽으로 돌아가는 팽이를 무조건 너희들이 왼쪽으로 돌리고자 하면 그 팽이는 쓰러짐이니,
27 모두는 다 너희들이 패하는 결과가 될 것이며, 모두는 아무리 좋은 나의 성령의 뜻이라 하여도 지탱하고 이끌어 나가기가 너무 힘드니,
28 새로운 방향으로 길을 잡지 아니하면 갈 수 없는 것이니라.
29 그러나 마지막으로 나의 성령을 태워 너희들에게 임하였으며 내가 너희들을 이끌어 가고자 하였음이니, 이는 돌이킬 수도 없으며 버릴 수도 없으며 던질 수도 없느니라.
30 오로지 너희들이 바른길로 시행하고 행하여 그들을 바로잡는 그 길밖에 없음이니, 마지막에 이루고자 하는 그 역사가 그리하여 소중함이라는 것을 너희들이 깨우쳐야 할 것이니라.
31 내가 너희들에게 이야기했듯이 믿음이라는 곳에 깊이 빠지면 빠질수록, 그들이 그곳에 투자한 세월이 길면 길수록 그를 돌릴 수 없으며 그를 깨닫게 할 수 없다 하였음이니라.
32 이제는 너희들이 스스로 정립해야 될 때가 왔음이니라.
33 너희들은 내가 말한 70의 선에 진입하였으며 이제는 80이라는 그 선을 위하여 너희들이 많은 노력을 하고 있음이니,
34 오로지 너희들이 하나가 되어 너희 자신이 서서히 변하는 그것만이 새로운 시대를 열어 가는 기초요, 근본임을 알아야 할 것이니라.
35 너희들이 하나가 변하고 둘이 변하며 셋이 변하는 그 속에서 서서히 그와 같이 변하는 나의 피조물 만백성이 이루어질 것이니,
36 너희들의 마음자리가 중요함을 알아야 할 것이니라.
37 이제는 내가 한 곳을 선정하여 그곳을 나의 법전을 전하는 곳으로서 완전히 너희들 것으로 이루라 하였음이니,
38 그곳에 열과 성의를 다해야 될 것이며, 모든 영향력을 그곳에 네가 투자하고 그곳에 바치는 마음의 자세로 가야 할 것이니라.
39 그리하여 그곳을 그와 같이 만든 다음에 너희들이 전국적으로 그 방향을 돌려야 될 것이며,
40 그리하여 너희들이 전국적으로 방향을 돌려 선한 자가, 깨닫는 자가 나의 뜻에 따라 내가 이루고자 하는 그 새로운 땅을 이루는 데 일익을 담당하는 자가 늘어나며,
41 그리하여 너희들의 자세가 굳어져 갈 때, 세상 방방곡곡으로 나의 법전을 전하는 그와 같은 역사가 이루어질 것이니라.
42 너무 조급히 생각하지 말며 불안하게 생각하지 말며 서둘지 말라.
43 모두는 서서히 두드리고 또 두드리고 넘어야 하느니라.
44 지금이 아주 극한 말세의 형국이 되어 있음이니라.
45 가장 독이 올라 있는 이와 같은 형태이니, 이때 잘못하면 너희들이 물리게 됨이니라.

46 뱀이라 하여 독사라는 그 독을 가진
미물이 가장 독이 많이 올라 있을 때
그를 건드는 것은 위험하지 아니하던
가?
47 지금 바로 독이 바짝 오른 독사라는
미물이 공격하기 위해 준비한 그와 같
은 시대에 너희들이 살고 있음이니라.
48 나의 피조물 만백성과 종교 지도자들
은 그 밑에서 깨우치고 가는 그들이
지금 저 자신이 광란의 믿음을 왔으나,
49 더 이상 나가는 것이 없으며 더 이상
갈 곳이 없으며 더 이상 보임이 없고
깨달음이 없음이니라.
50 그리하여 저희들이 스스로 내분이 일
어나기 직전이며, 또 저희들이 스스로
지도자를 단죄하고자 하는 그와 같은
생각이 있으며, 이 길이 아닌 바른길
로 가고자 하여 깨우쳐 돌아서고 싶은
자들이 지금 늘어나고 있음이니,
51 그들을 너희들이 조용히 기다리면 나
의 법전을 읽고 그들이 깨우쳐 올 수
도 있으나, 지금 너희들이 그들에게
법전을 전하며 그들을 속히 깨우쳐 오
고자 한다면,
52 그들은 지금까지 투자하고 바친 그 모
든 억울하고 분한 마음을 너희들에게
역으로써 던져 올 수 있음이니라.
53 그리하여 서서히 너희들이 때와 시기
를 기다리며 가야 하는 것이니라.
54 그들은 정녕 저희들이 속해 있는 그
단체나 소속에서 그리고 집단에서 뛰
쳐나오고 싶으나, 구약과 신약의 성서
외에는 저희들이 하늘에 오르는 길이
없다고 깨닫고 있으며 오르는 길을 모
르기 때문에 그러하니라.
55 나의 법전이 2부가 나가고 또 3부가
나가 세상에 전하게 될 때 그들은 이
것이 하늘에 오르는 길이라 생각하면
그곳에 가 몇십 년 동안 바쳤던 그 분
하고 억울한 마음을 배로 하여 너희들
을 따르고 너희들 앞에 와 그 모두를
바치는 그와 같은 역사를 이루는 자
들이 될 것이니라.
56 그러나 지금 독이 오른 독사와 같은
그 형국이요, 말세의 종말에 서 있어
그들이 지금 바짝 독이 나 있는 그 상
태에서 그들을 건드리면 그들은 너희
들을 무는 그쪽으로 그를 다 몰아붙일
것이니라.
57 스스로 그들이 진정한 길이 아니었음
을 깨닫고, 저희들이 바치고 수고한
모든 금전이요, 금화요, 은화요, 시간
이 너무나 억울하고 분하다 하여 저희
들이 바른길을 찾아 그를 만회하고자
너희들에게 와 법전을 읽을 때,
58 그들이야말로 그 쪽에서 열광적으로
믿었던 그 정열과 열성 못지않게 나의
법전을 전할 것이며, 그들이 가지고
동분서주 뛸 때 그들의 앞을 막을 수
있는 자가 없느니라.
59 그들은 그곳에서 너무나 많이 시련을
겪어 왔고 그 속을 너무나 잘 알고 그
들의 형태를 알고 그들이 잘 가고 못
감을 알기 때문에 그들의 약점을 그들
이 치고 들어가 그들을 끌어내는 그와
같은 역사가 이루어질 것이니, 그 세
월이 좀 필요하니라.
60 조금 더 기다리라. 조급히 생각하지
말라. 세상 것 그 모두는 다 너희 것이
라 말하지 아니하였느냐?

61 나의 뜻을 따르며 나의 뜻에 순종하며
나에게 오르고자 하며 살아가는 자들
의 것이거늘, 바로 너희들 것이니라.
62 그와 같은 마음으로 세상을 보며 조용
히 기다리라. 때가 머지않았음을 알게
될 것이니라.

2,015 번째 하나님 말씀

2002년 3월 11일 03시 25분

1 (예수님께서 하신 말씀입니다.)
2 선지자여!
3 나 예수가 여호와 하나님의 말미를 빌
려 이 깊은 밤에 몇 가지를 전하고자
합니다.
4 인간 세속의 삶 속에서도 저희 부모
앞에서 자식을 너무 칭찬하는 것은
부모에게 불효라 하였으며,
5 또한 그 자식이 제대로 된 자식이라면
부모 앞에서 칭찬을 받음이요, 영광을
받는 것은 스스로 부끄러운 일이며 그
가 몸 둘 바를 모를 것이 아닙니까?
6 그리고 또 윗사람 앞에서 그 밑에 낮
은 자를 너무 격려하고 칭찬한다 하
면, 그는 그 사람을 위함이 아니라 욕
되게 하는 그와 같은 결과가 되는 것
이니,
7 인간사에 살아가는 것도 그와 같은 법
도며 예의이거늘, 지금 많은 여호와
하나님의 피조물 백성이 나 예수를 이
리도 곤혹스럽게 하고 있음이니,
8 선지자께서 만백성에게 이를 일깨워
주고 전해 주시기를 간곡히 부탁드리
는 바입니다.
9 나 예수를 너무 과장, 포장하지 말며,
기적을 이룬 나를 너무 그리 그들이
과대평가하여 포장하지 말라 그리 일
러 주시며,
10 나의 보혈로써 모든 죄를 사했다는 그
말을 그들이 하지 아니하도록 해 주
시기를 바랍니다.
11 나의 피로써는 여러분들이 구원을 받
을 수가 없으며, 나의 피로써 여러분
들이 구원받는다는 그와 같은 허황된
말로써 나 예수가 여호와 아버지 앞에
서 너무나 어렵고 몸 둘 바를 모르는
이 어려운 길을 어찌하여 그들은 가게
하나이까?
12 나는 하나님이 계심을 믿으며, 그리고
하나님의 뜻에 의하여 내가 그와 같은
길을 행하였으며, 또한 선지자께서 많
은 사람에게 나의 죽음의 뜻을 일깨워
주었으나,
13 거기에 하나, 오늘 이 밤을 빌려 말씀
을 드린다 하면, 각자가 저희 자신을
알며 깨우치는 사람이 되라 하는 나의
간곡한 뜻이 거기에 하나 더 있었습
니다.
14 아버님의 십계명을 지키고 아버님의
율법에 따라 사는 것만이 구원을 받는
것이며 그리 살아 하늘나라에 와 구원
을 받으라 나는 그리 외쳤던 것이며,
15 그리고 하나 더 내가 바라는 것이 있
었으니, 여호와 하나님의 피조물 만백
성이 '자기 자신을 알라.' 하는 것을 나
는 부르짖고 싶어 부르짖었던 사람입
니다.
16 그러니 나 예수가 많은 형제, 그들에
게 전하는 것은 '자기 자신을 알라.'
하는 한 구절을 더 깨우쳐 주며, 자기

자신을 돌아다보며 반성하고 회개하
는 마음을 갖고 깨달음을 얻으라는 그
구절을 반드시 그들에게 전해 주시기
를 바라며,
17 나 예수를 너무 포장하며 과장하여 심
지어는 내가 여호와 하나님의 뜻에 의
하여 죽음의 길을 택했으며 또 그리하
여 그 흘린 피로써 여러분들의 죄를
사해 줬다는 그와 같은 어마어마하고
엄청난 그 말을 여러분들이, 많은 형
제가 수없이 부르짖으며 역사의 흐름
속에서 그렇게 가르치고 그리 울부짖
으니, 이를 어찌하면 되겠습니까?
18 여러분들께서, 그 형제분들이 그리 부
르짖는 것을 하늘나라 아버님 옆에서
듣는 나는 어찌해야 되며 이를 내가
어찌 바로잡아야 되겠습니까?
19 이와 같은 나의 고통스러운 심정을 선
지자께서 하나님의 법전의 한 구절에
기록하여, 감히 이는 할 수 없는 일이
나 나의 이 고통스러운 아픔을 한 구
석에 기록하여 우리 형제들이 나를 그
리 부르지 말며
20 내가 구세주인 양, 그리고 나의 보혈
로써 모든 죄를 사함 받았다는 그런
말을 부르짖지 마옵소서.
21 일국의 제왕 앞에서 전쟁터에 나가
조금 공을 세우고 온 자가 백성이 환
호하는 것을 저를 환호하는 듯 받았다
하면 그 얼마나 어리석은 자이며 그
제왕에 대하여는 얼마나 죄가 되겠습
니까?
22 선지자께서도 알다시피 선지자 앞에
서 먼저 모든 것을 자기가 받으며 더
높이 알며 깨달음이 있다 하여 설치는
그 사람들의 행동을 보실 때 어떠하였
습니까?
23 하물며 여호와 하나님의 아들이요, 아
버님의 명에 따라 살아가며 행한 저에
게 저의 그 값없는 피 한 방울로써 여
러분들을 구원하는 그 보혈의 영광을
받았으며 그로 구원을 받는다는 그와
같은 여러분들의 울부짖음으로 인하
여 내가 아버님 앞에서 항상 죄인과
같은 마음으로 고개를 들지 못함이니,
24 누구를 통하여 그를 중단하며 막을 수
가 있겠습니까?
25 선지자께서 나의 아버지의 법전 한 구
석에 이를 기록하여 저의 애달프고 괴
로운 마음을 그들에게 전하여 주옵소
서. 그리하여 주시기를 바랍니다.
26 그리고 구원을 받는 것은, 영적인 구
원을 받는 것은 여러분들, 형제분들이
하는 일이며 가야 하는 길이거늘,
27 오로지 구원하시는 것은 영을 주관하
시는 아버님만이 할 수 있는 길이며
전지전능하신 여호와 아버님께서만
하시는 고유의 권한이며 그분의 모든
권능에 의하여 하시는 최후의 그분의
권능이시거늘,
28 영으로써 여러분들이 구원을 받는 것
을 생각하지 아니하며 아버님의 영으
로써, 아버님의 은혜와 은총으로써 구
원받는 것을 어찌하여 여러분들은 그
리하시는가?
29 이는 나의 아버지를 찾으면 여러분들
은 아버님께서 불로 쓰신 그 십계명을
지켜야 하는 고충이 있기에 그를 여러
분들은 벗어나고자 그와 같은 간악한
방법으로써 그리함이니,

30 어찌하여 여러분들은 이 자식이 부모
에게 불충하는 그와 같은 우를 만들어
아버님 앞에서 고개를 들 수 없으며
그저 죄인의 마음으로 살아가도록 나
를 이리 만드는 것인가?
31 나의 형제분인 여러분들은 그와 같은
나의 고충을 헤아려 주시고 나의 보혈
로써 구원받았다는, 꿈에도 맞지 아니
하고 꿈에도 있을 수 없고 상상할 수
없는 그 엄청난 일로 나를 욕되게 하
지 마시기를 바라며,
32 내가 아버님의 뜻에 따라 기적을 이룬
것은 나의 아버님의 뜻이지 내가 이룬
것이 아니니, 그를 나의 기적처럼 나
를 너무 과대 포장하여 저희들이 나를
그리 숭배하는 양하지 말라 하여 주시
기를 바랍니다.
33 어찌하여 내가 숭배받는 사람이 되며
존경받는 사람이 되며 여러분의 구세
주의 역할로서 구세주가 되어야 하겠
습니까?
34 오로지 그 모든 영광과 영광의 은혜는
아버님께 돌리셔야 될 것이며 그 모두
는 아버님의 주관하에 그리 이루어짐
이니,
35 이는 여러분들이 어찌 생각하면 사악
한 무리, 사탄의 무리에 물들어 부자
지간을 이간질하는 그와 같은 사악한
행위와 행동이라는 것을 아셔야 될 것
입니다.
36 나의 형제분들이 모르기에 그와 같은
행위를 하는 그것이 너무도 고통스러
우나, 내가 생각할 때에는 사악한 무
리가 나와 아버님의 부자지간의 그
사이를 이간질시키는, 너무나도 엄청
난 사악한 무리가 하고 있는 행동이
라는 것을 여러분들이 아셔야 될 것입
니다.
37 지금 나의 아버지가 내리시는 그 성령
의 법전에 나의 이 뜻을 말미를 빌려
한 구절을 전하여 나의 답답하고 아픈
가슴을, 이 마음을 여러분에게 전함이
니,
38 이를 읽고도 나의 보혈로써 은혜를 받
았으며 내가 구세주라 그리 부르는 자
가 있다 하면, 이는 부자지간의 관계
를 끊어 놓으려는 사악한 무리라 나는
생각할 것이며, 여러분들을 나의 형제
라 생각하지 아니할 것입니다.
39 여러분들은 나와 같은 형제입니다. 나
와 똑같은 형제입니다.
40 다만, 내가 여호와 하나님의 명에 따
라 그 고통의 길을 갈 수 있었던 것뿐
이며, 여러분들도 진정 그런 길을 갈
수 있으며 그와 같이 행할 수 있다면
여러분 또한 아버님께 그와 같이 은혜
와 사랑을 받는 자식이 될 것이며,
41 항상 여호와 하나님 옆에서 여러분들
이 보필하는 그와 같은 귀하고 귀한
자식으로서 자리를 지킬 것이거늘,
42 나와 여러분과는 어떠한 차이도 없으
며, 나나 여러분이나 똑같은 여호와
하나님의 자식임을 여러분들이 아셔
야 될 것이며, 나를 너무 미화시키지
말며, 나를 너무 과대 포장하며 과대
평가하지 마시기를 바랍니다.
43 간곡히 하나 더 부탁드리오니, 나의
형제들이 나의 이름으로써 구원받았
다는 그런 말은 있을 수도 없고 상상
할 수도 없는 일이오니, 그를 그리 부

르짖지 말아 주시기를 나 예수가 직접
부탁드림이니,
44 나를 찾지 말라 하는 것을 내가 직접
부탁하니, 나를 찾고 부르지 마시기를
바라며, 이를 꼭 여호와 하나님의 피
조물 만백성에게 일깨워 전해 주시기
를 나는 오늘 선지자께 부탁을 드립니
다.
45 그리고 아까 말씀하신, 떡을 나누어
주고 생선을 나누어 준 것은 여호와
하나님의 성령의 생선과 떡을 나누어
준 것이니 그리 아시고, 만백성에게
하늘에 오르는 좀 더 그 길을 넓고 높
게 보아 주시기를 바라며,
46 영의 세계에 구원을 받는 그 세상을
볼 수 있는 마음을 갖고, 육의 세상에
서 허덕이는, 육의 세상에서 얽매이고
헤매는 그런 믿음을 갖지 말라 일깨워
주시기를 바랍니다.

2,016 번째 하나님 말씀

2002년 3월 11일 09시 50분

1 사랑하는 선지자야!
2 "네, 여호와 하나님! 말씀하옵소서."
3 내가 하늘의 비밀을 너에게 알려 주었
으니, 인간은 60퍼센트의 그 60점 이
상을 넘을 수 없다 말하였느니라.
4 인간의 노력으로써도 그를 넘을 수 없
으며, 그 후에 너희들이 넘는 것은 나
여호와의 뜻이며, 너희들이 나의 계명
을 지키고 얼마만큼 충실히 살아가느
냐에 따라서 너희들이 60의 선을 넘
는다 하였음이니라.
5 지금 너의 제자들의 일부가 60을 넘
어 70이라는 선에 도래하였으며 네가
70의 선을 넘어 있음이니, 이는 어찌
해야 되는가?
6 거기에 맞는 너희들의 모든 행함과 실
천함이 따라야 하는 것이니라.
7 이제는 네가 바로 서고 곧게 가는 그
것만이 남아 있음이니라.
8 나는 나의 법전을 너희들에게 내려보
내어 한 점의 틀림이 없이 만들어 전
하면 되는 것이며, 그것이 나 여호와
의 뜻이며 내가 할 일이며,
9 선지자로서 만인에게 네가 인정을 받
고 사랑을 받으며 존경을 받는 삶을
살아가는 것은 너에게 달렸다 하였음
이니라.
10 이제는 모든 것이 너 자신에게 달렸
음이니 그리 알아야 할 것이니라.
11 내가 지금의 잘못 가고 있는 종교 집
단의 깊은 내역까지 세세히, 그리고
그들이 지금 처해 있는 모습까지 너희
들에게 알려 주었으며 들려주었음이
니,
12 이제는 너희들이 그와 같은 길에 반대
가 되는 너희들이 가야 할 길을 알았
을 것이며 너희들이 지켜야 할 그 길
을 알았을 것이니라.
13 그리하여 내가 너희들에게 가르친 잘
못된 그 모습을 너희들이 보고 답습하
면 아니 됨이니,
14 이제는 너희들이 그와 같은 길을 답습
하는 것이 아니라, 그와 반대의 길에
서 그를 하나하나 점검하면서 그들과
는 상이한 길이요, 그리고 진정한 하
늘에 오르는 길을 향하여 매진하고 달
려야 하는 것이니라.

15 너희들이 얼마나 소중한가 하는 것을
내가 수차 말하였음이니, 너의 제자들
과 너를 따르는 나의 피조물 만백성이
어찌 변하여 가느냐에 따라서 나의 새
로운 역사를 이루는 것이 이루어지며
이루어지지 못함이 여기 있음이니,
16 새로운 시대를 여는 데 너희들이 가장
기초가 되며 그리하여 너희들이 소중
하다 하였음이니, 너희들이 완벽히 변
하는 그 모습 속에 너희 주변이 변하
며 너희들의 자손이 변하여 가 천 년
후에 아름다운 지상의 낙원을 이루는
것이니라.
17 그리하지 않으면 아무것도 이루어질
수가 없음이니, 너희들이 얼마나 어렵
고 힘든 그 길의 고개를 넘어가야 하
는 것인지 알겠는가?
18 지금 나의 피조물, 종교 지도자들이
각종 방법으로써 너희 조상 대대로 비
틀어 재물을 모음이니라.
19 그들이 재물을 모으며 재물을 긁어모
으는 그 재미와 그 즐거움과 저희 행
복을 버리지 못하고 있음이니,
20 그리하여 그들이 구원의 길에 오를 수
없는 자며 잘못 가는 자라 그리 말하
였느니라.
21 지금 그들이 재물을 탐하지 아니하며,
나의 피조물 만백성에게 하늘에 올 수
있는 길을 인도해 준다, 깨우쳐 준다
는 그러한 명분으로 재물을 긁어모으
는 그 방법을 버린다면, 그들은 바로
구원의 길을 볼 수 있으며 구원의 길
에 임할 수 있는 것이거늘, 그들은 그
것을 버리지 못하느니라.
22 그들은 어떠한 방법에도 그것은 죽어
도 버릴 수가 없음이니, 그들이 바로
무엇이더냐? 나와는 전혀 관계도 없
는 길을 가고 있음이니라.
23 너희들은 전하여 일러야 될 것이니라.
그들이 나의 피조물 만백성을 비틀고
짜 재물을 긁어모으는 그 방법과 그
수법과 그 간악한 방법 모두를 버리지
아니한다면 그들은 결코 오를 수 없다
말하였음이니라.
24 그들이 지금 너희들을 끌고 가는 그
형태는 내가 뭐라 말하였느냐?
25 위에는 꿀을 바르고 밑에는 독소를 발
라 놓고 벌과 나비들이 모여들어 그를
먹는 즉시 죽는 그와 같은 길로 인도
하고 그들을 깨우쳐 간다 하였음이니,
바로 그와 같은 형국이니라.
26 그들이 영혼을 구하는 그 믿음을 가는
것이 아니요, 육의 생활과 육의 믿음
에 치우쳐 금화와 은화를 거둬들이고
그를 챙기는 즐거움과 행복함과 저희
들의 그 만족을 그들은 버릴 수 없으
니,
27 그와 같이 이용하여 그들의 품에, 그
들이 만든 그 성전이라는 곳에 너희들
이 들어가는 순간에 바로 죽는 자들이
기 때문이니라.
28 그는 영이 죽기 때문이니라.
29 그리하여 너희들의 영이 죽기에 내가
너희들에게 말하였느니라.
30 지금 종교 지도자들이 이끌어 가는 방
법이요, 너희들을 인도하는 그 방법은
밑에는 독소를 발라 놓고 위에는 꿀을
발랐으니,
31 그 꿀을 보고 벌과 나비요, 그 미물들
이 그를 입에 대는 순간에 그들이 죽

는다 하였음이니, 바로 너희들이 손으
로 만든 그 성전에 가 잘못 가르치는
종교 지도자에게 구원을 받고자 하며
그들의 설교를 들으며 그들이 가르치
는 방법을 따르는 그러한 자는 너희들
의 영혼이 그 자리에서 바로 죽음이니,
32 그리하여 너희들이 나에게 와 심판을
받지 못하며, 오로지 죄만 남아 있음
이니라.
33 그러나 나의 계명을 지키며 가르치며,
그 계명을 지키는 것이 너희들의 생명
이요, 구원의 길에 오를 수 있는 길이
라 가르치는 종교 지도자가 있다 하
면, 너희들은 그를 따르며 그 밑에 가
너희들이 깨달음을 얻어 하늘에 오르
는 길을 볼 수 있음이니라.
34 이와 같은 나의 이치를 너희들이 깊이
새겨 행해야 할 것이니, 착오 없도록
그리할 것이며, 너의 제자들과 이를
읽고 깨우친 백성은 그들을 그리 인도
해야 될 것이니라.

2,017 번째 하나님 말씀

2002년 3월 11일 12시 05분

1 내 사랑하는 선지자야!
2 "네, 여호와 하나님! 말씀하옵소서."
3 내가 성령으로써 세상에 내려보내 나
의 백성을 구하고자 하는 '나의 법전
을 가슴에 안고 정독하는 자, 반석 위
에 서서 하늘에 오르는 찬란한 빛을
보게 되는 영광을 얻게 됨이라.' 하였
느니라.
4 선지자야, 또한 나의 성령을 받아 이
법전을 만들어 세상에 전하는 너는 또
누구더냐?
5 그러니 네가 어찌 살아가야 되며 어찌
가야 하는지를 너 스스로 알지 않는
가?
6 어렵고 힘든 그 고행의 길을 가기 위
하여 네가 하나하나 털어 버리는 그
모습이 때로는 안타깝기도 하며 때로
는 불쌍하기도 하나, 그러나 육신의
그 모두를 버려야만 되기 때문이니,
7 네가 욕심을 지워 버려야 되며 네 마
음에 생각하는 것이 곧고 발라야 될
것이며 어떠한 것과도 너는 타협해서
는 아니 됨이니라.
8 정도가 아니면 가서는 아니 되며 선택
해서도 아니 됨이니라.
9 나의 피조물 만백성을 구하기 위하여
수천 년 역사가 흐르는 동안에 많은
종교 지도자가 하늘에 오르는 길이라
부르짖고 인도한다 하였던 그들이 지
금 어떠한 형국에 와 있는가?
10 그들이 왜 그리 다 쓰러졌고 그리 병
들었으며 오늘과 같이 그 생명마저도
사고파는 그와 같은 험악한 시대가 만
들어졌으며,
11 너희들이 말하기를 더럽고 추한 세상
이며 도둑놈이 들끓는 이와 같은 세상
이라 말하며 하나도 믿을 자 없다 하
는 그 불안과 공포 속에서 너희들이
어찌 살아가야 하겠는가?
12 너희들은 너희들과 아무런 관계도 없
는 맹수들보다도 너희들과 같은 형태
로써 같은 형제요, 의사를 소통하며
같이 살아가는 인간을 보는 것을 더
무섭게 생각하며 더 두렵게 생각하나
니,

13 이와 같은 너희들의 이 무서운 현실의 마음을 어찌 다스려야 될 것이며, 그와 같은 마음으로 너희들이 이루어진 것이 과연 어찌하여 그러한 결과가 생겼다 하는가?

14 이 잘못을 누가 다 책임을 져야 될 것인가?

15 이 세상 나의 피조물 만백성 중에 이에 대한 책임을 질 사람이 없으며 그에 대한 책임을 지고자 하는 자가 하나도 없느니라.

16 그냥 너희들이 만나면 반갑고 만나면 즐겁고 행복하여야 할 너희들의 형제를 너희들은 너희 스스로 만나는 것이 두려우며 인간보다도 더 무서운 것이 없다 그리 생각하고 살아감이니,

17 지금에 내가 너희들을 세상에 내보내어 아름답게 살라 하여 너희들에게 너희들이 이룰 수 없는 모든 기적과 영광과 그를 다 주며 내가 너희들에게 기회를 주었건만,

18 그리고 기적을 보였으며 나의 아들 예수가 그와 같은 고통과 시련의 길을 겪어 가면서도 너희들을 바로잡고자 하였으나,

19 지금의 너희들의 형국은 인간이 인간을 보는 것이 가장 두려우며, 세상에서 가장 무서운 것이 무엇이냐 물으면 너희는 서슴지 않고 인간이라 말할 것이며,

20 세상에서 너희들이 무엇이 제일 두려우며 가장 저주하는 것이 무엇이며 의심하는 것이 무엇이며 속을 줄 수 없는 것이 무엇이냐 말하라 하면 너희들은 인간이라 그리 말할 것이니라.

21 더러는 말 못 하는 짐승에게 밥을 먹여 기르면 그는 주인을 알아보며 감사할 줄 안다 하느니라.

22 그러나 지혜가 있고 깨달음이 있는 너희들 인간은 그만도 못하다는 소리를 너희들이 서슴없이 입으로 뱉어 냄이니,

23 이와 같은 형국을 이룬 자가 누구며, 이와 같이 지금의 시대의 변한 것을 누가 책임져야 될 것이며, 과연 이러한 시대에 너희들은 또한 변화가 없어야 한다고 생각하는가?

24 너희들이 말하듯이 사람의 목숨을 파리 목숨만큼도 못하게 여기며, 만나면 가장 즐겁고 행복해야 할 인간을 만나는 것을 두려워하며 가장 두렵고 공포의 대상으로 삼고 있는 것이 인간일진대, 이와 같은 험악한 세상으로 변화된 것은 누가 이리 만들었느냐?

25 그리고 이와 같이 종말의 시대로 지금 변해져 있는 이 시대에 너희들은 지금과 같이 끌고 가는 종교 지도자들의 가르침과 너희들이 믿고 배우는 그 상식 속에서 인간의 인간관계에 이루어지는 그 인륜의 관계에서 지금 너희들 자신이 회복될 수 있으며 천사와 같은 마음으로 살아갈 수 있는 너희들이 될 수 있는가?

26 이는 도저히 그리 갈 수 없고 그리 이루어질 수가 없음이니라.

27 그러니 이와 같은 시대를 누가 만들었는가?

28 그리하여 이와 같은 시대를 바로잡기 위한 새로운 시대가 열리지 않을 수 없으며, 새로운 나의 성령이 세상에

나가 나의 피조물 만백성을 구하여 영
원히 사는 나의 나라로 인도하는 이
대역사를 이루지 아니하면 아니 되게
되어 있음이니,
29 나 여호와 또한 너희들을 바로잡기 위
하여 나의 아들의 그 고통스러운 죽
음을 보도록 하였으며,
30 너희들이 그것으로써 다스려지지 아
니하고 바로잡지 못하고 바로 서지
못하여 이제는 나의 가슴의 성령을 불
로 태우는 그 아픔을 내가 그를 다 감
내하고 인내하며 너희들에게 나의 성
령을 내려보내어 법전으로써 세상에
너희들 대대손손에 전하여 그를 구원
하고자 하나니,
31 나의 이 찢어지는 아픈 가슴을 너희
들은 한 번 정도 돌아다보고 생각할
수 있는 마음의 여유는 없는가?
32 정녕 나의 이 아픈 마음을 너희들은
알겠는가?
33 그리하여 나의 성령을 너희들에게 전
하기 위하여 내가 마지막 모두를 다
바쳐 나 자신을 불로 태우는 그 아픔
속에서 나의 선지자를 통하여 법전이
라 하여 160권의 법전을 세상에 내보
내는 이와 같은 고통스럽고 힘든 나
여호와에게 너희들은 어찌하여 부끄
러움을 모르며 죄스러움을 모르며, 나
에 대한 이러한 수고를 너희들이 덜어
줄 수는 없는가?
34 나는 가장 아름답게 만든 나의 피조물
백성 너희들이 육신의 그 삶에 연연하
여 너희들의 영을 바라보지 못하며 살
다 와 그 지은 죄의 대가를 받아 너희
들이 고통스러운 것을 보기 두렵고 겁
이 나,
35 그리고 마음이 안쓰럽고 그를 바라볼
수 없어 너희들을 구원하기 위한 나의
법전을 세상에 내려보내는 나의 이 노
고에 대한 나의 마음의 분주함을, 그
리 내 성령을 태워서 내려보내는 나의
이 아픈 마음을 너희들은 어찌 생각해
보지 못하고 돌이켜 보지 못하는가?
36 이제 너의 제자들과 나의 법전을 읽고
깨우치는 나의 백성은 이와 같음을 깨
달아야 될 것이며, 너희들이 나의 법
전을 전하여 나의 피조물 만백성을 구
하는 데 한 치도 소홀히 해서는 아니
될 것이니라.
37 사랑하는 선지자야,
38 내가 지금 너를 통하여 나의 법전을
전함이니, 너 또한 네가 얼마나 소중
한 자이며 네가 얼마나 위대한 대업을
시행하고 있는가를 알아야 될 것이니
라.
39 그리하여 네가 바로 서지 못하며 바로
가지 못하며, 나의 피조물 만백성으로
부터 선지자라 존경받지 못하며 속과
겉이 똑바른 삶을 살지 아니한다 하면,
40 또한 수천 년 역사가 흐른 다음에는
이보다 더 사악한 현상이 이루어질 것
이며, 영원히 이 지구에 새로운 시대
가 열릴 수 없으며, 내가 주관하는 에
덴동산의 낙원이 지상에서 이루어질
수가 없음이니라, 선지자야!
41 그러하니 네가 한 점의 부끄러움이 없
이, 하나의 실수가 없이, 누가 너를 바
라보더라도 부끄러운 점이 없는 그와
같은 바르고 곧은 생활을 해야 될 것
이며,

42 그 어떠한 고통도 인내로써 너는 다
이기고 나가야 함이니, 그리 너만은
지켜야 될 것이니라.
43 네가 지키지 못하면 모두가 다 쓰러짐
이니라. 그리고 모두가 지탱할 수가
없음이니라.
44 내가 나의 성령을 태워 법전이라 하여
너희들에게 내려보내 너희들을 구원
하고자 하는 나의 이 아픈 가슴의 쓰
림도 다 수포로 돌아감이니라.
45 내가 너에게 일렀느니라. 너의 아내와
너의 제자들과 너를 가까이 따르는 너
의 제자들이 너를 바라보는 데 한 점
의 부끄러운 행동을 해서는 아니 되
며, 그들이 봤을 때 네가 잘못 가고 네
가 잘못 생각한다는 것이 한 점이라도
있어서는 아니 됨이니,
46 너의 아내와 너의 제자들이 바라보는
그 눈빛과 그들의 생각과 그들이 너를
생각하며 너를 바라보는 데 한 치의
부끄러움이 없는, 그들로부터 네가 존
경받는 그와 같은 삶의 변화를 해야
될 것이라 하였음이니, 네가 얼마나
많은 변화를 이뤄야 되는가?
47 작은 것에서부터 큰 것에 이르기까지
너를 보는 너의 제자들과 너와 더불어
같이 생활하는 너의 제자들의 눈에 한
점의 잘못됨이 없으며 부끄러움이 보
이지 아니할 때 나의 피조물 만백성이
너를 따를 것이며 정녕 선지자라 너를
따라올 것이니라.
48 그리고 수천 년 역사가 흐른 다음에
나의 피조물 만백성이 너의 살아온 그
흔적에 의하여, 그리고 너의 발자취에
의하여, 그리고 너의 아내와 너를 가
까이에 따랐던 너의 제자들이 남기는
그 복음서에 의하여 깨우쳐 너를 따라
갈 것이니,
49 거기에 기록되는 내용이 사실 그대로
기록될 수 있도록 네가 해야 할 것이
니, 얼마나 네가 바르고 바른 길을 가
야 하는 것인가?
50 선지자야, 너는 말하지 아니하였더냐?
51 도적질하는 그 손을 자르지는 못할지
언정 칼과 무기로써 그 손에 상처를
내는 마음을 가지라 하였으니, 네가
그와 같은 잘못된 생각이 들며 네 행
동이 잘못 가려 할 때,
52 너는 눈을 감고 너 스스로 네 가슴의
살점을 도려내는, 실지로 네 가슴에
상처를 내는 그와 같은 시련과 그와
같은 방법으로써라도 네가 바로 서고
지켜 가야 될 것이니, 이를 명심하여
시행하라.
53 선지자야, 그를 시행하지 못하면 모두
가 재로 변함이니라.
54 아무것도 이루어질 수 없다는 것을 너
는 깊이 깨우쳐야 할 것이니라, 선지
자야! 그리고 시행해야만 될 것이니
그리 알라.

2,018 번째 하나님 말씀

2002년 3월 11일 16시 20분

1 사랑하는 선지자야!
2 "네, 여호와 하나님! 말씀하옵소서."
3 내가 너에게 뭐라 말하였는가?
4 죽은 자라 말하였느니라.
5 죽은 자가 되어 살라 내가 너에게 말
하였으니, 죽은 자는 바로 무엇이더냐?

6 네가 아무리 어렵고 힘든 길을 간다
하여도 네가 죽은 자라 생각한다면 무
엇을 못 이기며 무엇을 더 인내하지
못하며 견디지 못하겠는가?
7 너는 항상 죽은 자라 생각하고 너 자
신이 견딘다 하면 모두를 다 넘을 수
있음이니라.
8 오로지 너와 너의 제자들이 다 스스로
죽은 자라는 마음의 깊은 뿌리를 너희
가슴에 심지 아니하면, 너희들의 인간
사에 살아가면서 그 육신의 삶의 세
계요, 그 모든 유혹과 거기에 변화되
는 것이며 너희들의 욕구와 너희들이
취하고자 하는 그 모든 것을 다 버리
고 간다는 것이 얼마나 어렵고 힘든
길인가를 너희 스스로 알 것이니라.
9 그리하여 많은 세월 동안 종교 지도자
들이 나의 피조물 만백성을 하늘로 이
끈다 하면서도 쓰러지고, 제대로 깨우
쳐 그들을 지도하지 못하는 것이 여기
에 있음이니라.
10 누구나 다 처음에 출발할 때 성령의
뜻에 따라 살며 나의 율법이요, 나의
계명을 지키며 그리고 바르게 살고 천
사와 같이 살겠다는 각오를 가지고 출
발하지 아니하는 자가 없느니라, 선지
자야!
11 그러나 그들이 어떠한 형태에 지금 와
있는가?
12 그들은 삶의 유혹이요, 인간 세속의
삶의 그 모두에 변하는 욕심과 명예와
부와 그리고 저희들 인간사의 희로애
락과 그 모두가 겹치고 겹치는 생활
속에, 또 하루와 이틀과 1년, 10년이
라는 세월이 흘러가면서 그들은 처음
에 먹었던 그 마음이 서서히 무너지며
인간 세속으로 빠져 들어가 스스로 무
너지게 됨이니라.
13 그리하여 그와 같은 역사의 전철을 밟
아 왔기에 오늘과 같은 험악한 세상이
이루어졌으며, 구원받은 자 한 사람
없으며 구원받을 자 없다 내가 말하는
뜻을 너는 알겠는가?
14 그들은 다 처음에는 누구 못지않은 각
오와 열의를 가지고 아름다운 삶을 살
며, 모든 나의 피조물 만백성을 올바
로 인도하여 하늘에 오르는 길을 가고
자 하였느니라.
15 그러나 그들은 살아오는 세월 속에서
스스로 무너지며 저희들이 지키지 못
하며, 그리하여 저희들이 지키지 못하
는 그 좌절과 죄의식에 그리 스스로
쓰러져 감이니라.
16 그리하여 스스로 타락이 되며 스스로
버려지며 나 여호와와는 아무런 관계
도 없는 멀고 먼 길로 그저 흘러감이
니라.
17 풍랑에 돛이 부러지고 돛대가 부러진
그와 같은 배처럼 그들은 그저 흘러가
는 물결에 맡기고 흘러가는 것처럼 저
희들의 인생을 그리 흘러가는 대로 그
저 편안하게 흘러감이니라.
18 그리하여 세속에서 그들을 건지고 구
원하는 것이 아니라 그 속에 저희들이
빠져들어 더불어 흘러가게 됨이니, 그
들이 어찌 지도자며 나의 피조물 만백
성을 이끄는 자라 말할 수 있겠는가?
19 그리하여 그들이 무너지고 또 쓰러짐
이니라.
20 그리해서 지금까지 온 것이 이와 같은

형태이니, 자신이 자제력을 잃고 자기
가 가야 할 길을 모르며 인도해야 할
그 길 자체를 모르는 자가 어찌 인도
를 하겠는가?
21 그와 같은 형태가 이루어지는 것이니
라, 선지자야!
22 너희들이 마라톤이라 하는 멀고도 먼
길을 달리는 경기가 있지 않으냐?
23 그 멀고도 먼 인간의 한계를 너희들이
체험하고 경험하는 그 길을 달리고자
그 출발선에 섰을 때, 누구나 다 우승
을 하지 않을 자가 없으며, 다 우승의
꿈을 안고 있으며, 면류관을 쓰는 그
와 같은 영광의 환상을 가지고 그들이
수년, 수십 년 동안 훈련과 훈련을 거
듭하여 그 시합장에 섰음이니, 그러나
그들에게 어떠한 결과가 나오는가?
24 우등은 단 한 사람이고 나머지는 처짐
이니라. 그리고 또한 중도에 낙오자가
됨이니라.
25 그것보다도 더 어렵고 힘들고 열배 백
배 고통스러운 길이 바로 하늘에 오르
는 길을 바로 보고 바로 실천하는 것
이니라.
26 처음에 면류관을 쓰며 우승의 꿈을 꾸
었던 그들이 중간에서 좌절하고 포기
하는 것은 얼마나 육신의 고통이 힘이
들며 견딜 수 없으면 그 모두를 포기
하는가?
27 그리고 우승의 그 영광을 스스로 저버
리며 그를 포기하고 그들이 가는가?
28 그러나 하늘에 오르는 종교 지도자요,
나의 피조물 만백성을 인도하는 지도
자는 그보다 열배 백배 더 고통스럽고
힘든 길을 이기고 넘어야 함이니,
29 매일매일 부딪치는 그 일 속에서, 그
생활 속에서 눈으로 보이는 육신의 명
예요, 재물이요, 권세요, 그리고 세속
에 사는 그 아름답고 즐거운 향락이
요, 그 모두가 1년, 2년 부딪치는 그
속에서 너희들이 처음에 먹었던 그 마
음은 스스로 바위에 부딪치는 파도처
럼 부서져 감이니,
30 그리하여 너희들은 난파된 배 조각처
럼 너희들 스스로 그저 흘러가도록 맡
겨 두는 것이 지금의 종교 지도자들이
이끌어 온 그 방법이며 형태이니라.
31 그를 정녕 이긴 자가 어디 있는가?
32 그리하여 너희들은 이기지 못하기 때
문에, 이길 수 없기 때문에 나의 십계
명을 아예 지킬 수 없다 지금 너희들
은 그리 말하느니라.
33 지금의 종교 지도자는 차라리 십계명
이요, 나의 율법이요, 내가 지키고 하
늘에 오르라는 그것을 인간이기에 지
킬 수 없다 그리하여 팽개치고 포기해
버린 상태에서 너희들이 기도하고 잘
못된 죄의 용서를 빌며 구원을 원하면
구원을 받는다는,
34 그리고 재물과 물질을 바치며 그리 구
원을 원하고 기도하면 구원을 받는다
는 가장 편안한 방법으로써 너희들이
지금 포기하였음이니,
35 마라톤이라는 것을, 면류관을 쓰기 위
하여 달릴 때 처음에 섰던 그 선수가
중간에 포기하며 걷고 쉬며 그리고
마시고 싶은 물을 마시며 그 경기는
완전히 포기한 상태에서 저 편한 대로
그저 흘러가는 것과 똑같은 형상이 바
로 너희들의 종교 지도자들이 지금 가

고 있는 형태이니라.
36 그들이 나의 계명을 저버리는 순간에
그와 같은 형국이 되어 버림이니라.
37 그러나 선지자야, 여기서 그 모두를
접고 이기고 너희들이 목적지까지 갈
수 있는 길이 있으니, 그것이 바로 무
엇이더냐?
38 죽은 자라 생각하고 살아가는 것이니
라.
39 너는 정녕 네가 죽은 자라 생각하며
오늘의 육의 세상에서 살아간다 생각
하면, 구원받아 하늘에 오르는 내가
너에게 내린 그 영혼은 하늘에 지금
와 나의 법도에 의해 살며, 너의 육신
은 죽은 것이라 네가 그리 생각하고
세상을 바라보고 산다 하면, 못 참을
것, 못 인내할 것이 어디 있는가?
40 울화가 치밀어 오르는 것도, 모두를
던져 버리고 싶은 그 화도, 향락에 젖
어 버리고 싶은 그 마음도, 그리고 이
고통스럽고 힘든 길을 다 포기하고 접
어두고 싶은 그 마음도 네가 죽은 자
라 그리 생각하고 산다 하면 그 모두
를 다 이길 수 있는 길이 여기 있음이
니, 네가 죽은 자로 살라 내가 명한 뜻
이 여기에 있느니라.
41 너의 사랑하는 제자들에게 너 또한 그
리 가르쳐야 할 것이니라.
42 이제는 그들에게 가르쳐 주라.
43 너희들이 죽은 자라 하지 아니하면 육
신의 모든 향락에서 절대 벗어날 수
없으며 그 유혹에서 헤어날 수 없으
며, 너희들이 순간순간에 저지르는 그
욕구와 그 죄와 너희들이 마음으로 짓
는 그 죄를 절대로 지우며 버리고 살
수 없음이라 그리 일러 주라.
44 그리하여 정녕 너희들이 내가 명한
70퍼센트의 그 선에서 80에 도래하며
그리고 너희들이 나로부터 구원받는,
영원히 사는 나의 낙원에 오는 나의
선택된 백성으로서 한 점의 부끄러움
없이 살아올 수 있는 길은 너희들이
죽은 자라 생각하며 사는 길밖에 없음
이라 그리 깨우쳐 주라.
45 너희들이 정녕 죽은 자라 생각하며,
살아 있지 않은 자라 생각하며, 육신
이 살아 움직이나 그 육신은 죽음이
요, 영혼은 이미 하늘나라에 가 있다
생각하고 너희들이 살아야만 될 것이
니라.
46 그리하여 내가 너희들에게 길을 가르
쳐 줌이니라.
47 이는 너희들이 나의 계명을 지키고 나
의 법전을 지키고 살아가고자 하는 마
음이 너무나 갸륵하고 아름다워 내가
소중한 나의 백성 너희들에게 지금 하
나의 길을 가르쳐 줌이니, 죽은 자라
생각하고 살라.
48 그리고 죽은 자라 생각하여 죽은 자의
삶을 너희들이 살아온다 하면 모두를
다 잊어버리고 편안히 나의 율법을 지
키고 살아갈 수 있는 것이며,
49 세상사 모두가 다 너희들 가슴 안에
있으며 눈 안에 있으며 너희들 마음속
에 움직이고 흘러가는 것을 너희들이
알게 될 것이니라.
50 세월의 인생사 살아가는 것을 너희들
이 거기에 맹종하여 따라가며 거기에
부합해서 사는 삶이 아니라,
51 그들을 통제하고 그들을 바라보며 그

들이 잘못 가는 것을 바로 세울 수 있
는 그와 같은 너희들의 가슴의 문이
열리며 세상을 보는 눈이 뜨이며 들리
는 귀가 열림이니라.
52 그리하니 너희들은 죽은 자의 삶을 가
라 그리 너의 제자들에게 일깨워 주
라, 선지자야!
53 모두에게 그리 가르치라.
54 그것만이 너희가 견딜 수 있는 길임을
알라.
55 얼마 남지 않은 육신의 생활에 얽매여
모두를 포기하는 일이 없도록, 영광과
영화가 너희들을 기다리고 있는 그 세
상을 포기하지 말라 가르치라.
56 오늘 너희들은 죽은 자이니 그리 알라.

2,019 번째 하나님 말씀

2002년 3월 11일 23시 20분

1 사랑하는 선지자야!
2 "네, 여호와 하나님! 말씀하옵소서."
3 너희들이 지금 나 여호와로부터 선택
을 받았으며 나 여호와로부터 성령을
받았다 하며 너희들이 무엇인가 깨우
쳐 얻었다 하는 그러한 것을 너희들
자신이 되돌아보고 너희들 자신이 두
드려 보며 너희들 자신이 생각해 봐야
할 것이니, 그를 나의 피조물 만백성
에게 일깨워 줘야 될 것이니라.
4 너희들이 원하는 것, 너희들이 소망하
는 것, 너희들이 이루고자 하는 너희
들의 그 애절한 뜻을 너희 스스로 착
각이요, 환상 속에서 보게 됨이니,
5 이것이 소위 단막극과 같은 그러한 형
상으로써 너희들에게 보일 때, 너희들
은 그것으로써 나로부터 은혜를 받았
으며 성령이 임하였으며 깨달음을 얻
었다 그리 말하니,
6 이와 같은 것이 너희들이 얼마나 잘못
된 오류며, 잘못 가고 있는가를 깨우
쳐야 될 것이니라.
7 나 여호와가 너희들에게 말하여 이르
지 아니하더냐?
8 너희들 자신이 소중한 것을 알며, 가
정이 소중한 것을 알며, 이웃과 사랑
을 나누며,
9 나 여호와가 원하는 근본이요, 기본이
사랑이라 하였으니, 사랑을 실천하는
것이 나의 성령이라 하였느니라.
10 그러나 너희들이 잘못 받고 잘못 깨달
은 그것으로 인하여 너희들은 지금 너
희 자신의 주변 정리는 물론이요, 너
희들 자신이 제자리를 지키지 못하면
서 나로부터 성령을 받았다 하며 깨우
침을 얻었다 하며 내가 너희들을 통제
한다 그리 말하며,
11 그리하여 너희들의 인생이 잘못 가고
있으며 너희들의 삶이 비뚤어져 있으
며 너희들의 삶이 아주 잘못 가고 있
는 그러한 형국이 너희들에게 이루어
지는 것이니,
12 이는 너희 자신이 얼마나 나 여호와의
뜻에 따라 살아가며 나의 계명을 지키
며 너희들이 어찌 살아가는가를 너희
스스로 다스려 보고 점검해 봐야 될
것이니라.
13 이와 같이 너희 스스로 착각한 것을
가지고 나 여호와로부터 성령을 받았
다 그리 말하지 말며, 나로부터 메시
지요, 나로부터 선택을 받았다는 그러

한 착각 속에서 살아서는 아니 되는
것이니라.
14 어찌하여 나의 성령이 너희들이 말하
는 단막극과 같이 한 번 스쳐 가며 한
두 마디로써 너희들에게 무엇을 깨우
쳐 주며 무엇을 이룬다 그리 말하는가?
15 너희들 자신이 깨우쳐야 할 것이니라.
16 나 여호와는 변화되는 여호와요, 나의
뜻을 창조하는 것이요, 미래로 통하며
너희들이 새로운 땅을 이루어 나가는
영구히 존속되는 나의 뜻을 전하는 것
이니,
17 이를 너희들이 실천하지 못하며 받아
들이지 못하며 깨우치지 못하여 너희
들 스스로 잘못 깨우침의 길을 가 너
희들 스스로 인생을 잘못 살아가며 너
희 자신을 무너뜨리는 그와 같은 삶을
사는 나의 백성들이 되어서는 아니 될
것이니, 이를 너희들이 깊이 깨우쳐야
될 것이니라.
18 너희들에게 성령이 임하였다 하면 너
희들이 두드려 보아야 될 것이며, 너
희들 스스로 반성해 봐야 될 것이며,
너희들 스스로 깨우쳐 봐야 될 것이니
라, 정녕 너희들이 나의 십계명을 지
키며 나의 뜻에 따라 살아가고 있는가
하는 것을.
19 그와 같이 살아가지 못하는 너희들은
잘못되어 있으며 잘못 가고 있음을 알
아야 될 것이니라.
20 이와 같은 것은 나의 피조물 만백성을
구원한다 하여 수천 년 동안 저희들만
이 하늘에 오르는 길을 알며 나의 성
령이요, 나의 뜻이라 하여 가르치는
나의 피조물 백성들이 또한 착각 속에
서 지금 살아가 오늘과 같이 험난한
이와 같은 형국이 이루어져 있음이니
라.
21 지금 종교요, 종파의 지도자들이요,
그곳에 가 기도하며 경배하며 그것이
하늘에 오르는 길이고 나에게 구원받
는 길이라 하여 너희들이 재물을 바치
며 가고 있는 그곳에서 너희들을 어찌
가르치는가?
22 너희들은 지금 믿음이라는 그 자체도
모르며, 또한 나 여호와의 아들 예수
가 세상에 나가 그와 같은 고통 속에
서 죽어 가며 새로운 시대를 열고자
했던 그 뜻을 너희들은 정녕 모르고
있느니라.
23 이리하여 이와 같은 제3의 시대가 열
림을 너희들이 알아야 될 것이니라.
24 너희들은 나의 아들 예수의 죽음을 어
찌 보고 있는가?
25 너희들은 너희 스스로 죄를 지으며 잘
못 살아오며 도저히 용서받을 수 없는
그러한 삶을 살아온 너희들 개인의 죄
를 용서해 주며 개인에게 축복을 주며
개인에게 기적을 이룬 그와 같은 것으
로 나의 아들 예수의 업적을 그리 보
고 있음이니,
26 너희들은 나의 아들 예수가 세상에 나
가 행하고자 했던 그 뜻을, 잘못 살아
오고 험악하게 살아온 너희들 개인의
죄를 용서해 주며 그 죄를 덮어 주며
너희들을 사랑으로 다스리며, 또 너희
들이 잘못 살아왔던 그 모두를 예수가
죄를 사해 주는 것으로 그와 같이 착
각하고 있음이니라.
27 그리고 예수가 너희들에게 복을 주며

너희들에게 기적을 이루며 너희들 개
인에게 축복과 기적으로써 영광을 주
는 그와 같은 착각 속에서 너희들이
지금 살아오고 그와 같은 믿음을 믿고
있으니,
28 그와 같은 믿음 속에서 살아가는 너희
들이 무슨 깨달음이 있으며 얻을 것
이 무엇이 있으며, 정녕 나의 뜻을 알
수 있겠는가?
29 나의 아들 예수는 너희 개개인이 지은
죄를 용서해 주기 위해서 그리 간 것
이 아니니라.
30 너희 개인의 잘못된 죄에 면죄부를 주
기 위해서 예수가 그리 간 것이 아닌
것을 너희들은 어찌 모르고 그리 치부
하며 그리 생각하는가?
31 나의 아들 예수를 통하여 새로운 시대
에, 너희들이 변화되는 시대에, 그리
고 새로 태어난 너희들, 그리고 성령
이 임하여 거룩한 성령으로써 오듯이
너희들이 새로 태어나 나의 거룩한 나
라를 이루는 그 대업과 그 큰 뜻을 위
하여 예수가 세상에 나가 그리 너희들
에게 전했으며,
32 또 그가 그와 같은 고통 속에 모두를
다 던져 너희들을 그와 같은 길로 인
도하고자 하였음이거늘, 너희들은 그
와 같은 나의 뜻이요, 나의 아들 예수
가 행했던 그 뜻을 모르며,
33 그것을 너희들은 그 너희 개인의 죄를
용서해 주며 너희들이 죄지은 것을 면
제해 주며 너희들이 잘못 살아온 것을
덮어 주며 용서하는 그와 같은 업적을
위하여 예수가 세상에 나왔다고 생각
하고 착각하고 있음이니,
34 이러고도 정녕 너희들이 나의 성서를
알며 신약 시대를 안다 말할 수 있겠
는가?
35 너희들은 전혀 모르고 있음이니라.
36 내가 원하는 것, 예수가 원하는 것, 그
자체도 모르고 살아왔던 너희들이 무
엇을 알겠는가?
37 지금 나의 선지자를 통하여 나의 성령
으로써 그에게 전하여 법전이 세상에
나오니 그 법전을 너희들이 읽어 보라.
38 거기에는 너희들이 변하는 것을 하나
하나 깨우쳐 주었으며, 너희들이 하늘
에 오르는 길을 가르쳐 주었으며, 앞
으로 너희들이 미래의 삶을 어찌 살
아가야 할 것인가 그러한 것을 너희
들에게 깨우쳐 주는 내용이 담겨 있음
이니,
39 이것이 그리하여 제3의 시대요, 예수
가 이루지 못했던 그 시대의 역사를
다시 나의 선지자를 통하여 지금 나의
글로써 너희들을 인도하여 이루고자
함이니라.
40 나의 아들 예수는 새로운 시대를 이루
기 위하여 세상에 나왔으며 새로운 역
사를 이루기 위하여 그리 가고자 하였
음이니라.
41 너희들 개개인의 어떤 역사에 너희들
의 죄를 면제해 주려 한 것이 아님을
너희들이 여기서 깨우쳐야 할 것이니
라.
42 어찌하여 나의 아들 예수의 죽음이 너
희들의 죄를 용서해 주는 그와 같은
명분으로 전락되었으며, 그와 같은 소
인배들의 작은 일을 가지고 이 대역사
를 이루고자 하는 나의 뜻을 너희들이

그리 평가하는가?
43 그리고 나의 사랑하는 예수의 그 죽음
을 어찌하여 너희들은 그리만 평가하
는가?
44 예수의 죽음은 그것이 아니니라.
45 크나큰 변화요, 새로운 역사를 이루고
자 하는 뜻이 거기에 있었음이니, 이
를 너희들이 바로 보는 눈을 떠야 될
것이니라.
46 그렇지 아니하면 너희들은 똑같은 그
와 같은 역사를 이루게 됨이니라.
47 선지자야!
48 "네, 여호와 하나님! 말씀하옵소서."
49 너는 너의 제자들에게 이르라.
50 그리고 나의 법전을 읽고 깨우치는 그
들에게 너는 깨우쳐 줘야 될 것이니라.
51 나의 사랑하는 아들 예수의 죽음을 그
리 헛되이 하지 말며, 나 여호와가 이
루고자 하는 그 뜻이 너희들을 구원
해 주거나 면죄부를 주는 그와 같은
일로써 너희들에게 예수가 임하는 것
이 아니라는 것을 그들에게 깨우쳐 줘
야 될 것이니라.

2,020 번째 하나님 말씀

2002년 3월 12일 0시 03분

1 사랑하는 선지자야!
2 "네, 여호와 하나님! 말씀하옵소서."
3 지금 많은 세월이 흘러온 이 세월 속
에 나의 피조물 만백성이 믿음이라 하
는 길의 그 자체도 깨닫지 못하며 그
기본의 방향도 모르며 저희들이 지도
자라 하여 나의 피조물 만백성에게 재
물을 거두어들이며,
4 또한 그곳에 가 재물을 바치는 것을
영광의 구원을 받는 길이라 생각하여
나의 피조물 백성이 재물을 주고 나에
게 오르는 영광의 구원의 길을 사려
하는 그와 같은 거래하고자 하는 심리
속에 젖어 있는 자들이 있으니, 이와
같은 형태가 어찌 되어 있는지 너는
보고 있느냐?
5 나 여호와가 내려다보는 잘못 믿음을
가고 있는 그 백성이 흘러가는 것은
죽었으며 썩은 폐수가 흘러가는 것과
같은 것이니라.
6 그와 같은 썩은 물이 흘러가는 곳에
뛰어드는 모든 생명체가 어찌 존속하
고 살 수 있다 생각하는가?
7 지금 많은 세월 속에 잘못 가는 종교
지도자들이 나의 구약의 뜻을 모르고
신약의 뜻을 모르며, 그리하여 그들이
다 썩게 만들어 놓은 그 물이 지금 흘
러가고 있음이니,
8 그 물 속에 지금도 그것이 생명수로서
살 수 있는 구원의 길이라 하여 나의
피조물 만백성이 쉴 새 없이 그리 뛰
어들고 있음이니, 그들이 다 죽어 가
며 그들의 영혼이 죽어 감이니라.
9 이와 같은 형국에서 흘러가는 그들을
어찌하여야 구제하며 어찌하여야 살
릴 수 있겠느냐, 선지자야!
10 그 썩어져 가는 물을 막을 수가 없으
니, 그 물에 맑은 물을 부어 그 물을
정화시키는 길밖에 더 있겠는가?
11 그리하여 내가 단잠을 재우지 아니하
며 밤과 낮의 시간과 때를 가리지 아
니하고 너에게 나의 성령을 내려 16
권의 법전을 만들게 함이니,

12 그와 같이 온통 세상에 썩어져 흘러가
는 물이 급류를 이루고 있지 않다면
지금 16권의 법전으로써 너희들을 충
분히 다스리고 이끌 수 있느니라.
13 그러나 너무나도 그 물이 썩어져 있고
그 급류가 심하며 그 속에 나의 피조
물 만백성이 쉴 새 없이 뛰어들고 있
음이니,
14 그들이 그 썩어 가는 폐수 속에 뛰어
들면서 '여호와 하나님이여! 나를 구
원하여 주옵소서.' 그리하며 그 길만
이 저희들이 하늘에 오르는 길이라 하
여 계속 뛰어들고 있으니,
15 이들을 구원하기 위해서는 맑은 물이
얼마나 많이 흘러야 그리 정화시킬 수
있다 생각하는가?
16 끝이 보이지 않는 그 썩은 폐수가 흐
르는 것을 얼마만큼 많은 맑은 물로
써 내려보내야 되겠는가?
17 그리하여 내가 너희들에게 십계명을
지키고 그를 암송하며 그와 같이 지키
고 사는 것만이 구원의 길에 오르는
길이라 말하였음이니,
18 이는 십계명을 지키고 사는 것이 하늘
에 오르는 근본이라 깨닫는 자, 그와
같은 나의 피조물 만백성이 많이 생겨
나의 뜻을 깨달을 때, 그게 바로 폐수
가 흘러나오는 그 원천의 샘을 막아
줌이니라.
19 그리하여 그 십계명이 그리 중요함이
니라.
20 그리하여 나의 법전을 성령으로 태워
내려보내 그 십계명의 뜻을 모두 분석
하여 내린 나의 뜻인 그 생수가 내려
가며 그 폐수를 같이 씻어 내며 그리
정화하고자 하는 것이 나의 뜻이니라.
21 그리하여 그 원천의 샘을 봉쇄하는
것은 십계명을 지키고자 하는 나의 피
조물 만백성이 그를 봉쇄하는 자들이
요,
22 그리고 나의 법전을 읽고 깨우치는 나
의 피조물 만백성은 줄어 가는 그 폐
수에 생수를 부어 넣어 그 폐수를 다
생수로 만들며 그 폐수를 다 쓸어 내
고자 하는 것이니,
23 지금 나의 법전을 읽고 깨우치는 나의
백성이 그와 같은 생수가 되는 것이니
라.
24 그리하여 내가 만든 낙원에서 그 폐수
를, 그 썩은 물을 다 쓸어 내어 나의
피조물 만백성이 그리 뛰어드는 것을
막을 것이며,
25 그리고 생수를 보고 그들이 생수에 모
여들어 그를 먹으며 즐기기 위하여,
그 뜻에 따라 저희들이 살아갈 수 있
으며 생명을 보존할 수 있는 그와 같
은 시대를 열고자 하며 새로운 역사를
이루고자 하는 것이 나의 뜻이니라.
26 그리고 이와 같이 내가 새로운 나라를
건설하고자 하여 구약의 시대가 준비
가 되었으며 신약의 시대가 준비되는
역사가 흘러왔거늘,
27 너희들은 그와 같은 위대한 나의 성서
의 뜻에 너희 개인들을 구제해 주며
너희 개인의 죄를 용서해 주며 너희들
개인에게 기복 신앙처럼 복을 주며 축
복을 주며 영광을 주는 그와 같은 것
으로 나의 그 성서의 믿음을 그리 깨
우쳐 왔으며 너희들이 그리 공부해 왔
음이니라.

28 그리고 지도자들이 또한 그리 가르쳐 왔음이니라.
29 그러하니 이는 나하고는 정녕 관계도 없고 멀고도 먼 길로 너희들이 흘러감이니, 그리하여 너희들을 바로잡고자 하여 내가 천 년의 역사 속에서 나의 법전 160권을 세상에 내려보내니,
30 이 법전을 읽고 너희들이 깨우쳐 정녕 하늘에 오르는 길을 보도록 하고자 함이니라.
31 지금 세상에 혼탁한 이 시대에서 살아가는 너희들이 계속 더 혼탁해지며 더 사악해지며 더 잔인해지며 더 무섭도록 변해져 가는 너희들의 그 심성을 너희들은 모를 것이니라.
32 하루가 지나며 1년이 지남으로 인하여 너희들은 주변에 사람이 없으며 형제가 없으며 모두와 인간관계를 다 끊게 되며 다 저버리며 그리하여 너희들은 생명의 소중함을 모르게 됨이니,
33 너희들이 그와 같은 생명의 소중함을 모르게 됨에 따라서 너희들이 나에게 오르는 그 사랑 자체를 모르며 베풀 줄을 모르며 그를 생각지도 아니하며 너희들만을 위하여 사는 그와 같은 삶의 시대가 도래하는 것을 막고자 함이니라.
34 나에게 오르는 길이 무엇이며 내가 너희들에게 강조하는 것이 무엇이며 내가 너희들에게 일깨워 주고 싶어 하는 것이 무엇이더냐?
35 사랑이니라. 나를 향하는 것은 사랑이니라.
36 이를 너희들이 실천해야 될 것을 잊지 말라.

2,021 번째 하나님 말씀

2002년 3월 12일 0시 30분

1 사랑하는 선지자야!
2 "네, 여호와 하나님! 말씀하옵소서."
3 이제는 나의 백성과 나로부터 선택되지 아니한 자와, 그리고 구원을 받을 자와 구원을 받지 못할 자를 나의 법전이 세상에 나가면서부터 심판을 시작한다 하였음이니라.
4 그 뜻을 너희들은 그저 지나가는 말로 마지막 시대에 사탄이 와 하는 이야기라 그리 들을 것이나, 이는 엄연한 사실임을 너희들이 알아야 될 것이니라.
5 지금까지 너희들이 믿음이라는 그 세계에서, 내가 이야기하듯이 썩어 간 물이 흘러가는 그 속에 너희들이 구원의 길이라 뛰어들어 같이 죽어 가는 형국이라 하였음이니,
6 이제는 새로운 생수가 나가 그를 정화하며 바로잡고자 세상에 나의 법전이라 하여 나의 성령이 내려감이니, 이제는 구원할 자와 구원하지 못할 자를 구분함이며 심판함이니라.
7 그리하여 내가 나의 성령을 기록하여 내려가는 이 책을 '성서'라 하지 아니하며 '법전'이라 명한 뜻이 여기 있음이니라.
8 이제는 나의 법전을 읽고 매일 변화되며 깨우쳐 가는 너희들 같은 차별화되는 생활을 하는 사람들만이 나로부터 선택된 백성이며 구원을 받을 수 있는 백성임을 너희들이 알아야 될 것이니라.

9 나로부터 구원을 받고 나의 나라에 올
라와 너희들이 갈구하는 그 에덴동산
에서 영원히 살 수 있는 것은 너희들
이 매일매일 살아가면서 변화되는 차
별화의 그 역사 속에서만이 이루어질
수 있으며 구원을 받을 수 있다는 것
을 알아야 될 것이니라.
10 지금 구원의 변화를 너희들에게 이루
고자 하여 내가 아무나 읽고 깨우칠
수 있도록 가장 편안하고 쉽게 나의
뜻을 해석한, 나의 성령을 기록하여
법전을 세상에 내려보내건만,
11 아직도 이것을 읽고 깨우치지 못하며
나의 성령이라는 것을 깨닫지 못하며
너희들을 심판하는 것이라는 것을 깨
닫지 못하는 자, 이제는 구원을 받을
수 없음이니라.
12 이제 썩어 흘러가는 그 물 속에 뛰어
드는 자, 그리 흘러가 버리니 너희들
이 구원을 받을 수 없음이니라.
13 그리하여 지금 나의 법전을 읽고 너희
들이 그 썩어서 흘러가는 물에 뛰어드
는 것이 아니라,
14 뛰어드는 발길을 멈추고 이 법전에 기
록되어 있는 내용대로 실천하고 살아
갈 수 있다 하면 너희들은 바로 차별
화되는 나의 백성이 됨이니, 구원을
받는 길에 들어서는 것이니라.
15 그리하여 내가 너희들에게 말하였으
니, '나 여호와가 존재함을 믿는 그 자
체가 구원의 길에 들어서는 기본이요,
근본이라' 하였듯이, 이는 나의 성령
을 세상에 내려보내니,
16 너희들이 나의 성령을 읽고 나 여호와
가 존재하며, 이는 여호와 하나님의
성령으로써 너희들을 구원하기 위하
여 내려보낸 말씀이라 생각한다 하면,
17 너희들은 그 순간부터 구원의 길에 들
어서는 기본이요, 근본에 서 있음을
알아야 될 것이니라.
18 그와 같은 깨달음을 저버리며 나의 성
령을 읽게 하지 아니하며 나의 성령의
뜻을 사탄의 장난이라 부르짖는 자,
너희들은 영원히 구원받을 수 없음이
니 이는 바로 무엇이더냐?
19 내가 나의 성령을 내려보내는 것은 너
희들이 변화되는 그 차등의 생활을 원
하는 것이니,
20 그 대열에 서지 못하며 합류하지 못하
니 그리하여 너희들이 구원을 받지 못
하는 삶을 살아 죽어져 가는 것이라
말하였느니라.
21 이제 내가 법전이라 내리는 뜻을 너희
들이 깊이 깨우치며 그 뜻을 새겨들어
야 할 것이니라.
22 이는 곧 내가 너희들을 심판함이니라.
23 구약과 신약의 그 역사를 살아옴 속에
서 지금서부터 나의 법전이 세상에 나
와 16권이 나온 이 시점부터 너희들
의 심판을 시작함이니,
24 나의 법전을 읽고 깨우치는 자는 그
구원을 받을 것이며 그렇지 못한 자는
지옥 불로 가게 되어 있음이니, 이게
바로 심판의 기준인 것이니라.
25 그리하여 너희들을 천 년의 역사에 걸
쳐 160권이라는 나의 성령으로써 다
스리고자 함이니라.
26 너희들은 말하지 아니하는가?
27 나의 성령은 너희들의 말로 온다 하였
으며 말씀이라 너희들이 말하지 않는

가?
28 바로 지금 나의 성령이 너희들의 가슴
에 전해지고 있음을 너희들이 알아야
될 것이니라.
29 이를 깨닫지 못하는 자는 구원을 받을
수 없으며 죽어져 가는 인생이라는 것
을 너희들이 알아야 될 것이며, 너희
영혼이 죽어져 흘러감을 알아야 될 것
이니라.
30 나는 너희들에게 똑같은 기회를 주었
음이니라.
31 나의 선지자가 세상에 나와 나의 법전
16권을 세상에 내보내는 이 순간부터
160권이라는 나의 법전을 세상에 만
들어 낼 때까지, 내가 너희들에게 동
등한 자격이요, 동등한 기회를 주었음
이니,
32 이를 보고 깨우치고 못 깨우치는 것은
너희들에게 달렸음을 알아야 할 것이
니라.
33 그리하여 내가 내리는 나의 성령으로
써 선지자를 통하여 기록하는 이것을
법전이라 하였음을 너희들이 깊이 깨
우쳐야 할 것이니라.

2,022 번째 하나님 말씀

2002년 3월 12일 09시 12분

1 사랑하는 선지자야!
2 "네, 여호와 하나님! 말씀하옵소서."
3 2천 년이라는 길고도 긴 역사 전에 나
의 아들 예수가 세상에 나가 전한 것
은 나 여호와가 하늘에 존재하며, 창
조주인 나 여호와가 너희들에게 원하
는 길이며, 너희들에게 어찌 살다 오
라는 것을 그가 만백성에게 때와 장소
를 가리지 아니하고 설법하고 그들을
가르쳤느니라.
4 그러나 그와 같은 주옥같은 나의 음성
이요, 나의 뜻을 정녕 듣지 아니한 자
들이 있었으며, 그들은 그를 거짓이라
말하며 거짓 선지자요, 또 나 여호와
의 거짓 아들이요, 그는 하나님의 아
들이 아니라며 그리 그를 핍박하고 곤
경에 밀어붙였는가 하면, 그가 가르치
는 그 뜻을 듣지 아니하고 들으려 하
지 아니하였음이니,
5 그리하여 그와 같은 험악한 결과로써
그를 처참하게, 그를 더 이상 견딜 수
없는 방법으로써 몰고 가 그가 자기
생명을 던져 모두가 진실임을 밝히고
자 했다 내가 너에게 그리 알려 주었
느니라.
6 그리하여 그들은 지금까지 흘러오는
세월 속에 그가 원하고 전했던 그 뜻
을 그대로 가르치고 시행한 것이 아니
니,
7 그가 원했던 것이며 내가 그를 통하여
나의 피조물 만백성에게 깨우치고 깨
달아 하늘에 오르라는 그것과는 전혀
반대의 방향으로 지금 흘러와 이와 같
이 험악하고 험난한 세상이 만들어졌
으며,
8 나의 아름다운 낙원이 다 폐허가 되며
썩어져 가는 그와 같은 형국이 되었느
니라.
9 지금 내가 제3의 시대를 열어 나의 성
령을 태워 나의 법전을 선지자 너를
통하여 세상에 내보내나, 사람들은 그
를 믿으려 하지 아니하며 이단이요,

사탄이요, 사악한 무리라 규정을 지으
며,
10 나의 법전이 세상에 전해지면 전해질
수록 너희들을 핍박하고 너를 해하고
자 하는 자가 늘어날 것이며, 그리고
이단이요, 사탄이요, 말세에 나타나는
그와 같은 현상이라 말할 것이며,
11 그리하여 그들은 저희 집단을 다스리
고 저희 집단을 응집하는 데 더 기를
쓰고 악을 쓸 것이니라.
12 이와 같은 선지자와 같이 한 시대에
살아가는 나의 피조물 만백성이 그를
보지 못하고 어리석은 행위를 하고 있
음이니,
13 예수의 시대에 살았던 사람들이 얼마
나 어리석고 몽매했는가를 몇천 년의
역사가 흐른 다음에 지금 너희들이 알
듯이,
14 그리고 그의 가르침을 제대로 배우고
따라서 그를 그와 같은 험악한 형국으
로 죽음을 선택하도록 하지 아니하며
그를 팔아먹는 그와 같은 형국이 되지
아니하였다면,
15 너희들이 그를 죽이지 아니하였더라
면 지금과 같은 험악한 세상이 있지는
아니하였을 것이며, 예수가 얼마나 많
은 기적을 이루며 얼마나 아름다운 하
나님의 말씀을 너희들에게 전했을까
하는 그와 같은 후회를 너희들이 하듯
이,
16 지금 나의 가슴을 태워 내리는 나의
성령이 거짓이요, 위장된 것이요, 종
말에 오는 거짓 선지자의 형태라 핍박
하고 욕하는 자들이 있으니,
17 그와 같은 행위를 하여 선지자가 가는
길에 하고자 하는 일을 너희들이 막고
못하게 하며, 나의 피조물 만백성이
나의 법전을 읽고 깨우쳐 하늘에 오르
는 영광의 길을 가고자 하나 너희들이
그 길을 막으며,
18 너희들이 사악한 무리의 집단만을 더
굳건히 하며 너희들의 집단을 팽창하
도록 하며 너희 집단만이 하늘에 오르
는 길이라 하여 너희들의 결속을 다지
는 데만 그를 이용하고 그를 팔아먹을
것이니,
19 몇천 년의 역사가 흐른 다음에 나의
피조물 만백성이 오늘과 같이 지금의
너희들이 선지자를 박해하며 이게 이
단이요, 사탄이요, 종말에 오는 것이
라는 그와 같은 행위를 보고 너희들이
얼마나 어리석고 불쌍한 사람이었는
가를 말할 것이니,
20 어찌하여 너희들은 한 번의 그런 전철
을 밟고 나서 또 이 시대에 사는 너희
들이 그와 같은 어리석고 몽매한 짓을
하고자 하는 것인가?
21 지금 너희들이 이와 같이 험악하고 험
난한 세상이 이루어진 것은 나의 아들
예수가 전하고자 하는 그 말에 가지가
쳐지며 또 가지가 쳐졌으니, 그것이
사악한 방법으로써 가지가 쳐져 지금
과 같이 세상을 덮고 있음이니,
22 하나의 전하는 말이 잘못되는 그 오류
가 얼마나 무서운가를 너희들은 알겠
는가?
23 나의 성령을 태워 내리는 나의 법전을
읽고 가르치는 지도자가 선지자 앞에
배우고 나가서 제가 지도자로서 잘못
가르칠 때,

24 그 잘못 가르친 것을 듣고 배운 그 제
자가 가서 또 잘못 가르치며 그와 같
이 세월이 흐른 다음엔 결국은 악의
씨요, 잘못된 가지가 세상을 덮어 버
리고 옳고 바른 것은 죽어짐이니라.
이는 어디에 있는가?
25 옳고 바름은 험난하고 힘들고 어려운
길을 가게 되어 있음이니라.
26 그 어렵고 험난한 길을 가는 것이 구
원을 받는 길이라 그리 가르치면 되는
것을, 선지자의 제자 너희들이 거기서
비켜서 어렵지 아니한 것 한두 가지
를 더 보태어 가르친다면 어찌하겠는
가?
27 내가 선지자에게 새벽 5시에 기도하
라 하였음이니라.
28 그리하면 너의 제자들이 나가서 '선지
자가 5시에 기도하였다 함이니 너희
들도 5시에 기도를 해야 된다.' 그리
강조하면 그들은 5시에 기도하는 자
가 나올 것이며 그 시간에 나를 만나
는 자가 있을 것이거늘,
29 너희들이 5시에 일어나는 것이 고달
프고 힘들다 하여 너희들이 8시요, 10
시에 일어나서 기도하라 한다 하면 그
5시에 일어나기 힘든 그 백성은 8시
요, 10시에 일어나는 그 형태를 따르
며 그 방법을 따라갈 것이 아니던가?
30 그렇다면 그것이 어찌 되겠느냐?
31 그것이 잘못되어 있느니라.
32 그리고 다음에 또 그 제자를 따라서
가르치는 자가 5시에 기도하는 것이
어려워 8시요, 10시로 가르치라는 것
을 또 제가 한 가지를 더 붙여 오후 4
시요, 그저 아무 때나 제가 정하는 시
간에 기도하면 된다 그리 가르친다 하
면 이것이 얼마나 무서운 오류를 범하
고 있는 것인가?
33 나의 예수가 세상에 나가 너희들에게
가르친 것은 다락방에서 기도하며, 가
족 단위로 기도하며, 그리고 십계명을
지키고 그 뜻에 따라 기도하며, 그에
따라 순종하고 살면 하늘에 오르는 길
이라 그리 가르쳤느니라.
34 그러나 지금 너희들은 어찌하였는가?
35 너희들이 사람을 집단으로 모아 놓고
교육을 시키다 보니 자기의 권위가 필
요하며, 자기 자신의 위대함을 나타내
고 싶으며,
36 그리고 그들로부터 재물과 모두를 거
두어들여 제가 일하지 아니하고 먹고
살 수 있는 방법이 있었으며,
37 그리하여 저희들은 거기서 더 연구하
고 깨우쳐 나의 피조물 만백성이 집단
으로 모여야 된다 그들에게 거짓 선전
하며 그들을 기만하여 그들이 한 장소
에 모여 정해진 시간에 기도하고 예배
하며 찬송하는 것이 여호와 하나님에
게 구원을 받고 하늘에 오르는 길이라
가르쳤음이니,
38 그리고 그들은 각종 방법으로써 재물
을 거두어 모으기 시작하였음이니라.
39 저희들이 하나의 떡을 받고 또 두 개
의 떡을 받다 보니 받는 즐거움이 있
으며, 받음으로써 저희들이 일하지 아
니하고 편히 살 수 있으며,
40 많은 백성을 저희 종이요, 저희 머슴
같이 그리고 저희 수족같이 부릴 수
있는 그것은 오로지 집단으로 묶어 놓
고 그리해야 되겠다는 것을 깨달은 그

들이 각종 이름과 명칭을 다 붙여 거
두어들이기 시작한 것이 지금과 같은
수많은 재물을 거둬들이는 방법으로
써 흘러왔음이니, 이것이 무엇이더냐?
41 너희들의 사악한 방법에 가지가 하나
쳐졌으며 다음에는 십일조를 받고, 그
다음에는 재물을 받고, 그다음에는 이
름을 팔아 재물을 받았으며,
42 이와 같이 하여 너희들이 각종 명분을
다 붙여 재물을 거둬들이는 그와 같은
사악한 무리로서 퍼진 것이 지금의 형
태이며 그 썩은 물이 세상을 지금 다
덮고 있음이니라.
43 이와 같은 이치를 너의 제자들은 나의
피조물 만백성에게 전해야 될 것이며,
그들 가슴의 눈을 뜨도록 해야 될 것
이니라.
44 그리하여 나의 법전을 그대로 기록하
며 그대로 너의 제자들에게 반복하고
또 반복하여 그것을 그들의 손에 들고
깨우쳐 완전히 터득할 수 있도록 네가
강조하여 가르치라 하였음이니라.
45 그리하여 나의 열여섯 권의 법전 속에
지나간 이야기를 내가 또 너에게 이야
기하며, 너에게 강조하며, 너에게 또
기억하도록 그리 나의 법전에 기록하
여 세상에 나감이니,
46 너희들이 세월이 지나 내가 원하는 것
을 잊어버리지 않도록 다시 한 번 그
를 강조하는 그와 같은 법전이 세상에
나가듯이,
47 너 또한 너의 제자들에게 그리 가르쳐
완벽한 제자로서 그들이 나가 지금의
목회자라 설치는 그 가짜 지도자들,
잘못된 종교 지도자들의 그와 같은 형
태로 나가서는 아니 되는 것이 너희들
이 해야 할 일임을 알아야 할 것이니
라.
48 나의 아들 예수는 말하였느니라. 또한
내가 그를 통하여 만백성에게 전했느
니라.
49 다락방에서 기도해라, 혼자 기도해라,
그리고 혼자 깨우쳐라. 그리하여 나의
십계명대로 살겠다는 약속을 드리며
그리 너희들이 살아가라 하였느니라.
50 나 여호와의 형체가 무엇인 줄 아느냐?
51 곧 사랑이니라.
52 사랑을 베푸는 자는 나의 형체를 볼
수 있음이니라.
53 꼭 너희들이 정해진 시간에 재물을 바
치면서 사랑이라는 것을 배우는 것이
아니니라.
54 너희들 스스로 사랑을 베풀며 아름답
게 사는 것이 하늘에 오르는 길이니라.
55 너희들이 사람을 모아 놓고서부터 떡
과 생선을 거둬들이며 재물을 모으는
그 재미로 인하여 너희들은 시간과 장
소를 정해 놓고 그와 같은 형태로 지
금 번져 왔음이니,
56 그것은 나와는 아무런 관계도 없는 사
악한 방법으로 갔음이니, 처음에는 떡
하나를 받던 것을 다음에는 생선을 받
으며, 또 재물을 받으며 곡물을 받으
며 금화와 은화를 거둬들이는,
57 이렇게 거리가 먼 쪽으로 벌어져 지금
은 거둬들이는 것만이 저희들의 목적
이요, 거두어들이는 데만 연연하다 보
니 도대체 성서의 가르침이요, 하늘에
오르는 길이요, 사랑을 베푸는 것은
너희들이 가르치지 아니하고 있음이

니라.
58 내가 5시에 기도하라 했으면 너의 제
자들이 5시에 기도하고 가르치는 것
은 어려운 길이니라.
59 그와 마찬가지이니라. 지금 나의 십계
명을 지키고 살라 했으니 그 십계명을
지키기가 어렵고 힘들며 지도자들 자
신이 그리할 수 없기 때문에 이는 구
약 시대의 것이며,
60 또 인간이기 때문에 지킬 수 없다는
그 무서운 나의 뜻을 역행하는 것을
공공연히 너희들이 부르짖으며, 나와
는 관계도 없는 그 길을 가도록 나의
피조물 만백성을 유도하고 그리 가르
쳤음이니,
61 그 격이 너무나도 멀리 벌어지고 벌어
져 지금 나의 아름다운 동산이 더럽고
썩고 추한 그것들로써 덮여 있음이니,
너의 제자들에게 이르라.
62 나 여호와의 뜻이요, 나의 아들 예수
가 너희들에게 가서 가르치고 전한 것
은 하나의 인간들이 잘못 살아오고 죄
짓고 흉악하게 살아온 그것에 면죄부
를 주며 그 죄를 용서해 주는 그런 것
으로써 예수가 세상에 나갔다 너희들
은 착각하지 말라.
63 그러한 뜻의 예수가 아니니라.
64 너희들이 사랑을 베풀며 거룩한 마음
으로 변하여 새로운 시대를 열어 가
나의 아름다운 낙원을 이루도록 너희
들이 변해 가는 그것을 위하여 예수가
그와 같은 역경의 길을 간 것이지,
65 그리 한 사람의 잘못 산 것을 위하여,
너희들이 잘못 살아왔으며 그 추하고
더러운 짓을 하여 너희들이 나에게 올
수 없는 그 죄를 지은 것을 한 사람 한
사람의 그 죄를 용서해 주고 용서해
줄 수 있는 기회를 주기 위해서 예수
가 내려가서 그와 같은 길을 걸었음이
아님을 너희들이 다시 한 번 깨우쳐야
할 것이니라.
66 성서는 천년만년의 역사가 흐르면서
도 너희들이 깨우치고 배워야 할 뜻이
있으며, 나의 십계명이 바로 그 성서
를 요약해 놓은 것이며 가장 핵심인
것이니,
67 그것은 천년만년의 역사가 흐르더라
도 변해서는 아니 되는 것이며 변할
수도 없으며 그를 지키지 아니하면 하
늘을 바라볼 수 없는 것이니라.
68 지금 내가 너의 제자들과 너를 따르는
백성과 나의 법전을 읽고 깨우친 백성
에게 십계명을 부득이 강조하는 이유
는 너희 영혼의 영양소의 모든 공급원
이 여기에 있으며, 구약과 신약의 모
두를 축소한 것이 여기에 있으며,
69 나의 법전 또한 그를 다 풀어서 너희
들이 하나하나 지키도록 풀어 놓은 책
이니라.
70 그리하여 너희들에게 이리 강조하니,
나의 이 애절한 뜻을 너의 제자들은
받아들여 깨우쳐 하늘에 오르는 길에
나의 피조물 만백성을 인도하는 데 차
질이 없도록 그리 행하도록 하라, 선
지자야!
71 그리고 작은 오차가 너무나 무서운 차
이를 만들며, 세월이 지나면 그것이
다 사악한 무리로 인해 잘못 전해짐으
로써 그 사악한 무리는 세상을 덮게
되어 있느니라.

72 너희들 인간사에 사는 것이 그렇지 아
니하던가?
73 쓴 것은 약이 되며 단 것은 독이 된다
는 말이 있으나, 너희들은 쓴 것을 먹
기 전에 단 것을 마시는 것을 즐거워
함이니,
74 바로 이와 같은 형국에서 지금 나의
성령이요, 나의 뜻이요, 나의 성서요,
나의 아들 예수의 죽음이요, 구약의
기적, 그 모두가 다 쓴 것을 먹어야 하
는 것을 너희들이 단 것을 마시고 왔
으며,
75 단 것을 마시라 하여 단물을 주는 자
앞에 가서 서 있음이니, 그는 바로 너
희들이 독소를 마셔 다 죽은 것이니라.
76 꿀물을 마시는 것은 몸에 해로운 독소
니 단 것을 마시지 말고 쓴 물을 마시
라 하였음이니,
77 그리하여 너희들이 무섭고 쓴 이 약을
마시면 구원의 길을 간다 그리 부르짖
고 부르짖으나, 그 쓴 물을 먹고자 하
는 사람이 없으며 오로지 단 물에만
가서 다 붙어 있음이니, 이는 바로 무
엇이더냐?
78 너희들은 분별하는 그 사고력을 잃었
음이니라.
79 이는 종교 지도자라 하는 자들이 세
치 혓바닥으로써 너무나 너희들을 현
혹하고 너희들을 인도하여 사악한 쪽
으로 몰고 가 너희들이 거기에 눈이
멀었으며 귀가 덮였으며 가슴에 성령
의 문이 닫혀 있음이니,
80 너희는 우선 마시기 좋은 그 꿀물의
단 것만을 마시게 됨이니, 그는 죽어
썩어 가는 물이며 독소가 되어 너희들
이 죽어 가는 길이거늘, 너희들은 지
금 그 길을 선택하여 가고 있음이니라.
81 사랑하는 선지자야!
82 "네, 여호와 하나님! 말씀하옵소서."
83 지금 너의 제자들이요, 나의 성령을
태워 내린 나의 법전을 보고 깨우치며
하늘에 오르는 길을 바라보고자 하며
십계명을 지키지 않고는 이제는 살 수
없다는 그들의 마음속에 뿌리를 내려
가는 그와 같은 역사요, 현실에 와 있
음이니, 너희들이 바로 쓴 것을 마시
는 자들이니라.
84 그리하여 내가 너희들에게 70퍼센트
라는, 지상을 내려다보며 하늘을 올려
다보는 그 선에 너희들이 와 있음을
알라 하였음이니라.
85 너희야말로 몸에 치료가 되며 성령을
받아 하늘에 오를 수 있으며 성령을
살릴 수 있는 쓰고도 쓴 그 약을 지금
마시고 있음이니,
86 너의 제자들이 그만큼 소중하고 아름
다우며, 나 여호와에게 그들이 소중하
다는 걸 알라.
87 그 모두에게 그들이 구원을 받은 그
영광을 가슴에 깊이 새기며 육의 삶에
연연하지 말라 이르라.
88 육의 삶에 연연하다 보면 저희들의 성
령의 공급처인 그 양식을 잃게 됨이니
라.
89 사랑하는 선지자야!
90 "네, 여호와 하나님! 말씀하옵소서."
91 너희들이 세속의 부귀영화요, 육신의
행복과 영달을 추구하며 그를 지향하
며 그를 그리워한다 하면 너희들은 무
너지게 됨이니라.

92 지금 너희들이 쓰고도 쓴 그 약을 먹
으면서 이제는 이 쓴 약을 먹지 아니
하면 살 수 없다는 것을 깨달았으며,
이 쓴 약물만이 나 여호와에게 오를
수 있으며 나의 낙원에 올 수 있다는
것을 깨달아 그 쓴 것을 달다 생각하
고 마시는 너희들이 정녕 꿀의 맛을
보게 되면 무너지게 됨이니라.
93 그 독소의 꿀맛을 보면 무너짐이니,
그리하여 내가 너희들의 뜻을 들어주
지 못하며 너희들의 말대로 재물을 너
희들의 곳간에 쌓아 주지 아니함이 여
기에 있느니라, 선지자야!
94 나의 이 애절한 마음의 뜻을 알겠는가?
95 너희들이 조금만 더 전진하라. 그리고
너희들이 70의 그 선을 넘으라.
96 인간을 바라볼 수 있으며 하늘을 바라
볼 수 있는 그 선을 넘어 너희들이 인
간을 바라보는 눈을 덮고 하늘을 바
라보는 그 눈만을 뜰 때 너희들은 모
두를 다 알게 될 것이니라.
97 사랑하는 선지자야, 이 뜻을 너의 제
자들에게 전하라.
98 너희들에게 부귀와 영화요, 재물이 따
를 때 과연 나의 이 쓴 약을 먹겠는
가? 너희들은 먹지 아니할 것이니라.
99 너희들은 정녕 지금 어렵게 길들여진
너희들의 영혼의 공급처인 이 양식을
먹지 아니하고 낙오자가 될 것이니,
100 너희들이 사막에 메말라 죽어 가는 짐
승처럼 죽어 가는 그 형국을 내가 알
진대 어찌하여 내가 그를 너희들에게
내리겠는가?
101 이게 공의의 하나님이요, 사랑하는 하
나님, 사랑하는 너희 아버지로서 할
수 있는 일이라 생각하는가?
102 이를 너의 제자들이 어찌 이해하고 따
라야 되겠는가, 선지자야! 나의 이 간
곡한 뜻을, 간절한 나의 이 뜻을 너의
제자들에게 그리 전하여 주라.

2,023 번째 하나님 말씀

2002년 3월 12일 10시 20분

1 사랑하는 선지자야!
2 "네, 여호와 하나님! 말씀하옵소서."
3 너의 제자들과 내 사랑하는 피조물 만
백성에게 나 여호와의 이 애절하고 간
절한 뜻을 그대로 전하라.
4 너희들이 살아가면서 십계명이라 하
여 내가 내린 그 계명을 지키고 사는
것은, 쓰디쓴 약이 너희 몸에 치료가
되듯이,
5 그 십계명은 쓴 약으로서 너희들의 영
혼을 구원해 주며, 너희들이 하늘에
오르는 길을 볼 수 있으며 깨달음이
거기에 있으니,
6 그를 시행하고 지키고 순종하는 자만
이 낙원에 오를 수 있는 것이며, 그렇
지 아니하는 자는 절대로 오를 수가
없으며 나를 볼 수 없음이니라.
7 그러나 지금 잘못 가고 있는 종교 지
도자들이 뭐라 말하느냐?
8 너희들의 몸에 좋은 쓰디쓴 약이요,
영혼의 영양 공급원인 그 십계명을 지
킬 수 없다 함은, 나 여호와가 내린 그
것을 인간이기 때문에 지킬 수 없다
말함은,
9 그는 나 여호와를 인정하지 아니하며
내가 존재하지 아니하다 말하며, 제가

신이 되고자 하는 사악한 자이며, 제
가 나보다 더 높은 자가 되고자 하며
제가 더 높은 자라 생각하고 있는 자
이니,
10 그는 바로 잘못 따라가는 너희들이 그
를 받들며 그에게 재물과 생선과 떡을
갖다 바치기에 제가 제왕이 된 듯이
생각하며 제왕의 자리에 앉아 있는 그
와 같은 험악하고 사악한 행위를 하고
있음이니라.
11 그래서 그가 감히 나에게 나 여호와가
직접 불로 써 내린 그 십계명이요, 나
의 피조물 만백성을 구하는 쓰고도 쓴
그 약이요, 하늘에 오를 수 있는 너희
들의 영혼을 기르고 다스리는 그 영양
의 공급처를 차단하였으며, 너희들의
몸에 좋은 그 보약과 같은 쓴 약을 먹
지 못하게 하며,
12 저희들이 나보다 더 높은 자며, 나는
존재하지 아니하며, 제가 나의 피조물
만백성 너희들로부터 축복과 영광을
내 앞에서 받으며,
13 그가 말하기를 십계명이라는 그 쓰고
도 좋은 약은 너희들이 지킬 수가 없
으며 그것은 약이 되지 아니한다 하
며, 그리하여 제가 제왕이 되고자 제
가 만든, 바로 나를 거역하는 그 처방
이 무엇이더냐?
14 십계명이라는 것은 인간이 지킬 수 없
으며, 도둑질을 하지 아니하며 간음하
지 아니하며 거짓 하지 아니하고 살
수 없는 것이 인간이라 그리 저희들이
가르침이니,
15 그게 바로 가짜 꿀을 들고 너희들에게
먹으라 들이대니 그 꿀을 보고 대드는
나의 피조물 만백성이 지금 다 죽은
자이니라.
16 너희들은 여기서 깨우쳐야 될 것이니
라.
17 단 것을 먹으라 부르짖는 그는 사악한
자이니라.
18 그는 나 여호와가 존재함을 인정하지
도 아니하며, 나 여호와의 종도 아니
며, 나 여호와의 백성도 아닌 자이니
라.
19 그가 정녕 사악한 무리며 사탄이니라.
20 그리하여 그가 나의 십계명을 지키고
살 수 없으니 지키지 말라 말하는 것
은, 그는 바로 나 여호와보다 높은 자
가 되고 싶으며, 제가 바로 제왕이 되
고 싶으며, 제가 모든 백성을 통제하
는 그와 같은 자가 되고 싶어 하는, 바
로 제가 우상의 상징인 사악한 자이니
라.
21 내가 새로운 시대를 이뤄 가며 새로운
역사를 위하여 나의 성령을 태워 나의
선지자에게 법전이라 하는 심판의 이
책을 내려보내는 이 시점에 내가 너희
들에게 강력히 이리 깨우쳐 줌이니라.
22 지금 나로부터 어떠한 성령을 받았다
하는 세상의 어떠한 자에게도 이와 같
은 결단이 있는 이야기를, 그리고 하
늘의 비밀을 내가 알려 준 적이 없느
니라.
23 너희들은 여기서 확실히 따라야 될 것
이니라.
24 지금부터라도 너희 몸에 좋으며 너희
들의 영혼을 구원하는 나의 십계명을
가슴에 안고 이를 정독하며 이를 지켜
야만 하늘에 오른다 하여 그 쓰고도

쓴 약을 마시는 자는 그 병을 치료하
고 살 것이며,
25 지금도 제가 제왕이 되며, 제가 우상
이 되고 제가 신이 되고 싶다 하며 나
여호와를 짓밟아 뭉개는 그와 같은 가
짜 종교 지도자, 십계명을 지킬 수 없
다 하여 저희들을 따라 저희들이 편안
한 인생으로 살아가고자 그리 가르치
는 자는 독소가 든 꿀을 갖다 전하는
것이니, 그 꿀을 먹는 자 죽지 아니한
자가 없음이니라.
26 너희들이 이러한 분별을 지금 해야 될
때가 되었느니라.
27 이 한 가지 이치를 깨닫는다면 지금의
잘못 가르치는 지도자들이 어떠한 자
들이며, 어떠한 형태로써 너희들을 이
끌어 왔는가를 생각해 봐야 될 것이니
라.
28 그러면서 그들이 단 꿀을 주면서, 나
의 뜻과 나의 형태와는 전혀 다른 독
소가 묻은 그 꿀을 너희들의 입에 떠
주면서 뭐라 하느냐?
29 너희들을 죽이면서 너희들이 가지고
있는 재물을 다 바치라 함이니라.
30 그리하여 너희들이 죽을 때까지 모든
재물을 다 거두어들이며, 너희들이 가
지고 있는 모든 금화와 은화를 수단과
방법을 가리지 않고 받아들이는 더 간
악한 방법을 하나 더 거기에 얹어 사
용하고 있음이니,
31 너희들의 생명을 죽이는 독소가 묻은
그 가짜 꿀떡을 떼어 주는 것을 받아
먹으면서 그에게 너희들이 힘들여 번,
내가 내려 준 그 재물을 바치고 있음
이니,
32 너희들의 생명을 죽인 그 간악한 자에
게 은혜라 하여 모든 떡과 생선과 재
물을 갖다 바치는 그와 같은 형국의
불쌍한 길을 가지 말라.
33 여기를 돌아다보라. 나의 선지자가 나
의 성령을 받아 기록하여 법전으로 전
하는 이 내용을 읽어 보라.
34 거기는 십계명의 그 쓴 약을 먹는 자
만이 구원을 받을 것이며, 그 쓴 약을
나 여호와가 너희들에게 무상으로 그
리 내려 준 것이며 거저 준 것이지 대
가를 받고자 하여 내려 준 것이 아니
니,
35 너희들은 단돈 은화와 금화 한 닢도
바치지 말며, 그를 너희들 것으로 만
드는 데 재물과 은화를 바치지 말라.
36 그리고 너희들이 정해진 시간에 나가
서 노동력과 모두를 바치면서 그를 구
하지 말라. 그리고 그 약을 마시지 말
라 하지 않는가?
37 그 십계명은, 너희 성령을 구하는 그
약은 나 여호와가 거저 내려 준 것이
며 너희들에게 그리 지키고 오라고 내
려 준 것이니, 그리하여 나 여호와의
뜻이라 함이니라.
38 그러니 그를 받는 너희도 대가를 치르
지 아니하며, 내가 거저 내려 준 그 쓴
약을 그대로 너희들이 마시며 하늘에
오르는 길을 오면 될 것이니,
39 너희들이 가지고 있는 각종 재물을 사
악하고 간악한 방법으로 거두어들이
지 아니하는 나의 선지자가 가는 그
길을 너희들은 볼 수 없는가?
40 정녕 너희들도 다 나의 아들과 딸이니
라.

41 다만, 나의 성령이요, 나의 아들이요,
나의 딸이라 하여 나의 선택된 자라
하여 세상에 나가 나의 뜻을 전하며
내가 추구하고자 하는 것을 나의 피조
물 만백성에게 일깨워 주고 그가 지금
까지 너희들에게 기억될 수 있는 것이
며 그가 나의 아들이라 너희들이 입증
할 수 있는 것은 무엇이 있느냐?
42 그는 바로 너희들과 똑같은 육신을
가진 자며 그 귀중한 생명을 내가 바
치라 하는 그 방법으로써 바치는 그
어렵고 힘든 길을 그대로 순종하고 순
응하며 따라왔기에 그를 너희들은 지
금까지도 나의 아들이라 높이 기억하
고 찬양하고 그를 생각하지 아니하는
가? 바로 그것이니라.
43 지금 너희들도 나의 아들 예수와 똑같
은 육신을 가지고 똑같은 방법으로 살
아가지 아니하느냐?
44 나의 선지자요, 나로부터 선택된 자는
다 너희들 중에 있으니, 똑같은 자이
니라.
45 다만, 내가 내린 십계명을 지키며 내
가 내려보내는 법전의 내용을 그대로
지키고 살아가는 그것이 다른 것이니
라.
46 나의 사랑하는 피조물 만백성 너희들
은 들으라.
47 너희들이 나의 음성을 들으며 나의 메
시지를 받으며 나를 볼 수 있으며 영
원히 사는 낙원에 올 수 있는 것은, 내
가 내린 계명을 그대로 실천하고 지키
면 됨이니, 그는 모두를 다 볼 수 있음
이니라.
48 그리하여 그리 지키는 자는 선지자가
될 수 있으며 예언자가 될 수 있으며
나의 피조물 만백성을 이끄는 지도자
로서 나의 명을 받을 수 있음이니라.
그 뜻을 알라.
49 나의 아들 예수도 너희들과 똑같은 육
신으로 세상에 내보냈으니 너희와 같
으니라.
50 그러나 그가 지금까지 너희들의 기억
속에 영원히 존재하며 그가 나의 아들
이라 너희들이 확실히 믿고 따르고자
하는 것은 무엇이던가?
51 그가 순종하여 하나밖에 없는 그 목
숨을 바쳤기 때문이니라.
52 너희들 또한 내가 너희들에게 너희 목
숨을 나의 피조물 만백성을 위하여 던
지라 할 때 던질 수 있다 하면,
53 너희가 바로 나의 예수와 같은 그 업
적을 이루는 나의 소중한 아들이며 길
이길이 나의 아들이라 기록될 것이니
라.
54 지금 선지자라 하여 내가 명한 나의
종이요, 나의 아들 또한 다른 것은 아
무것도 없음이니라.
55 너희들보다 더 험난하고 험악한 인생
을 살아왔으며, 너희들만큼, 나이 먹
을 만큼 60평생을 인간 세속에서 살
아왔으니,
56 그를 내가 선택하여 그에게 나의 성령
의 법전을 내려보내어 기록하라 하여
그를 만백성에게 전하라 함은,
57 그는 육의 살아왔던 부귀와 영화요,
출세요, 그와 같은 모든 것을 가지고
너희들과 똑같이 살아왔던 그 모두를
일순간에 접어 버리고 다 던져 버리고
지워 버리며,

58 오로지 나의 뜻에만 따라가는 삶을 선
택하는 그 용기와 그를 실천하고 순종
함이 있음이니라.
59 너희들은 누가 지금 나의 아들, 나의
선지자를 거짓 선지자요, 잘못된 자라
말하거든, 그와 같이 생활해 보며 그
가 살아가는 모습을 한번 바라보라.
60 그리하여 그의 살아가는 모습이 너희
들과 다른 것이 없으며 차별화되는 것
이 없거든 이를 가짜라 너희들이 말하
라.
61 그러나 너희들이 도저히 지킬 수 없으
며 갈 수 없는 그 길을 그가 지키고 가
거든, 그가 정녕 나의 선지자요, 나의
아들이요, 나의 종이요, 나의 백성임
을 너희들은 인정하며 그를 따라야 될
것이니라.
62 이것이 너희들과 다른 점이니라. 내가
그를 선지자라 명한 것은 바로 그것이
다른 점이니라.
63 그는 목숨을 내걸고도 그를 지킬 수
있음이니라.
64 그는 말하지 아니하였는가? 저를 해
하는 자가 올 때 그는 나의 법전을 가
슴에 안고 죽게만 해 준다면 그냥 죽
어 가겠다 하였으니, 그는 그리할 수
있는 자이니라.
65 그리 장렬히 할 수 있는 자이니라.
66 지금 많은 종교 지도자들이 가르치는
자며 그를 배워 하늘에 오르고자 하는
너희들 중에 너희들을 해하고자 할 때,
67 죽어 가면서 그를 거부하지 아니하며
나의 성서를 가슴에 안고 그저 죽어
갈 테니 나의 성서를 가슴에 안고 죽
도록 하여 달라, 그리고 십자가라는
것을 제 가슴에 안고 앉아 있을 테니
저를 죽여 달라 그리 말할 수 있는 자
있겠는가?
68 그러면 그가 바로 나의 선지자요, 나
의 종이요, 나의 아들이요, 나로부터
선택된 가장 소중한 자식인 것을, 너
희들이 다 나의 아들이요, 딸인 것과
마찬가지이니라.
69 그리고 순종하고 나의 계명을 잘 지키
고 안 지키느냐에 따라 너희들이 특별
히 나에게 선택된 자식이요, 내가 기
억하는 선지자라 너희들의 눈에 비치
게 됨이요, 역사가 흐른 다음에 그 위
대함을 너희들이 알게 됨이니,
70 정녕 예수와 같이 나에게 순종할 수
있는 자는 예수와 같이 길이 남을 것
이며,
71 지금 선지자가 나의 뜻을 지키고 시행
하는 그 살아가는 모습을 너희들이 한
번 파헤치고 뒤집어 보라.
72 그가 어찌 살아가는가? 너희들이 도
대체 인내할 수 없고 견딜 수 없는 그
길을 그는 살아가고 있음이니라.
73 60년 평생 동안 살아왔던 인간 세속
의 출세요, 부귀요, 영화요, 명예요, 모
든 욕심을 그는 다 이미 마음속에서
지워 버리고 날려 보냈음이니, 과연
너희들도 그리할 수 있는가?
74 많은 종교 지도자 너희들이 그리할 수
있다면 오늘부터 그처럼 너희들은 한
푼의 재물도 나의 피조물 만백성에게
서 받지 말아야 될 것이니라.
75 여기서 너희들이 그를 알아야 될 것이
니라.
76 외형적으로 나타나는 살아가는 그 모

습 하나를 보라.
77 그는 나의 피조물 만백성에게 직급을
팔지도 아니하며, 어떠한 방법으로써
재물을 거두어들이지 아니하며 금화
를 거둬들이지 아니하며, 어떠한 방법
으로써 어렵고 힘든 자에게 기도하였
다 하여 그 기도의 대가를 받아들이지
아니하며 재물을 받지 아니하느니라.
78 지금 너희 종교 지도자가 어찌 가더냐?
79 어떤 형태든 가서 너희들은 너희 세
치 혓바닥으로 기도를 하여 '아멘!'하
고 난 다음에 봉투를 받으며 재물을
받아오는 자가 수없이 있음이니라.
80 받지 않는 자보다 받는 자가 지금 더
많이 있으며 재물을 긁어모으는 데 연
연하는 자가 더 많으니,
81 재물을 받지 않는 자만이 나에게 선택
된 백성이요, 나의 종이요, 나의 선지
자이니라.
82 그것이 너희들과 차별화됨이니라.
83 너희들이 정녕 나의 선지자요, 나의
아들이요, 나의 아들로서 나의 뜻을
행하는, 순종하고 착하고 성실한 아들
이 되려면,
84 오늘부터 어떠한 방법이든지 재물을
받지 않는 그러한 종교 지도자로서 반
듯이 서야 될 것이며,
85 나의 피조물 만백성 너희들은 어떠한
방법이든 어떠한 현혹에 끌려가든 재
물을 바치는 자가 되어서는 아니 될
것이니,
86 이것이 너희들이 지금 나의 선지자와
차별화되는 것임을 볼 것이며 하나의
선이 그어지는 것이 다름을 볼 것이며,
87 그 길만이 너희들이 구원을 받는다는
것을 가슴 깊이 이 법전을 읽고 새겨
두고 그리 행하라.
88 그리하여 지금 잘못 가는 종교 지도자
가 그 재물을 거두어들이지 아니하는
것이며,
89 지금 나의 피조물 만백성이요, 구원의
길을 사겠다 하여 너희들이 물건을 사
고파는 것처럼 나의 성령을 사 하늘에
오르겠다는, 그 구원의 빛을 사고자
하는 그와 같은 장사 심리의 속성을
버리는 자는,
90 그리고 그곳을 떠나는 자는 자기가 다
시 생명을 불태워 나에게로 다시 태어
나는 역사를 이루는 용기 있는 자이니
라.
91 그리하여 그것을 접어두고 그를 던져
버리고 지금 나의 법전을 읽고 깨우치
는 자는 그 생명을 던져 죽음보다도
더 위대한 변화를 이루는 것이니,
92 그는 바로 나를 위하여 그 목숨을 버
린 자이며 그는 죽은 자와 똑같으니,
그는 예수와 같은 역사를 이루는 자이
니라.
93 지금의 잘못 가르치는 종교 지도자 너
희들 중에서 회개하고 반성하며 나의
법전대로 살며 십계명대로 지키고 살
아오는 자는 예수와 같이 나를 위하여
죽음을 바친 자이니라.
94 그리고 그곳에 가 광란의 짓을 하던
나의 피조물 만백성 너희들이 그를 던
져 버리고 떨쳐 버리고 나의 법전을
읽고 깨우친다 하면, 너희들은 예수와
같이 너희들의 생명을 나를 위하여 바
친 자들이니라.
95 그러니 너희들이 구원의 길에 들어섬

이며, 내가 너희들을 거두어들이며, 너희들의 죽었던 그 영혼을 다시 내가 성령으로 살림이니,
96 이 영광된 기회를 너희들이 놓쳐서 지옥 불에 가 영원히 구원받지 못하는 그 험악하고 험난한 죄의 대가를 치르는 그와 같은 것을 면하고자 하는 면죄부를 나의 법전으로 전하니, 이를 읽고 깨우쳐 그 길에 오르도록 하라.

2,024 번째 하나님 말씀

2002년 3월 12일 11시 05분

1 사랑하는 선지자야!
2 "네, 여호와 하나님! 말씀하옵소서."
3 너희 인간사에서도, 인간들이 살아가면서 작은 집단이요, 작은 모임에서도 한두 사람이 거짓 하며 사기하며 남을 속인다 하면 서서히 그 조직이요, 그 집단은 무너짐이니 그를 바로잡기가 힘든 것이니라.
4 그뿐이던가? 너희들이 살아가는 한 단체인 국가요, 나라라는 것을 경영하는 것도 또한 잘못된 자며 사악한 자며 도둑질하며 거짓 하며 저희 영달을 위하여 살아가는 데만 급급한 자들이 뿌리를 내리고 있다면, 그를 바로잡기가 얼마나 힘들고 어렵던가?
5 아무리 그를 통치하는 자가 바르고 옳게 가고자 하여도 그 밑에 썩은 물이 고여 있어서 그들이 통치자의 눈을 어둡게 하며 저희들의 이해관계만을 위하여 그리 생각하며 살아간다 하면 그 나라가 쓰러지며 그 조직이 무너짐이며 그를 바로잡아 시행하기가 그렇게 쉽지 아니하니,
6 너희들은 살아가면서 인간사의 세속에서 그러한 것을 많이 보아 오지 아니하였더냐?
7 오죽하면 너희들 말에 한 명의 도둑을 열 사람이 잡지 못한다 하는 그러한 이야기가 다 있겠는가?
8 도둑질하는 자 한 명을 열 명이 잡지 못한다 함이니, 너희들의 작은 집단이요, 또는 나라를 경영하는 그 집단 속에서도 그와 같이 도둑질하고 거짓 하며 저 자신의 영달만을 위하여 모두를 다 취하고 얻고자 하는 인간들이 자리를 잡고 있다 하면 그 집단이요, 그 경영체인 국가요, 나라는 쓰러져 가고 망해 감이니,
9 이와 같은 형태를 너희들은 많이 보아 왔으며 느꼈을 것이니라.
10 그러나 지금은 그보다도 더한 잘못 가르치는 종교 지도자들이 잘못 뻗어 가고 있고 잘못 뿌리를 내려가 있으며,
11 나 여호와가 그들에게 깨우쳐 나의 피조물 만백성이 하늘에 오르는 길을 인도하고 너희들이 나의 에덴동산에 와 영원히 사는 그 모습을 보고자 하였던,
12 내가 너희들에게 전하는 그 뜻을 정녕 다 짓밟아 던져 버린 채,
13 저희들이 우상이 되고자, 저희들이 신이 되고자, 저희들이 육신의 부귀영화의 제왕이 되고자, 그 소집단의 제왕이 되고자 하는 욕심에서 나의 성서요, 내가 가르치고자 하는 그 뜻과는 전혀 반대인, 근본을 접어 버리고 지금 너희들이 그와 같이 살아가며,
14 지금에 와서는 거짓 하고 도적질하는

것뿐만 아니라 내가 내려 준 너희들의
생명까지도 그저 마구 짓밟아 살인을
하며, 사람의 목숨을 값으로 따지는,
사람 같지 않은 이와 같은 지금의 시
대가 도래하였음이니,
15 이를 바로잡기란 얼마나 힘들고 어려
운 역경의 길을 가야만 하겠는가?
16 하나의 작은 집단에서는 한두 사람이
거짓 하고 도적질한다면 그를 도려내
면 될 것이며, 또 나라를 경영하는 곳
에는 지도자의 정신이 바로 섰다 하
면, 그가 바로 가고자 하는 그 뜻을 굽
히지 않는다면 그를 서서히 다스려 잡
아 갈 수도 있으며 사람을 바꿔 갈 수
도 있는 것이니라.
17 그러나 이는 나의 영으로써 다스리며,
너희들이 보지도 못하고 만지지도 못
하고 듣지도 못하는 성령으로써 내가
너희들을 바로 다스려 가고자 하니,
이 사악한 인간들은 지금 어찌 흘러가
고 있는가?
18 잘못되어 흘러오고 잘못 가르쳐 온
그 뿌리가 너무 깊고도 깊어 이를 바
로잡을 수 있는 길이 없음이니라.
19 사람의 생명까지도 팔고 사는 이와 같
은 험악한 종말의 시대에 그들을 바로
잡을 수 있는 길은 누구도 없느니라.
20 인간의 힘으로써는 도저히 그를 잡을
수 없으며, 나의 성령으로써도 너희들
이 깨우침을 얻기에는 너무나 힘들고
바로잡기가 힘드니라.
21 그리하여 내가 마지막으로 나의 성령
을 태워서 나의 음성이요, 나의 뜻을
법전이라 하여 이 글 속에 담아 책으
로 펴냄이니,
22 세월이 흐르는 그 속에서 하나하나 정
화하여 바로잡아 그 사악한 무리들의
뿌리를 뽑을 수 있는 것은 오로지 지
금의 이 법전밖에 없느니라.
23 지금 뿌리가 몇천 년 동안 너무나도
깊어졌으며, 그 뿌리의 끝이 보이지
않으며, 그 골이 너무나 깊으며, 거기
에 맹종하는 사악한 무리들이 너무나
도 많이 이 세상을 덮고 있어,
24 그를 제거할 수 있는 힘은 누구도 없
으며 어떠한 집단도 그를 엎을 수가
없음이니라.
25 그리하여 내가 세상에 나의 성령을 태
워 나의 법전의 한 겨자씨를 세상에
심었으니, 그가 무럭무럭 성장하는 시
간이 필요함이니라.
26 오로지 이는 나의 성령으로써밖에 잡
을 수 없기 때문에 내가 나의 성령을
법전이라 하여 나의 선지자를 통하여
너희들이 보고 읽을 수 있는 그 글로
써,
27 그리고 태워 버리고 찢어 버려도 영원
히 또 새싹이 나오는 식물처럼 계속
이를 전하고 이를 만백성의 손에 들려
줄 수 있는 이 길을 선택하였음이니,
바로 승자는 너희들이라 함이니라.
28 나의 성령이요, 나의 법전은 너희들이
아무리 태우고 짓밟고 찢어 버리고 버
린다 하여도 끝이 없음이니라.
29 그러나 너희들의 끝이 없는 그 사악한
무리는 진실 앞에 무너지게 되어 있음
이니라.
30 아무리 너희들이 웅대한 조직이요, 광
범위한 조직으로서 나의 에덴동산을
다 덮고 있는 사악한 무리라 하여도,

31 그건 진실이 아니기 때문에 진실이라
는 그 앞에 위선은 서서히 무너지게
되며, 거짓 증거하는 것은 무너지게
되어 있음이니라.
32 거짓 증거하며 그 썩어진 속에 살아
있는 너희들이 새로운 빛을 보게 되며
진실을 깨닫는 자가 있기 때문이니,
33 그리하여 나의 성령을 태워 보내는 나
의 이 법전이 진실한, 하나밖에 없는
나의 진리이기에, 이 진리가 서서히
흐르면서 그들을 정화시키고 그들을
구원하느니라.
34 그들을 하늘에 오르는 길로 인도하고
그들의 자손들을 인도하는 것은 나의
법전밖에 없다는 것을 너희들은 알아
야 될 것이며, 그리하여 내가 성령으
로써 나의 법전을 만들어 세상에 전함
이니라.
35 내가 너희들에게 말을 전한다 하여도
백 년, 천 년이 지난 다음에는 그를 다
잊어버릴 것이며, 또한 예수의 시대,
구약의 시대처럼 너희들은 환상에서
그리며, 환상에서 생각하는 시대밖에
안될 것이니,
36 그 환상의 시대를 보는 수천 년 후의
나의 피조물 만백성이 나 여호와가 직
접 나가 이룬 기적과 내가 전한 그 말
들을 그대로 전하며 그대로 따라와 하
늘에 오르는 길은 있을 수 없음이니
라.
37 그리하여 내가 영원히 변하지 않는 나
의 성령을 나의 법전에 기록하여 책으
로써 만들어 전함이니,
38 이것이 나의 뜻이요, 이가 정녕 승리
의 진리라는 것을 깨닫고 하루속히 나
의 법전의 뚜껑을 열어 깨닫는 자만이
구원의 길을 받음이니,
39 너희들이 죽어 갈 때까지 이를 덮은
자는 영원히 구원을 받지 못함이니,
이 너희들의 잘못됨을 깊이 깨달아 행
하여야 할 것이니라.

2,025 번째 하나님 말씀

2002년 3월 12일 12시 10분

1 사랑하는 선지자야!
2 "네, 여호와 하나님! 말씀하옵소서."
3 내가 너에게 수차, 수천 번 말하였느
니라.
4 내가 나의 피조물 만백성이 살아서 하
늘에 오르는 길이 무엇인지, 그들이
하늘에 오르는 길의 방법론을 가르쳐
주고 그리 깨우쳐 살라 일렀느니라.
5 그리하여 너희들에게 십계명이라는
것을 내려 주어 그것을 저의 생명처럼
지키는 자 구원을 받을 수 있으며,
6 오로지 그 길만이 너희들이 나의 낙원
에 올 수 있는 길이니, 그를 시행하고
지키고 살라 그리 가르쳤느니라.
7 그러나 너희들은 이를 버렸으며, 이를
지킬 수 없다는 그 사악한 무리 속에
젖어서 너희들이 죽음의 세계로 지금
가고 있느니라.
8 내가 너의 제자들과 나의 법전을 읽고
깨우치는 백성에게 이를 깨우쳐 주었
느니라.
9 너희들은 절대로 나 여호와에게 무엇
을 달라고 소원하는 그런 기도를 하지
말며,
10 육신의 물질적인 재물이라든지 어떤

것도 너희들이 소원하는 기도는 내가
받아들일 수 없으며, 그는 나와 무관
한 기도라 말하였느니라.
11 그러나 너희들은 지금 어찌하느냐?
12 나의 십계명을 지킬 수 없다 하는 그
백성은 그저 달라, 이루어 달라, 두드
리면 열릴 것이라, 달라 하면 줄 것이
라,
13 그리고 너희들이 몇 푼어치를 쌓아 놓
는 그 이상 배로 그득히 너희들의 창
고에 쌓아 줄 것이다, 그리하여 인간
의 너희 육신에 대한 삶을 생각하며
육에 대한 그 삶 속에서 너희들이 무
엇인가를 얻고자 그리 기도하는 것이
니,
14 내가 너희들에게 그와 같은 기도 소리
는 들을 필요도 없으며, 나와 관계도
없으며, 그런 기도를 하지 말라 하였
느니라.
15 오로지 '저의 죄를 용서해 주옵시고,
제가 하나님의 뜻대로 살아갈 수 있는
용기를 주옵소서.' 그리고 그저 '하나
님! 감사합니다.' 그리 기도하고 살면
된다 하였으니, 너희들은 이 뜻을 어
찌 그리도 모르는가?
16 지금 사악한 무리 속에 가 있든, 나의
법전을 읽고 깨우친 너의 제자들과 나
의 법전을 읽고 깨우쳐 가 새로운 시
대를 이루려 하는 그 착하고 아름다운
백성이든, 너희들이 세상에 나온 것은
누구로부터 나왔다 말하였더냐?
17 나 여호와로부터 선택되어 너희들이
큰 은혜를 입고 세상에 인간으로 살아
와 너희 죄를 사하며 아름답게 살다
구원받는 길을 오라 하였으며,
18 두 번째는 너희들이 나의 세상에 살면
서, 나의 에덴동산 낙원에 살면서 내
가 너희들에게 내려 주지 아니한 것을
취하고 살아갈 수 있는가?
19 모두는 내가 너희들에게 은혜와 은총
을 내려 주었으니 다 주었음이니라.
20 그리하여 너희들이 어찌 노력하며 어
찌 살아왔느냐에 따라서 너희 육신의
편안한 삶을 살고 못 사는 것은 다 정
해져 있거늘, 너희들은 무엇을 원하는
것인가?
21 내가 너희들에게 얼마나 공평하며 평
등하며 공정한 것으로써 주었는가?
22 너희 부모의 육신을 통하여 세상에 나
오는 것도 너희들이 그 길을 거치지
아니하는 자 없이 똑같이 세상에 나왔
으며,
23 세상에 나와 너희들이 살되, 한 가지
예를 들면 산소라는 것을 너희들이 마
시고 호흡하며 쓰는 데 내가 너희들에
게 통제했으며, 키 큰 자, 키 작은 자,
늦게 태어난 자, 빨리 태어난 자, 예쁜
자, 미운 자, 힘 있는 자, 없는 자, 그를
구분하여 내가 산소를 공급하는 것을
통제하고 제한하였던가?
24 나 여호와는 공의의 하나님이니라.
25 너희들이 말하는 대로 난 그런 것을
통제하고 억제한 사실이 없으니 똑같
이 너희들 마음대로 쓰도록 하였느니
라.
26 그 마음대로 쓰도록 한 공기 속에 너
희들이 살아가면서 어찌 노력하고 어
찌 거둬들이느냐에 따라서, 그 결과에
따라 너희 육신의 변화가 있는 것이
아니던가?

27 세상의 모든 동식물도 다 너희들이 같
이 취하고 먹고살도록 내가 해 주었으
니 동등한 입장으로 너희들에게 내려
주었느니라.
28 그러나 너희들이 받아 쓰고 노력하고
노력하지 아니함에 따라서 너희 육신
의 삶에 그와 같이 차등이 있는 것이
아니던가?
29 열심히 노력하며 열심히 공부하며 열
심히 깨우치며 나의 계명에 따라서 선
하고 착하게 살아가는 자라면 세상의
이치를 알게 되며, 세상에 살아가는
법도를 알며, 많은 사람으로부터 존경
받으며 칭송받는 자로 살아갈 수 있는
것이며,
30 나의 계명을 지키고 사는 것이 너희
육신이 사는 그 삶의 터전의 기본이
되는 것이니라.
31 내가 똑같이 너희들에게 주었거늘, 제
가 노력하지 아니하고 게으름 피우며,
남들이 열심히 일할 때 잠을 자서 제
가 얻지 못한 그 축복을 어찌하여 나
에게 또 달라 말하며,
32 게으르고 욕되게 잘못 살아오고 시기
와 질투와 욕심 속에 눈이 어두워 제
가 갈 길이 무엇이며 내가 저에게 준
특성이 무엇인지 모르고,
33 내가 저에게 어찌 먹고살라 하는 그
능력을 다 하나씩 주었거늘, 그와 같
은 능력까지도 계발하지 못하고 저희
들이 그리 살아감이니,
34 내가 너희들에게 모든 것을 다 평등하
게 주었음이니라. 그리고 기회를 다
주었음이니라.
35 그러니 너희들이 그것을 잘못 쓰고 잘
못 관리하고 노력하지 아니하고 연구
하지 아니하며 게으름을 피우며 잘못
살아와서 너희들이 지금 힘들어, 그
복을 또 나에게 달라 그리 기도하는
형국이 되지 않는가?
36 그리하여 너희들이 무엇인가를 달라
는 것은 나와는 아무런 관계도 없는
기도 소리며, 강아지가 짖는 소리요,
바위에 부딪쳐 나는 그 파도 소리만
큼도 나에게 들리지 아니하며 나와 관
계가 없다 하였음이니라.
37 내가 이미 너희들의 육신이 살아갈 수
있는 것은 다 주었음이니라. 똑같이
평등하게 주었느니라.
38 너희들의 육의 삶을 위하여 너희 육이
아름답게 살 수 있고 너희 육이 편안
하게 살 수 있는 모든 것을 다 주었거
늘,
39 너희들의 노력의 차이요, 너희들의 행
동의 차이며, 그리하여 너희들이 작게
얻은 자, 크게 얻은 자, 힘든 자, 힘 안
든 자, 그 모두는 다 너희 자신이 만든
것이니라.
40 그리하여 육으로써 너희들이 기도하
며 무엇을 소원하고 기도하는 것은 나
하고는 관계없다 하는 뜻이 여기 있느
니라.
41 내가 너희들이 죽어 한 줌의 흙으로
돌아가는 너희 육신이 먹고살 수 있는
것은 공평하게 주었으니,
42 거기에 얼마만큼 노력하고 열심히 그
길을 향하여 가느냐에 따라서 너희들
의 생활에 편안함과 안 편안함이 있으
니,
43 그것은 내가 주었으니 육에서는 너희

들이 나에게 바랄 것이 없다 함이니라.
44 그리하여 너희들이 육을 향하여 나에
게 무엇을 소원하고 얻고자 하는 행위
를 하지 말라 하였으며, 그는 나와는
관계가 없다는 뜻이니,
45 너희들이 오늘 여기서 그를 깨우쳐야
할 것이며, 너희들에게 육으로써 똑같
은 권위와 능력과 재주를 다 주었으니
노력에 따라서 너희들이 생각하는 육
의 행복을 누릴 수 있는 것이며,
46 다만 그 육의 생활에서 너희들의 영의
세계는 너희들이 다시 깨우침에 있음
이니 그 영의 세계에 돌입하는 것을
내가 너희들에게 내려 주었느니라.
47 육의 사는 것을 너희들에게 다 주었으
니 너희들이 그곳에서 섭취하고 취하
고 사는 것은 너희들의 능력이며,
48 그다음에 너희들이 나에게 와 영원히
구원을 받는 하늘나라에 오를 수 있는
것은 바로 너희들의 영의 삶이니,
49 너희들은 육의 생활을 떠나 영의 삶에
도래하라 하였음이니라.
50 그러나 너희들은 어찌 사는가?
51 그 영의 영양 공급이 되는 나의 십계
명을 저버려 두었으니, 부귀와 영화를
육신에서 아무리 누린다 하여도 그는
죽은 자라 내가 말함이니라.
52 이제는 영을 향하여 너희들이 살아가
는 그 길만을 가야 될 것이니 그 근본
이 무엇이더냐?
53 너희들의 육이 살아가는 데 모두를 다
주었듯이, 내가 너희들의 영의 삶의
모두를 준 것이 바로 나의 십계명이니
라.
54 그리고 지금 나의 성령으로써 나의 선
지자를 통하여 그 모두를 알기 쉽게
풀어서 내려보내는 나의 법전이 바로
너희들의 영을 살리는 그 생명의 근원
이며 근본임을 알아야 될 것이니라.
55 지금 너의 제자들이 나의 십계명을 지
키고 살고자 하는 것은 쓰디쓴 약이
너희 몸에 좋다 하여 내가 먹으라 하
는 것을 그대로 먹고 오는 자들이며,
56 내가 너희들에게 쓴 것을 먹음으로써
구원을 받는다 하였으니, 너희들은 지
금 그것을 그대로 너희 것이라 받아들
이니 나에게 선택된 백성이요, 너희들
에게 영광이 있을 것이며,
57 내가 먹으라는 그 쓴 것을 먹지 않고,
인간이 주는 그 단 것을 먹고 내가 준
약을 먹지 않는 자는 당연히 죽어 가
는 것이 아니던가?
58 이와 같은 이치를 너희들은 깨달아야
될 것이니라.
59 이제는 너의 제자들이요, 나의 법전을
읽고 깨우친 나의 백성은 정녕 '하나
님께서 주신 이 쓴 약을 먹지 않으면
살 수 없다.'는 것을 깨달았으며, 이것
만이 하늘에 오를 수 있는 길이라 그
리 생각하고 깨달으니,
60 너희들이 바로 인간사에 육신 즉, 60
이라는 그 점수, 내가 육에서 살 수 있
는 모두를 다 준 것이 거기에서 끝남
이니라.
61 거기까지 너희들에게 모든 영광을 주
었음이니라.
62 너희가 60을 넘어서 70이라는 그 점
수에 도래하였으니, 너희들이 바로 거
기에서 무엇을 보느냐?
63 어리석고 불쌍히 살아가는, 잘못 가는

백성이 살아가는 세속의 세상을 내려
다보는 눈이 떠 있으며, 또 그 가운데
서 너희들은 하늘에 오르는 축복된 영
광의 길을 갈 수 있는 것을 보고 있음
이니,
64 그리하여 너희들이 어느 쪽으로 발을
디디느냐에 따라서 구원을 받고 못 받
는다는 깨우침을 내가 너희들에게 내
려 주었으니,
65 너희들은 이와 같은 뜻을 깊이 깨달아
야 될 것이며, 나 여호와가 너희들의
육신의 부귀와 너희들의 육신을 위해
서 기도하는 것은 즉, 기복 신앙의 그
와 같은 행위는 절대로 나와는 관계없
다 한 그 뜻을 너희들이 오늘 알았으
면,
66 너의 제자들과 나의 법전을 읽고 깨우
친 백성은 지옥 불로 잘못 가는 그 백
성에게 나 여호와에게 달라는 기도를
해서는 아니 된다 하는 그 뜻을 확실
히 깨우쳐 주고 가르쳐야 될 것이니
그리 알라.
67 이것이 나의 뜻이요, 하늘의 뜻이니라.

2,026 번째 하나님 말씀

2002년 3월 12일 13시 20분

1 사랑하는 선지자야, 들으라.
2 "네, 여호와 하나님! 말씀하옵소서."
3 이제는 너의 제자들을 하나하나 깨우
쳐 그들이 80점이라는 그 점수를 넘
어 올라설 수 있도록 네가 박차를 가
하여 그들을 만들고 이끌어야 할 것이
니라.
4 너의 제자들에게 이르라.
5 너희들의 마음속에는 항상 선과 악이
싸우고 있음이니, 그리하여 내가 너희
들에게 나에게 항상 감사하다는 마음
을 가짐을 잊지 말라 하였으며, 죽은
자라 생각하고 살라 하였음이니라.
6 너희들의 잘못된 생각과 사악한 마음
이 순간순간 너희들의 마음속에 도사
리고 그것이 너희들 생각으로 집약됨
이니, 그때마다 그것을 누르고 이길
수 있고 선을 선택할 수 있는 마음을
갖는 그것만이 너희들이 다른 백성이
요, 다른 형제들과 다른 점임을 너희
가 알아야 될 것이니라.
7 지금 잘못 가고 있는 그 백성은 저희
마음속에 사악한 것과 선한 것 두 가
지 생각이 났을 때 그 잘못된 생각도
여호와 하나님의 성령에 의한 하나님
의 뜻이라 그리 행하는 무서운 오류를
범하고 있는 것이니라.
8 잘못되는 것도, 저희들이 잘못 가고
있는 것도 그 모두를 다 하나님의 명
이요, 하나님의 뜻이라 그리 치부하고
덮어 감이니, 그들은 죄를 짓는 것을
나 여호와 명에 의한 나 여호와의 뜻
이라 그리 말하고 있음이니,
9 그가 얼마나 무서운 오류를 범하는 것
이며, 그들이 죄를 계속 지어 그 죄를
얼마나 쌓아 가고 있는 것인가?
10 순간순간에 너희들 마음속에 사악한
것이 떠오를 것이니라.
11 그때 너희들은 생각해야 될 것이니라.
12 '이것이 과연 계명에 맞는 것인가 어
긋나는 것인가'를 생각해서 그 떠오르
는 마음을 빨리 너희들에게서 지워 버
려야 되는 것이니라.

13 그것이 너희들이 차별화되는 다른 점이고 너희들의 훌륭한 점이니라.
14 반드시 질서에 어긋난 점이 생각나거든 '이것은 잘못된 것이니라.
15 나는 여호와 하나님으로부터 선택된 자이기 때문에 그를 할 수 없으며 그와 같이 행할 수 없다.'는 것을 그들에게 알려 주고 너희들이 생각을 해야 될 것이니라.
16 그것을 너희가 시행하지 못한다면 너희들은 그들과 조금도 차별화됨이 아니요, 변화됨이 없느니라.
17 항상 악과 선이 싸우고 있으니, 그중에서 너희들이 선을 선택하며 악을 단죄하는 그와 같은 마음의 변화를 갖는 것이 너희들이 나로부터 선택된 자들이요, 나의 법전을 읽고 깨우친 자요, 내가 성령을 태워 내려보내는 선지자의 그 음성을 듣고 너희들이 변화되는 자들이고 그리 변화되어야 되는 것이니라.
18 항상 악과 선이 있을 때 그 악을 지우라. 그리하여 죽은 자가 되라 내가 너희들에게 말하였느니라.
19 이것이 너희들이 얼마나 그들과 차별화된 삶인지 알아야 할 것이니라.
20 지금의 잘못 가는 종교 지도자들이 무엇이 문제인지 알겠는가?
21 그들이 요구하는 것, 그들이 희망하는 것, 그들이 추구하는 것, 그와 같은 것이 저희 스스로 환상에 젖어 그들이 거기에 빠져듦이니라.
22 그리고 저희들은 저희들이 움직이는 종교 집단을 잘못 이끌고 잘못하든 저희들 개인의 삶의 생활에서 잘못하고 선한 것이 아니요, 악한 것을 행하든 그들이 무엇이라 생각하는 것이냐?
23 그것은 하나님께서 영으로써 저희에게 내렸다 그리 모두 영이라는 것으로 덮어 버리며, 나의 뜻이라 덮어 버려, 그들이 모두는 하나님의 뜻이라 그리 밀어붙이며 나를 팔아 저희들이 사악한 것을 버리지 못하고 그리 행함이니, 이를 어찌해야 되겠는가?
24 이와 같은 형국으로 가는 것이 너희들과 그들이 차별화되는 점이니라.
25 너희들이 지나가는 곳에 빨간 사과 하나가 먹음직하게 익었느니라.
26 그것을 너희들이 먹고 싶은 마음이 들 때는 너희들은 이리 생각하는 것이니라.
27 '이것을 따 먹는 것은 나쁜 것이다, 십계명에 위배되는 것이다, 그리고 하나님의 뜻에 위배되는 것이니 이것을 따 먹어서는 아니 된다.' 그리하고 접어두고서 그를 따 먹지 아니하며, 그를 따 먹고자 하는 그 마음과 그 생각을 부끄럽게 생각하며, 그걸 지워 버리며, 그리해서는 아니 된다 그리 생각하고 반성하고 깨우치는 것이 지금 나의 선지자의 제자로 선택된 너희들이 가는 길이며, 너희들이 그들과 차별화된 마음이니라.
28 이 얼마나 무서운 간격이 있느냐?
29 그리하여 나의 성령으로써 내려보낸 나의 법전을 읽고 깨우치는 사랑하는 나의 선지자의 제자와 그리고 법전을 읽고 깨우치는 나의 피조물 만백성 너희들이 그리 생각하느니라.
30 이것을 따 먹고 싶은 마음과 따 먹지

않는 마음이 있을 때, '따 먹는 것은
정녕 여호와 하나님의 일에 어긋나는
것이며, 하나님의 영이요, 하나님의
뜻에 어긋나는 것이기 때문에 따 먹을
수 없다.' 하고 너희들은 그냥 스쳐 가
느니라.
31 그리고 잠깐이나마 따 먹으려 했던 그
마음을 가진 것에 부끄럽고 창피함을
느끼며, 다시는 그러한 생각마저도 하
지 아니하는 것이 나 여호와 하나님의
뜻이라 하여 너희들이 반성하고 회개
하고 그리 가니, 너희들은 70점의 그
선에 지금 와 있음이니,
32 바로 따 먹고 싶은 마음과 따 먹지 않
는 마음, 그것이 지금 너희들의 눈이
떠 있는 70점이라 하느니라.
33 그리하여 너희들이 따 먹고 싶은 마음
이 60으로 내려가는 것이요, 따 먹지
않고 가는 그 마음이 80이니, 그러한
생각을 하지 아니하였을 때 너희들이
바로 80점이라는 점수에 올라와 있는
것이니라.
34 선지자야, 너의 제자들에게 나 여호와
의 이 가르침을 그리 전하라.
35 그러나 지금 수천 년 동안 잘못 가는
종교 지도자들에게 배우고 깨우쳐 온
자들, 계명을 외우지 아니하고 살 수
있으며 지킬 수도 없다 말하는 자들,
그리고 수많은 금화와 은화와 재물을
그저 저희들에게 갖다 바치면 구원을
받는다 그리 말하여 나의 피조물을 잘
못 끌고 오는 그 백성들이 지금 어떠
한 형국에 있느냐?
36 너희들은 빨갛게 익은 그 먹음직한 사
과나무 밑을 지나가면서 따 먹지 않는
것이 하나님의 뜻이라 하나, 그들은
가면서 그것을 따서 저희들의 입에 넣
느니라.
37 그러면서 그들이 뭐라 말하는 것이냐?
38 '이건 하나님의 성령이요, 하나님의
뜻이요, 하나님께서 나에게 이리 먹으
라 명하였으니 나는 따 먹는 것이다.'
이리 치부하며, 그들이 나의 이름을
팔며 나의 성령을 팔며 저희 육신의
먹고 싶은 욕구를 채우고 그를 자제하
지 못함이니,
39 이게 얼마나 무서운 차이점이 있더냐,
선지자야!
40 너의 제자들에게 알리라. 저희들의 생
각이요, 저희들의 욕구요, 저희들의
환상에 젖어 하는 것이며 저희들이 끌
고 가는 종교 집단이 잘못하는 짓, 추
악하고 더러운 짓, 그 모두가 다 여호
와 나의 성령에 의하는 것이며 나의
뜻에 의하는 것이라 하여 그들이 행한
다 하면,
41 바로 남의 빨갛게 익은 사과를 따 먹
으면서 그것이 하나님의 뜻이요, 하나
님이 명하는 것이라는 그 착각 속에
빠져드니,
42 나의 성령을 잘못 받아들이며 나의 성
령을 잘못 깨우치며 나의 가르침을 잘
못 받아들인 그것이 얼마나 무서운 오
류를 만드는가?
43 그것이 이와 같이 험악하고 더럽고 추
한 세상으로 나의 동산을 썩게 한 장
본인이며 근본이니라.
44 그리하여 그들은 그것으로 끝나는 것
이더냐?
45 하나를 따 먹은 자 더 큰 것을 따 먹게

되며, 더 큰 것을 가지면서도 그들은
무어라 말하느냐?
46 '이는 여호와 하나님의 성령이요, 내
뜻이 아니라 하나님이 주관하여 하나
님이 명하는 것이며 하나님의 뜻이기
때문에 나는 그리 행하느니라.
47 즉, 나는 하나님으로부터 선택된 자이
며, 그 영을 받으며, 그 말씀을 들으
며, 그 가르침을 듣는다, 그리고 본다.'
하여 그들은 방언이라 하여 저희들이
귀신 같은 소리를 지껄이고 앉아 있으
면서 그들이 그와 같이 하니,
48 그 모두를 다 저희들이 나 여호와의
뜻이요, 내가 행하는 것이라 덮어씌우
며 그것으로써 치부하고 그리 편안한
마음을 갖고자 하는 자들이니 이를 어
찌해야 되겠는가?
49 너희들과 그들과의 차이점이 여기에
있으며 분별함이 여기에 있으며, 그리
하여 너희들의 행동이 나에게 오르는
길이며 그들이 바로 지옥 불에 떨어져
가는 그와 같은 행위라 내가 말하였느
니라.
50 지금 많은 종교 지도자들이 가고 있는
그 길이 그러하니라.
51 너희들은 빨갛게 익은 그 사과 하나를
따 먹어서는 절대로 안 된다 하며, 너
희들이 그들과 차별화되어, 먹고 싶고
갖고 싶은 마음은 똑같으나 너희들은
그게 도덕과 질서에 어긋나는 것이며
십계명에 어긋나는 일이며 나 여호와
하나님이 원하는 것이 아니기 때문에
그 마음이 잠깐 스쳐 가는 것을 그저
단죄하여 그 마음을 지워 버리고 너희
들은 그리 용감하게 스쳐 가느니라.
52 그리고 그 자신도 부끄럽게 생각하고
반성하고 회개하고 눈물 흘리며 가슴
아파하는 너희들이 되어 있으며 너의
제자들이 그와 같은 삶을 지금 살아가
고자 하고 있느니라.
53 선지자야, 그들의 마음을 어루만지며
그들을 소중히 생각하며 그들을 사랑
하는 네가 되어야 될 것이니, 이를 잊
지 말라.
54 이는 네가 나의 뜻을 대변하는 자이며
나의 뜻을 전하며 나를 대신하여 네가
행함이니, 그들이 소중하고 귀함을 알
라.
55 빨갛게 익은 그 사과를 먹고자 하는
마음, 그것을 버리며 그냥 지나가며
그것을 잠깐 생각했던 마음을 가슴 아
파하는 자가, 지금 이 세상에 어디 그
와 같은 나의 백성이 있겠느냐?
56 나의 계명을 따르며 나의 법전을 지키
며 나의 음성을 듣는 그들만이 지금
그리 변해 가고 있으니, 그들이 바로
찬란한 새 역사를, 그리고 나의 나라
를 건설하는 자들이니,
57 나를 대신하여 네가 그들을 사랑한다
면 네가 나의 마음을 그들에게 베풀어
줌이니라.
58 그러나 지금 잘못 가는 종교 지도자들
은 무엇이더냐?
59 하나의 사과를 따 먹은 자가 더 맛있
는 것을 그대로 지나갈 리가 있겠느
냐, 선지자야!
60 더 좋은 것이 그 앞에 있다 하면,
61 하나의 사과를 따 먹으면서 그게 나
여호와의 뜻이요, 하나님의 뜻이요,
하나님의 성령으로 임하여 저에게 따

먹으라 명하였으니 저는 남의 것을 도
적질해도 된다 하여 도적질하는 자가
더 좋은 것, 더 아름다운 것이 있다 하
면 과연 그대로 지나가겠느냐, 선지자
야!
62 바로 지금 종교 지도자들이 거둬들이
는 그 수법이 그리되어 있음이니라.
63 저희들 몇 명이 모여 공부를 할 때 저
희들이 끼니때가 되어 밥 한 끼를 대
접받으며 어려울 때 음식과 떡을 받던
그 종교 지도자들이 점점 그것이 죄가
아니며 하나님의 뜻이며 하나님의 말
씀을 전하는 나의 종은 어떠한 형태든
놀고먹고 편안히 살며 나의 백성들이
갖다 주는 것을 거둬들이며 그것을 제
것으로 만들고 살면 된다는 그 욕심과,
64 신이 되고자 하며, 나 여호와보다 더
높은 자가 되고자 하며, 황제가 되고
자 하는 생각이며, 제왕이 되고 싶은
그와 같은 생각으로써 그들이 하나씩
둘씩 거둬들이는 그 명분을 제가 조용
한 밤에 기록하기 시작하여 만들어 낸
것이 지금 각종 방법으로써 거두어들
이는 것이니,
65 처음에 밥 한 끼를, 떡 하나를 얻어먹
던 자가 지금은 어찌하느냐?
66 십일조라는 것을 갖다 만들어 냈으며,
모든 헌금을 만들어 냈으며, 어떠한
명분이든 붙여서 다 그들이 거두어들
이는 그와 같은 역사를 만들어 지금
그와 같이 나의 피조물 만백성을 비틀
고 짜면서 저희들이 편안한 생활을 하
기 위해 그와 같은 웅장한 성전이요,
웅장한 내부의 시설을 해 놓으며 제왕
의 방보다도 더 아름답게 꾸며 놓고
살아가는 것이 그들이니, 지금 바로
그게 무엇이더냐?
67 하나의 빨간 사과를 나 여호와의 뜻이
라며 따 먹는 자가 앞에 보이는 더 맛
있고 좋은 것을 그냥 지나치지 아니하
며 계속 그것을 취하고 더 갖고자 하
면서,
68 그러면서 나의 이름을 팔아먹으며 나
의 성령을 팔아먹으며 나의 성령을 그
와 같이 잘못 깨우치고 잘못 치우쳐
이를 망령되게 그들이 쓰니,
69 나의 이름을 더럽히는 자요, 나의 얼
굴을 더럽히는 자요, 나의 성령을 짓
밟는 사악한 자들이니, 그들을 어찌
용서할 수 있겠는가?
70 그러나 사랑하는 선지자야, 그 또한
나의 피조물이요, 나의 자식들이라 내
가 너에게 말하지 아니하였느냐?
71 그리하여 내가 그 모두를 덮어 두어
나의 성령을 태워 나의 법전을 세상에
내보내는 것은 그들을 다 같이 구원하
고자 함이니,
72 너와 너의 제자들은 나의 이 뜻을 알
며 이와 같은 뜻을 봄비가 내리듯이
나의 피조물 만백성에게 전해야 될 것
이며,
73 잘못 가 죽음의 낭떠러지로 떨어지는
그들에게 너희들이 나의 마음과 뜻과
나의 생각을 그들의 가슴에 조용히 전
해 줌으로 인하여 그들이 깨우쳐 반성
할 수 있는 그와 같은 이치를 깨닫도
록 너희들이 해야 될 것이니라.
74 사랑하는 선지자야!
75 "네, 여호와 하나님! 말씀하옵소서."
76 너의 제자들에게 이르라.

77 작은 실수가 가장 무서운 죄며, 가장
작은 죄를 지었을 때 나로부터 구원받
을 수 없는 가장 무서운 죄라 너희들
이 그리 알고 살라 하였으나, 너희들
은 그 뜻을 실감 나게 생각하지 아니
하며 생활에 적용하지 아니하고 살려
할 것이니라.
78 이를 꼭 적용하라 하여라.
79 그 뜻이 어디 있느냐?
80 나무에 붉은 사과를 하나 따 먹는 것
이 별 게 아니라 생각한다 하면 그것
으로 끝나는 것이 아니라, 그는 둘을
딸 수 있으며, 더 좋은 것이 있고 더
아름다운 것이 있으면 그는 남의 것을
나의 뜻이라 하여 제가 취하고 제가
가져가는 그 욕심이 생기며 그와 같이
대범해지며 넓어짐이니라.
81 그리하여 너희들이 가장 작은 죄를 지
으며 그 죄의 무서움을 모르면 그보다
조금 더 큰 죄를 짓게 되며, 점점 너희
들이 큰 죄를 지어 가며 나중에는 너
희들이 바로 사악한 자며 남을 기만하
며 도적질하며 거짓 하며 살인하며 간
음하며,
82 이와 같이 내가 지키며 살라 하는 것
을 지키지 아니하고 살아가는 자로 변
하게 됨이니, 영원히 구원을 받을 수
없음이니라.
83 하나의 빨간 사과를 따 먹지 아니하는
그 마음을 잘 보존하고 길이 간직해야
될 것이니라.
84 그러면 나 여호와가 존재함을 알며,
너희들이 계명을 지키며, 항상 나에게
감사하다는 마음을 가지며, 너희들이
질서에서 어긋나는 행위를 하려 하며
도덕적이지 않은 생각이 떠올라 너희
들을 지배하고자 하는 것은 사악한 사
탄의 마음이 너희를 조종함이니
85 그 마음을 뿌리치는 용기와 자신을 가
지고 살았을 때, 너희들이 지금 잘못
가는 나의 피조물 만백성과 차별화가
되는 것이며, 하늘에 오르는 길을 볼
수 있는 것임을 명심하여 잊지 말라.
86 선지자야, 너의 제자들에게 이와 같은
뜻을 가슴에 깊이 심어 주어 그들이
나가 생활함에 그와 같이 행하도록 그
리 가르치라.

2,027 번째 하나님 말씀

2002년 3월 12일 14시 05분

1 사랑하는 선지자야!
2 "네, 여호와 하나님! 말씀하옵소서."
3 내가 잘못 가는 종교 지도자들을 따라
가는 그 백성들과 너희들이 가는 길의
그 차별화를 말하여 주었느니라.
4 너희들이 가는 것은 남의 빨갛게 익은
먹음직한 그 사과를 먹지 아니하고 따
지 아니하며 그냥 지나가며,
5 그리고 그를 갖고자 했던 그 마음까지
도 부끄럽고 추하게 느끼는 것이 나에
게 오르는 차별화된 백성들이 가는 길
이며, 나의 뜻을 바로 읽고 깨우친 자
들이라 하였음이니라.
6 나의 성령대로 살아가는 자는 오늘보
다 내일이 나으며, 그와 같이 변화되
어 새로운 거룩한 나라를 이루는 것이,
7 너희들 자신의 마음속에 거룩한 성령
이 임할 수 있도록 하여 거룩한 나라
를 이루는 것이 나에게 선택된 백성들

이 살아가는 모습이며 그것이 증표라
하였느니라.
8 그러나 그것을 따 먹고 그것을 취하면
서도, '이는 여호와 하나님의 성령에
의하는 것이며 그의 뜻에 의하여 하는
것이지 내가 임의로 하는 것이 아니
다.' 하며 간악한 변명을 대어 그를 취
하고 나서 두 개를 더 취하며 더 나은
것을 취하는 그와 같이 가는 백성은
나와는 아무런 관계가 없다 말하지 아
니하였는가?
9 그렇다면 이렇게 변해 가는 백성들을
너희들은 어찌하여 구원할 수 있겠는
가?
10 너희들이 글로써, 말로써 그들과 경주
하여 구할 수 있겠는가?
11 그들과 갑론을박하여 그들을 구할 수
있겠는가?
12 절대로 그들을 구할 수는 없는 것이니
라.
13 말로써 너희들이 그들을 설득시킬 수
없으며, 말로써 그들을 구원의 길로
인도할 수 없음이니라.
14 그들은 이미 그 빨갛게 익은 나무의
사과를 하나 따 먹으면서, 이는 하나
님의 뜻이요, 하나님의 성령이라 그리
말하며 하나님의 주관하에 제가 따 먹
었다 그리 말하는 것은 저희들이 이미
잘못 가고 있고 잘못되는 것을 알며
일말의 양심 속에 부끄러움을 가지고
있는 자들이니라.
15 그러나 그들은 그것을 그리 치부하여
덮어 버리며 육신의 향락을 위하여 그
를 취하였으니 그들이 그를 모르는 자
가 아니니라.
16 알면서 우기고 버티는 자를 너희들이
어떻게 감당하겠는가?
17 알면서 거짓말하는 자를 감당할 수 없
는 것이니라.
18 모르고 거짓 하는 자는 가르칠 수도
있으나, 제가 거짓 하는 것을 알면서
우기는 자는 죽기 아니면 살기로 끝까
지 버티고 우겨대니 그를 어찌 너희들
이 감당하겠는가?
19 바로 잘못된 것을 알면서 따 먹는 자
들이, 나의 성령이요, 나의 뜻이요, 하
나님의 가르침이라 그리하여 나를 빙
자하여 그 사악한 짓을 하는 자들이
어떠한 더 흉악무도한 짓을 못 하겠는
가?
20 그들은 나를 빙자하여 그를 취하였으
며 나를 욕하며 나의 성령으로 나의
뜻에 그리하였다고 나를 팔아먹은 자
들이니,
21 하늘이 무섭고 하늘이 두려운 줄 모르
며, 나의 법과 죄의 벌을 내리는 것이
무서운 줄을 그들이 모르는 자들이니,
22 너희들이 그들을 무엇으로써 달래고
이끌어 나갈 수 있다 생각하는가?
23 나 여호와가 존재함을 믿지 아니하며,
나 여호와를 두려워하지 아니하며, 하
늘의 법도를 두려워하지 아니하며, 저
희들을 깨우치고자 하는 창조주 내가
내리는 그 뜻을 두려워하지 아니하는
자들이,
24 무엇이 그들이 두려운 것이 있으며 무
서운 것이 있기에, 누가 무엇으로써
그들을 바로잡아 나갈 수 있다 생각하
느냐?
25 사랑하는 나의 제자를 따르는 나의 백

성들아! 그리고 나의 법전을 읽어 깨
우치는 너희들은 여기서 알고 가야 할
것이 있지 않겠는가?
26 그들이 그와 같은 흉악한 행위를 하는
것은 나를 인정하지 아니하며, 나 여
호와가 존재함을 믿지 아니하며, 나의
두려움과 무서움을 모르고, 그리고 그
를 인정하지 않으려 하는 자들이니라.
27 결국은 하늘의 무서움을 모르고 행하
는 자가 인간이 옆에서 가르치고 깨우
친다 하여 그들이 그 말에 귀를 기울
이고 듣겠는가?
28 그리하여 너희들이 갑론을박해서는
그들을 절대 가르칠 수가 없고 인도할
수가 없음이니라.
29 더군다나 시뻘겋게 물든 잘못 가는 종
교 지도자들은 더욱이 돌이킬 수가 없
음이니라.
30 그를 따 먹어도 된다고 가르치는 자가
얼마나 흉악한 자들인가?
31 그리고 저희들이 잘못 가는 그 모두를
나의 뜻으로 덮어 버리며 그와 같이
가는 자들이 얼마나 무서운 자들인가?
32 그들을 돌릴 수는 없음이니라.
33 너희들이 어떠한 대화로써도 그들을
돌릴 수 없으며 너희들이 아무리 이해
시키려 해도 안 된다 하였으니, 그리
하여 내가 그들과 갑론을박을 하지 말
라 한 깊은 뜻이 여기 있음이니라.
34 그들은 하늘의 두려움을 모르며, 하늘
의 존재함을 믿지 아니하며, 하늘을
이용하여 저희들이 모든 기쁨과 즐거
움과 육신의 행복을 채우고자 하는 그
간악한 자들이기 때문에 안 된다 말하
였음이니라.
35 그들을 바로잡을 수 있는 것은 무엇이
더냐?
36 내가 성령으로써 선지자를 통하여 내
리는 이 법전의 뚜껑을 그들이 열어
보는 길밖에는 없음이니라.
37 그리하여 너희들이 나의 법전을 전하
는 데 최선을 다할 것이며,
38 선지자를 따르는 제자와 나의 법전을
읽고 깨우친 백성 너희들은 선지자를
위시해서 하나가 되어 나의 법전을 세
상에 전하는 데 모든 역량을 다 경주
하여 너희들의 수고로움과 노고를 아
끼지 아니하여야 한다는 것이 여기 있
느니라.
39 너희들이 모두를 다 바쳐 나의 법전을
전하고 전할 때, 나의 법전이 세상을
모두 덮을 때, 하얀 눈이 소복소복 쌓
여 하얀 천지를 만들고 그 아름다운
정경을 만들어 내듯이 나의 법전이 세
상을 덮고 또 덮을 때,
40 그들이 더 이상 견딜 수 없고 더 버틸
수 없을 때, 그 사악한 무리도 남몰래
나의 법전의 뚜껑을 열어 보게 될 것
이며, 그들이 거기에서 깨우침을 얻게
될 것이니,
41 그들을 구하는 길은 그것밖에 없음이
니라.
42 그리하여 너희들이 나의 법전을 전하
는 데 잠시도 게을리하지 말며 너희들
의 모든 역량과 모든 생각과 나의 백
성을 구하는 데 모두를 다하라 함이니
라.
43 그것만이 너희들이 너희 형제들이요,
잘못 가고 있는 자를 깨우치는 것이니
라.

44 너희들이 한 사람의 생명을 구원하는
것도 위대한 것이며 장한 일이며 남이
본받을 일이니, 너희들이 많은 백성을
구하는 길이 얼마나 위대한 길이더냐?
45 너희 자신을 희생하여 이미 70점의
점수에 올라와 80점에 도래하는 너희
들이 무엇이 필요하며 무엇을 더 갈구
할 것이 있겠는가?
46 너희들이 모두를 다 던져 많은 생명을
구하도록 하라.
47 썩은 물에 휩쓸려 그리 뛰어들어가는
자들, 그리고 독소 위에 꿀을 발라 놓
고 그 꿀을 먹게 하여 그들을 죽이는
그 사악한 자들에게 벌과 나비들이 날
아오지 못하도록 너희들이 막아야 할
것이니,
48 이것을 막을 수 있는 것은 너희들이
말로써는 아니 되며 그들과 갑론을박
하거나 시비로써 막을 수가 없음이니
라.
49 그저 나의 법전이 눈이 쌓이고 봄비가
내리듯이 이 세상을 다 덮어, 그들이
뒤를 보아도, 앞을 보아도, 좌우를 보
아도, 아래위를 보아도 나의 법전이
저희들 눈에 들어올 때 그들은 더 이
상 압박을 견디지 못하여 마지못해 법
전의 뚜껑을 열 것이니, 열었을 때 그
들은 또한 깨달음이 빠를 것이니라.
50 잘못된 것을 알고 있는 자들이기 때문
에 바른길을 볼 때 그들이 또 빨리 돌
아설 수도 있음이니, 그들을 그와 같
이 가르쳐 깨우치라.
51 한 사람의 생명을 살리는 것도 너희들
의 육신이 사는 동안에 길이 남을 수
있는 자랑이요, 기쁨이거늘,
52 나에게 와 영광과 축복을 받는 그 길
에 오는 너희들은 많은 나의 피조물
만백성을 구하여 그들을 너희들이 인
도하여 하늘의 천사가 되어 날아오는
그 영광을 잊지 말고 시행하라, 사랑
하는 백성들아!

2,028 번째 하나님 말씀

2002년 3월 12일 17시 30분

1 사랑하는 선지자야!
2 "네, 여호와 하나님! 말씀하옵소서."
3 너희 작은 집단들이 살아가는 그 생활
형태도 생활하는 습관이 다르며 언어
가 다르며 행동이 다 다름이니, 이 세
상, 내가 만든 이 지구상에 있는 나의
피조물 만백성이 살아가는 형태가 얼
마나 많은 숫자가 있으며 그들의 형태
와 그들의 언어와 그들이 살아가는 습
관이 얼마나 다르던가?
4 천태만상이니라.
5 그러나 너희들은 이것을 알아야 될 것
이니라.
6 내가 처음에 너희 인간을 만들어 세상
에 내보냈을 때는 하나의 언어로써 너
희들이 살아가도록 했으며, 모든 생활
습관이 한 가지로써 그리 이루어지며
살아가도록 하였음이니라.
7 그러나 수천 년 역사와 세월이 흐르는
속에서 가지가 가지를 치고 또 가지가
가지를 쳐 이와 같은 형국에 이르렀으
며 이와 같은 지금의 형태가 이루어졌
음이니,
8 이를 하나로 만든다 하는 것은 있을
수도 없는 일이라 너희들이 생각할 것

이며, 그와 같은 역사가 이루어질 것
이라는 생각도 감히 하지 못할 것이니
라.
9 최초에 하나의 습관으로, 하나의 방법
으로써 똑같이 살아갔던 나의 피조물
만백성이 세월이 흐르면서 수천수만
가지로 지금 갈라져 있음이니,
10 이를 하나로 이룬다는 것이 그리 쉽지
아니하며, 어려운 일이며 생각할 수도
없을 것이니라.
11 그러나 나 여호와가 최초에 이 세상에
나의 피조물 만백성을 만들어 내보낼
때 하나였듯이, 이제는 이 모두를 다
하나로 통일하며 하나로 이루어야만
내 새로운 나라를 건설할 수 있는 그
와 같은 역사가 이루어짐이니,
12 이것이 천 년에 걸쳐서 이루고자 한다
는 뜻이 여기에 있음이니라.
13 그러나 너희들이 생각할 때 나의 피조
물 만백성이 수많은 민족이 살아가며
그들이 생각하는 법과 생활하는 것과
언어와 모든 행동이 달라 하나로 통일
할 수 없다 너희들이 생각하나, 이는
하나로 이룰 수가 있는 것이니라.
14 그리고 이는 또 하나의 역사로 이룰
수 있으며 새로 탄생시키며 거룩한 나
의 나라로 만들 수 있는 것이니라.
15 그러나 여기서 수많은 나라요, 수만
가지 생활 상태로 너희들의 모든 습관
이 다 다른 것을 하나로 통일할 수는
있다 하여도 그보다 더 어렵고 힘든
것이 무엇인지 너는 아는가?
16 바로 지금 잘못 믿음을 가지고 있는
종교 지도자들과 그 집단들이 흘러가
는 그 생각을 바꾸는 것이 이보다 더
어렵고 힘듦을 너는 알아야 될 것이니
라.
17 이는 극에서 극으로써 대화를 하며 검
은 것이 아니면 흰 것이요, 두 양대 세
력으로써 모든 것이 이루어져야 되며,
그 대립 속에서 답을 찾아야 되기 때
문에
18 이 세상 수많은 종족이요, 그들의 수
만 가지의 생활 습관이요, 언어요, 그
모두를 하나로 통일할 수는 있으나,
19 지금 잘못 가르치고 있는 종교 지도자
들이 죽어 가고 있는 그 형태의 상황
에서 그를 바로잡아 하늘에 오르는 길
을 바라볼 수 있도록 잡고 인도하는
것이 그보다 더 힘들고 어려움이 여기
에 있느니라.
20 그리하여 지금 내가 나의 피조물 만백
성을 하나로 통일하기 전에 이들을 깨
우쳐 하늘에 오르는 길을 바로 보게
하고자 함이 여기 있느니라.
21 이들은 검은 것이요, 흰 것이요, 둘 중
의 하나를 선택하는 극에서 극으로써
달리는 그와 같은 자들이 있기 때문에,
22 저희 것이 옳다 부르짖으며 그걸 받아
들이지 못하는 그 습성과 뿌리가 너무
도 깊고 깊어 생명을 내놓고도 저희들
이 그를 지키려는 그와 같은 무리들이
니,
23 이를 어찌하여야 바로잡을 수 있겠는
가?
24 이 벽을 넘고 넘는 것이 얼마나 힘들
고 어려운 것인가를 너희들이 알아야
될 것이니라.
25 사랑하는 선지자야!
26 "네, 여호와 하나님! 말씀하옵소서."

27 너희들은 서서히 그리고 천천히, 나의
법전을 조용히 전하는 그 길을 선택하
여 가야 될 것이니라.
28 조용히 흐르는 물이 땅을 촉촉이 적시
는 그와 같은 방법으로써 나의 법전이
세상에 전해져 가야 할 것이니, 너무
서두르지 말며 너무 조급히 가지 말라.
29 천 년의 역사 속에 이루고자 하는 나
의 뜻을 너희들이 그리도 모르겠는가?
30 너희들은 너희들의 직분을 다하고 가
면 되는 것이며 그 너희들의 직분만큼
시행하면 되는 것이니라.
31 강자 앞에 강하게 대들면 그것이 무엇
이더냐? 부서지느니라.
32 둘 중의 하나가 부서지지 아니하면 견
딜 수가 없는 것이 아니더냐?
33 상대방이 강하게 나간다 하여 너희들
까지도 강하게 나가면 결국 너희들은
무엇이더냐?
34 더 큰 싸움이 이루어짐이니라. 그보다
큰 파장이 이루어짐이니라.
35 그러니 강한 자에게 너희들이 유하고
부드럽게 물러설 줄 알며 상대방이 강
할 때 너희들이 양보할 수 있는 그 지
혜를 가져야만 될 것이니라.
36 지금 이 세상을 덮을 것 같은 시커먼
그들이 종교 지도자요, 그 밑에서 깨
우침의 길을 가고 있는 나의 피조물
만백성이 이 지상을 다 덮고 있으니,
37 더 큰 그들을 어찌하여 하루아침에 벗
어날 것이며 그들과 대적할 능력이 누
가 있는가?
38 감히 그들과 대적할 수 있는 능력과
힘이 아무도 없느니라.
39 인간으로서는 그들과 대적할 수 있는
집단이 없으며 능력이 없음이니라.
40 그는 있을 수도 없는 것이니라.
41 그리하여 그와 맞붙어 싸워서 이길 수
있는 그와 같은 능력을 가진 백성이
요, 집단이 이 세상에 없음이니, 너희
들이 방법을 어찌 선택해야 될 것인가?
42 서서히 조용히 가라.
43 그저 봄비가 내려 대지를 촉촉이 적시
듯이 서서히 가는 그것만이 너희가 이
길 수 있는 길이고 승자의 길을 갈 수
있는 것이니라.
44 너희들이 살아가는 지구상에 한 종족
도 서로 언어가 다르며 생활 습관이
다르며 방법이 다르나니, 저희 것이
옳다 부르짖고 우기며 저희들 것만이
옳다 생각하는 그들에게 너희들이 가
지고 있는 것을 또 주입시키며 너희가
가지고 있는 것이 우월성이 있다 하여
그를 지도하고 깨우쳐 가르친다 한들
그들이 받아들일 리가 없듯이,
45 한 집단의 종족 속에서 서로 언어와
생활 상태가 다를 때, 서로 저희 것을
주장하여 받아들이지 않으려 할 것이
며, 그를 받아들일 수 없는 것이 너희
인간이 살아가는 근본의 상태이니라.
46 너희들의 심성이 그러한 것을, 그 심
성에서 굳어지고 굳어져 잘못 흘러온
지금의 종교의 그 믿음이 이 지상을
다 덮고 있음이니,
47 저희들이 보더라도 그보다 더 큰 집단
이 없으며 그보다 더 큰 능력이 있는
자들이 없는 것이니라.
48 그러니 그들이 무엇과 타협을 하겠는
가? 그리고 그들이 무엇과 대화를 하
려 하겠는가?

49 그들은 지금 힘들지 아니한 그 길을 가면서도 나의 아들 예수의 보혈로써 구원을 받았다며 저희들은 구원받아 하늘의 낙원에 가 영원히 살 수 있다 그리 생각하는 흉물스러운 그 인간들의 속성을 어찌하여 그들이 바로잡을 수 있다 생각하는가?

50 너희들이 그들에게 무엇인가를 전하고자 한다 하여도 그들이 덥석 받아들이지 아니하며 물지 아니할 것이니라.

51 어찌하여 어렵고 힘든 그 길을 가라 할 때 그들이 선택하겠는가?

52 그들은 먼저 그를 보고 계산할 것이니라.

53 어떠한 길이 진정한 나 여호와에게 오르는 길인가를 생각하기 전에, 어떠한 것이 더 쓴 약이며 어떤 것이 단 꿀인가를 먼저 놓고 생각할 것이니,

54 너희들이 선택하고 너희들과 같이 가자는 그 길은 고행의 길이요, 쓴 것을 마시며 가야 되며, 그것이 너희들이 10년, 20년 후에 좋은 보약이 되며 건강을 지탱할 수 있는 소중한 약이 된다 하여도 그들은 그를 선택하지 아니할 것이니라.

55 지금 마시기 좋은 꿀을 마실 것이며 그 꿀떡을 먹는 재미에 그들은 이것을 돌아다보지 아니하며 생각도 하지 아니할 것이거늘, 거기에다 너희들이 무엇을 갖다 붙여 댄다 해도 그들을 돌이킬 수는 없는 것이니라.

56 그들이 먹는 그 꿀과 꿀떡이 달다 하나, 더 달고 더 맛있는 걸 그들에게 권하여 먹으라 하여도 그들은 이미 그리 숙달되어 있고 그 맛이 몸에 배었기 때문에 더 좋은 것을 볼 줄 모르는 것이 그들이 지금 현재 살아가는 형태이며 그들의 현주소이니라.

57 그들이 가짜 꿀이라 하는 것을 물에 타 먹어 저희들이 좋은 약이라 생각하며 살아온 그 세월 속에 10년, 20년, 몇십 년, 몇천 년 동안 흘러와 그들의 몸에 배었고 뿌리가 깊이 내렸기 때문에 아무리 좋은 꿀을 갖다가 진짜라 하여 그들에게 갖다 준다 해도 그들은 그를 받지 아니하고 먹지 아니할 것이거늘,

58 저희들에게 진짜를 주어도 받지 아니하는 그들에게 너희들이 쓴 약을 갖다 준다 하면 그들이 받을 수 있겠는가?

59 감히 생각지도 말며 갑론을박도 하지 말라.

60 다만 너의 제자들에게 이르라.

61 서서히 가도록 하라. 그리고 서서히 그들이 이루도록 하는 것이 그들의 역사이니라.

62 그리고 너의 제자들에게 또한 깨우쳐 일러야 할 것이니라.

63 너희들은 기복 신앙의 그 상태를 지우라 하라. 그리고 그를 생각지 말라 이르라.

64 나의 법전을 읽고 깨우치며 나의 성전에 와 나의 선지자의 그 강론을 듣는 너희들이 그곳에서 육신의 무엇인가를 얻고자 구하고자 한다면 지금 너희들은 기복 신앙의 대표자들과 다른 것이 무엇이 있는가?

65 너희들은 육신의 그 생각을 버리는 그와 같은 마음을 가져야 될 것이니라.

66 너희들은 어떠한 육신의 영광이요, 영

화요, 부귀요, 이러한 것을 다 접어 두
는 그와 같은 나의 선지자의 제자로서
바로 서야 될 것이며,
67 너희들은 그것들을 다 접어 둔 영의
세계의 찬란한 미래의 구원을 받는 나
의 법전 속에서 살아가는 너희들의 자
세가 되어야만 너희들 스스로 행복과
영광을 알게 될 것이며,
68 너희들이 나로부터 받은 그 모든 것이
은혜와 영광이라는 것을 알게 될 것이
니라.
69 지금 너희들이 받고 있는 것으로써,
너희들이 생명을 받으며 모든 것을 취
하고 살아갈 수 있는 이와 같은 삶의
생활을 지탱하는 그것만으로도 나 여
호와에게 감사하는 마음을 갖는 것이
너희들이 그들과 차별화되어 있는 것
이니라.
70 너의 제자들에게 이르며 나의 법전을
읽고 깨우친 나의 만백성에게 이르라.
71 정녕 나로부터 육신의 도움이 되는,
육신의 삶에 보탬이 되는, 그리고 육
신의 삶의 부귀와 영화를 원하는 기도
를 드리며 그러한 생각을 가진 자, 너
희들은 지금 바로 그것을 지워 버려야
될 것이니라.
72 너희 육신의 삶이 윤택하며 너희들이
부귀영화를 누리는 것은 너희들이 육
신의 그 상태에서 조금 더 노력하며
더 부지런히 온 식구가 힘을 합쳐 노
력하고 개척할 때,
73 너희들의 그 생활의 풍족함은 당연히
너희들이 얻게 되어 있는 진리가 거기
있고 답이 있음이니, 그것은 너희들이
육신의 생활에서 구하도록 하라.
74 그리고 너희 자신과 너희 가족과 너희
스스로 제 몫을 다하고 노력할 때 너
희들의 육신의 삶은 거기서 구하고 얻
어질 수 있는 것이니라.
75 그건 나와는 아무런 관계가 없는 것을
너의 제자들에게 일깨워 주라.
76 너희 육신의 영이 영의 세계에 오기
전에 육신의 생활에서 너희들이 잘 가
고 못 가고, 잘 살고 못 사는 것은 너
희들의 노력함에 달렸느니라.
77 자신이 근면하게 노력하며 자신이 생
각하기에 달렸으며, 또한 너희 가족들
이 힘을 합쳐 너희들이 건전한 생각을
하며 열심히 노력하여 힘을 합쳐 무엇
인가를 이루고자 할 때 너희들은 밥을
굶지 않고 살아갈 수 있는 그와 같은
여건이 다 되어 있으니,
78 육신의 삶에서 너희들이 할 수 있는
그 몫을 하지 아니하고 게으르고 노력
하지 아니한 너희들이 나 여호와요,
나의 아들 예수의 이름을 빌려 부귀영
화와 육신의 어떠한 영달을 얻고자 기
도한다면,
79 너희들은 정녕 내가 이루고자 하는 나
의 선택된 백성이 아니요, 너희들도
기복 신앙에 젖어 가는 그와 같은 사
람들과 같으며,
80 지금의 잘못 가는 종교 지도자들, 또
그 밑에서 배우고 깨우치는 나의 피조
물 만백성과 너희들이 차별화됨이 없
음이니, 너희들과 그들과의 차별화는
여기에 있느니라.
81 육신의 모든 영화는 너희들의 육신이
노력하여서 얻고 잃는 것이니, 육신으
로써 모든 것을 해결하도록 그리하라.

82 그리고 육신의 삶을 육신에서 해결할
것이며, 그를 나 여호와요, 나의 아들
예수가 어렵고 힘든 너희들에게 나와
는 관계없는 육의 삶의 축복을 내리며
은혜를 내리며 은사를 내리며 영광을
내리며 재물을 내리는 이와 같은 생각
은 너희들의 꿈이며 환상이니라.
83 그런 생각을 절대 너희들은 가져서는
안 되는 것이니, 그 생각부터 오늘 이
후 너희들은 가져서는 안 되며, 머릿
속에 그와 같은 기대와 생각이 있다면
그 환상을 지워 버리라.
84 육은 너희들의 노력으로써 그 대가를
거두어들이며 너희가 그리 살아갈 것
이며, 너희들은 다만 영을 위한 삶을,
영원히 구원받아 나에게 오를 수 있는
그 삶을 위하여 지금 노력하고 매진해
야 될 것이니,
85 이와 같은 육의 삶과 영의 삶에 너희
들이 얻고 잃는 것도 엄연히 다름을
알려 주라.
86 육에서는 너희들이 재물을 소유하며
재물이 필요한 것이니라.
87 사람에 따라 권력이 필요하며 권좌가
필요하나, 영의 세계에는 그러한 것이
전혀 필요가 없다는 걸 알라.
88 그것은 육의 세계에서 이루어지는 것
이니, 너희들의 육은 노력하는 것만큼
그 대가를 거두어들일 수 있도록 되어
있으니, 그것은 너희 스스로 노력하여
취하라.
89 다만, 영의 세계에는 나의 계명을 지
키며 나의 율법을 지키며 나의 법전대
로 살아가 너희들이 다스려지는 그것
이 나에게 관계되는 것이며 나에게 오
를 수 있는 길이라는 걸 깨달아 그를
엄연히 구분하여 살라 그리 이르라.
90 기복 신앙의 그 테두리 안에서 벗어나
지 못하는 지금과 같은 잘못 가는 백
성들의 세속에서 벗어나지 못하는 너
희들이 되지 말며, 그를 훌훌 털어 버
리는 너희들이 되라.
91 그러면 너희들이 내가 말한 80점의
그 점수의 문턱을 넘는 가장 기초요,
기본임을 알게 될 것이니라.

2,029 번째 하나님 말씀

2002년 3월 12일 21시 20분

1 사랑하는 선지자야!
2 "네, 여호와 하나님! 말씀하옵소서."
3 너의 제자들에게 일러 일깨워 주도록
해야 할 것이니라.
4 너희들이 세상에 나올 때 나로부터 은
혜를 받아 나왔으며 세상에 나와 너희
들이 먹고살고 취하는 모든 것이 나의
은혜 속에서 너희들이 살아감이니,
5 내가 이와 같은 은혜를 너희들에게 내
렸음이니, 거기에 내가 또 너희들에게
육신의 세계에서 무엇을 더 내려 줘야
한단 말이던가?
6 너희들은 너희들이 얼마만큼 노력하
고 열심히 살았느냐에 따라서 그 대가
를 얻고 취하고 구하게 되어 있는 것
이니라.
7 너희들이 제대로 인생사를 살았으며
너희 스스로 시간과 모두를 절약하며
인생을 계획성 있게 열심히 노력한 자
는 남부럽지 않은 삶을 살 수 있으며
남부럽지 않은 영화와 부귀를, 너희들

이 말하는 육신의 행복을 누리고 살아
갈 수 있는 자격을 누구에게나 똑같이
주었으며 그 기회를 주었음이니라.
8 그러나 그리 노력하지 아니하고 게으
른 자는 그들과 차등이 있게 살아가게
됨이니, 이것은 다 너희들 인간의 노
력 여하에 달렸으니,
9 내가 너희 육신들에게 내려 줄 것은
이미 다 내려 주었음을 너희들이 한번
깊이 깨우쳐야 할 것이니라.
10 내가 너희들의 육신의 세계에서 살아
갈 수 있는, 너희들이 너희 노력에 따
라서 성취하고 얻어 가며, 구하여 가
며, 남과 같이 차등을 두고 살 수 있는
그와 같은 너희들의 육의 세계를 내가
이미 주었으니,
11 그것이 나와 육의 세계에서 너희들이
이루어진 관계이니라.
12 그리하여 너희들의 육의 세계에서 이
루어지는 것을 나 여호와가 관여하지
아니하며, 너희들이 살아가는 그 모습
에 대하여 내가 너희들에게 말하지 아
니하고자 함이었느니라.
13 너희들이 육의 세계에서 노력하고 깨
달아 영의 세계를 바라보며 영의 세계
로 진입함으로 인하여 내가 너희들을
구원의 길로 인도하며, 구원할 자 구
원하며 버릴 자 버린다 하였음이니,
14 그러나 너희들이 육에서 잘못 살아오
는 자, 그는 다시 영의 세계에 발을 디
딜 수가 없음이니라.
15 그는 바로 무엇이더냐?
16 영이 죽어 있는 자들이라 내가 너희들
에게 일러 주었느니라.
17 그리하여 너희들은 이 이치를 알아야
될 것이니라.
18 내가 육의 세계에서 너희들이 나의 은
혜 속에서 살아갈 수 있는, 육으로써
너희들이 살다 흙으로 돌아가는 그 삶
에 대한 그 모두를 너희들에게 다 내
려 주었음이니라.
19 거기에서 너희들이 어떻게 노력하고
어떻게 연구하느냐에 따라서, 너희들
이 얼마만큼 착실히 인생을 설계하면
서 살아왔느냐에 따라서 그것은 너희
들의 몫이며 너희들의 노력 여하에 달
렸는 것이니라.
20 그러나 지금 너희들은 나에 대한 믿음
을 어찌 믿고 가고 있는가?
21 너희들이 게으르고 계획성 없는 삶을
살았으며 방탕한 생활을 하며 삶을 그
리 엮어 왔기 때문에 남과 같이 이루
지 못하며 남보다 뒤떨어져 있는 자가
무엇을 원하느냐?
22 나에게 무엇을 달라 하며 구하고자 하
며 너희들이 부족한 것을 채워 달라
또 이야기함이니, 너희들이 육에서 나
에게 채워 달라고 빌고 비는 것은 내
가 너희들에게 들어줄 수 없음이니라.
23 육에서 너희들에게 이루어지는 것은
이미 다 이루어져 있기 때문이니라.
24 너희들의 육의 세계에서 내가 줄 것은
너희들에게 다 주었음이니라.
25 그리하면서 내가 사랑을 베풀며 나누
며 살라는 그와 같은 나의 뜻을 너희
들에게 명하였으며, 그리하여 너희들
이 육으로써 받을 수 있는 것은 내가
다 주었으니,
26 내가 준 그 축복 속에서 너희들이 살
아가는 것은 너희들의 노력 여하에 달

렸으며, 그 속에서 너희들이 살면서
나의 계명에 따라 지켜 하늘에 오르도
록 내가 너희들에게 그리 명하였거늘,
내가 너희들에게 지금 육의 영광과 모
든 은혜와 축복을 다 주었느니라.
27 동등하게 주었건만, 너희들이 그 속에
서 십계명을 지키며 나의 율법에 따라
하늘에 올라와 영을 구원받는 삶을 살
라 내가 하였으나 너희들이 그 나의
계명을 버려두고 엉뚱한 길로 가고 있
는가 하면, 그를 무시하며 그를 따르
지 아니함이니,
28 그리하여 너희들의 영이 살지 못함이
니, 그리하여 그리 영이 죽은 자, 나에
게 구원을 받을 수 없다는 것을 알아
야 될 것이니라.
29 사랑하는 나의 선지자를 따르는 제자
너희들은 알아야 할 것이니라.
30 내가 너희들에게 다 공평히 동등하게
육에서 살아갈 수 있는 것을 주었으
며, 너희들의 노력 여하에 따라서 너
희들이 얻을 것 얻고 구할 것 구하며,
재물을 얻고자 하면 얻고, 명예를 얻
고자 하면 얻을 것이요, 그와 같은 것
을 다 주었으니
31 너희들이 어찌 노력하였느냐, 너희들
이 너희 인생을 어떻게 살아왔느냐에
따라서 너희들이 지금에 와 서 있는
위치이니 나 여호와를 원망하지 말라.
32 그리고 너희들이 잘못 살아와 남에게
부끄러운 삶이요, 남에게 내놓지 못할
그러한 삶을 산다 해서 너희들이 나에
게 육적인 무엇인가를 달라며 구하고
자 그리하지 말라.
33 나는 너희들에게 그런 것을 주는 여호
와 하나님이 아니니라.
34 이미 다 주었기 때문에 너희들은 나에
게 무엇을 달라는 기도를 하지 말라는
뜻이 여기에 있음이니라.
35 다만, 너희들이 영혼의 세계로 돌입하
기 위하여 너희들의 육을 위하여 다
준 은혜 속에서 아름답고 곱게 살며
사랑을 베풀며 사는 그 길을 너희들이
행하고 안 행하는 것만이 나와 관계가
있음이니라.
36 그러니 너의 제자들이, 너희가 재물을
얻고 또 무엇인가를 얻고자, 남부럽지
않은 부귀와 영화를 누리고자 하는 그
와 같은 생각을 가지고 나의 성전을
찾아오는 자는 발을 돌려 그리 가야
될 것이니라.
37 나는 그러한 것을 너희들에게 주는 것
이 아니니라.
38 이미 다 주었는데 무엇을 더 달라 하
는가?
39 육의 세상에서 살아가는 너희들에게
나는 줄 것이 이제 아무것도 없음이니
라.
40 너희들의 노력 여하에 따라서 너희들
이 얻고 잃는 것은 너희들 것이니, 나
의 것이 아니라 내가 말하지 아니하였
던가?
41 다만, 너희들이 내가 준 그 은혜 속에
서, 나에게 와 영원히 사는 내가 너희
들에게 심어 준 그 영혼의 삶을 위하
여, 그 영혼이 구원을 받으며 하늘에
올라올 수 있는 그 육의 내가 준 은혜
속에서 그를 잘 다스리며 사랑을 베풀
며 내가 내린 계명을 지키고 너희들이
육을 마칠 때까지 살다 그 영이 나에

게 올라올 수 있는 그와 같은 기회를
또한 주었거늘,
42 너희들이 그를 지키고 안 지키고, 받
고 안 받는 그 순간부터 나에게 너희
들이 필요한 것이며, 나와 너희들과
그때서부터 관계가 되어 있음이니라.
43 나는 너희들에게 모두를 다 주었느니
라.
44 그리고 영의 세계에 오르는, 내가 하
늘에 오르는 그것까지 가르쳐 주었느
니라.
45 내가 계명을 지키고 사랑을 나누며 사
랑을 실천하고 살라 하였던 것이, 그
것이 바로 너희들이 영의 세계에 와서
심판을 받고 못 받는 기본이니,
46 나는 다만 너희들이 그를 얼마나 지키
고 살았느냐 안 살았느냐를 가지고 너
희들을 심판할 것이니 그때부터 내가
너희들에게 관계된 것이며,
47 육에 사는 너희들이 부족한 것을 나에
게 구하는 기복 신앙의 그와 같은 행
위는 나에게 하지 말라.
48 그는 나에게는 아무런 관계없는 뜻이
여기 있음이니라.
49 그리하여 내가 선지자에게 명하여 내
렸느니라.
50 선지자가 스스로 선지자로서 만백성
에게 추앙을 받고 만백성이 선지자를
따르는 것은 그의 몫이라 하였던 뜻이
여기에 있음이니라.
51 육을 가지고 있는 그 선지자가 육 속
에서 살며 나의 계명을 얼마나 지키고
나의 율법에 따라 어찌 살며, 내가 내
리는 나의 법전에 따라서 그가 얼마나
사느냐에 따라 그가 선지자로서 자리
를 지키고 못 지킴이 여기에 있는 것
이니,
52 그리하여 육을 가지고 있는 한 그것은
그의 몫이라 하였으며, 그가 죽어 나
에게 왔을 때 그가 얼마나 지키고 실
행하고 살았느냐에 따라서 내가 그를
심판할 것이니,
53 그때만이 그와 내가 관계된다는 것을
너희들에게 말하여 준 것이니라.
54 이 뜻을 너희들이 깊이 깨우쳐 하늘의
뜻과 내가 행하는 뜻을 알아야 될 것
이니라.
55 육의 세계에서 변화되는 그 모두를 나
여호와의 뜻이라 하지 말라.
56 너희들의 노력의 삶에 달렸느니라.
57 너희들의 타고난 그 운명 속에서 너희
들이 어찌 육의 생활을 관리하느냐,
육의 생활 속에서 너희들이 어찌 살아
가느냐, 거기에 따라서 너희들의 생활
의 기복이 있느니라.
58 너희들이 이 세상에 나올 때는 내가
다 균등한 자격을 주었느니라.
59 이제 이 이치를 너희들이 깊이 깨달아
야 될 것이니라.
60 너희들이 나의 뜻을 알아듣고 이해하
는 위치에 와 있기에 내가 오늘 또한
하늘의 비밀 하나를 너희들에게 벗겨
줌이니, 너희들은 깊이 나의 뜻을 새
겨 행하도록 하여야 될 것이니라.

2,030 번째 하나님 말씀

2002년 3월 13일 0시 35분

1 사랑하는 선지자야!
2 "네, 여호와 하나님! 말씀하옵소서."

3 나의 피조물 만백성이 살아오면서 지
금에 너희들이 와 있는 형국이 어떠하
던가?
4 거짓 하는 자, 도적질하는 자, 남의 것
을 탐내는 자, 그리고 수단과 방법을
가리지 아니하고 저희 부와 명예를 위
하여 인간의 삶의 기본권마저도 포기
하고 그를 무시하며 살아가는 지금의
너희들의 형국이 이루어졌으며,
5 그리고 그 외에 더 바랄 수 없는 너희
들의 가장 소중한 그 목숨까지도 이제
는 재물과 맞바꾸는 그와 같은 형국이
도래했음이니,
6 이와 같은 시대를 이룬 것은 누가 책
임을 져야 될 것인가?
7 이에 대한 저희 잘못을 스스로 느끼는
자가 하나도 없음이니, 과연 누가 이
와 같은 시대를 만들었다고 너희들은
생각하는가?
8 이를 너희들이 뒤집어 봐야 될 필요성
이 있음이니라.
9 나의 피조물 만백성이 이와 같이 사악
한 백성으로서는 살아가지 아니하였
음이니라.
10 그들은 자연에 순응하였으며, 자연의
위대함과 아름다움을 알았으며, 자연
에서 얻어진 모든 동식물에 대한 감사
함을 알았으며, 고마움을 알았으며,
그를 내려 준 창조주 나 여호와에게
감사하는 마음을 갖고 살았느니라.
11 그러나 구약의 시대가 지나 신약의 시
대가 열리면서 지금까지 2천 년이 흐
른 역사 속에서 너희들은 어떠한 형국
에 와 있는가?
12 인간으로서는 도저히 생각할 수 없으
며 상상할 수도 없는 사악한 시대가
이루어졌음이니라.
13 이와 같은 시대를 누가 이루었는가 너
희들은 한번 돌이켜 생각해 봐야 될
시점에 와 있느니라.
14 어떠한 종교의 종파도 이와 같이 너희
들보다 방대한 조직을 가지고 있는 조
직이 없으며, 그와 같은 많은 역사 속
에서 조직적으로 흘러온 하나의 조직
이 없음이니라.
15 어떠한 종파도, 어떠한 단체도 지금
종교 지도자들이요, 너희들이 이끌어
오는 이 집단보다도 더 방대하고 더
위대한 조직이 없었음이니, 그 책임을
누가 져야 될 것인가?
16 아무런 능력도 없이 살아온 소수의 집
단들이 이와 같은 험악한 시대에 대한
책임을 져야 될 것인가?
17 어떠한 집단에게 이와 같은 현 시국에
대한 책임을 물어야 될 것이며 누구의
잘못이라 너희는 생각하는가?
18 당연히 지금 가장 큰 조직이요, 가장
성대한 인력을 끌고 왔으며 긴 역사
속에 하나의 전통을 이어 오며 끌어온
너희들이 그 책임을 져야 되는 것이
아니던가?
19 그렇다면 그 책임을 진다 하면, 지금
너희들이 서 있는 위치는 과연 나 여
호와가 만든 지상의 낙원을 이루고 그
와 같이 건설하고자 하며 살아가는가?
20 이와는 너무나 멀고도 동떨어진 지금
종말의 시대가 초래되었음이니, 이와
같은 역사를 이룬 것은 가장 큰 조직
의 단체요, 가장 뿌리가 깊고 역사가
깊은, 지금 바로 성전이라 지어 놓고

그곳에 와서 기도하고 경배하면 구원
을 받는다 말하고 있는 너희들의 책임
이라 말해야 되지 않겠는가?
21 그에 대해 누가 감히 변명할 자 있으
며 그에 대한 거부의 대답을 할 자 있
겠는가?
22 몇천 년 전의 그 방법을 지금까지 답
습해 오면서 너희들이 그 많은 나의
피조물 만백성으로부터 하늘에 오를
수 있다 하여 가르치고 깨닫게 한다
하여 받아들인 재물과 물건과 금화와
은화의 그 많은 힘을 갖고, 그리고 나
의 피조물 만백성의 그 방대한 조직을
갖고 너희들이 과연 선한 세상이요,
아름다운 세상을 만들었는가?
23 나 여호와가 창조하고자 하는 지상의
낙원을 이루는 데 너희들이 어찌 만들
어 왔다 생각하는가?
24 너희들의 현재의 위치가 지상의 낙원
이라 생각할 수 있으며, 너희들이 만
들고 이끌어 온 현 시국을 과연 아름
답다 말할 수 있는가?
25 너희 자신도 스스로 말할 것이니라.
26 도적질하는 자, 거짓 하는 자, 간음하
는 자, 살인하는 자들이 지금 뒤범벅
이 되어 흘러가고 있으며, 너희들 자
신도 잘못 가고 있으며 잘못 이끌어
왔음을 시인할 것이니라.
27 그렇다면 이와 같은 결과는 어디서 이
루어졌다 생각하는가?
28 이는 바로 너희들이 창조주인 나 여호
와의 뜻을 따르지 아니하며 시행하지
아니하였기 때문이니라.
29 그리고 저희들이 제왕의 역할을 하며,
우상이요, 신이 되고자 하여 나 여호
와가 내리고 지키라 했던 그 모두를
감춰 두며 짓밟으며,
30 그를 지키지 아니하여도 구원을 받을
수 있다 그리 가르친 것에서부터, 그
원인의 원천의 샘이요, 그 사악한 뿌
리가 거기서부터 시작하였으며,
31 거기서부터 수천 년 동안 흘러오면서
너무나도 사악한 지금의 형국이 이루
어졌음을 너희들 자신이 책임을 지는
그와 같은 마음 자세로 다시 한 번 너
희들은 돌아다보는 역사의 시간을 가
져야 할 것이니라.
32 어떠한 조직도 너희처럼 방대한 조직
이 없으며, 방대한 재물로써 성전이라
하여 짓고 그와 같이 방대하고 호화찬
란한 것을 만들면서 이끌어 온 조직이
없음이니, 이를 너희들은 과연 무어라
대답하겠는가?
33 지금의 형국에 대한 책임을 누가 진다
생각해야 되겠는가?
34 너희들은 그리할 것이니라. 너희들의
책임이 아니라 할 것이니라.
35 모든 피조물 만백성이 너희들이 지은
그 성전에 와서 재물과 금화와 은화를
바치지 아니하였기 때문에 그와 같이
되었다 너희들은 말할 것이니라.
36 너희들은 변명의 명수이니라. 그리고
둘러대고 거짓 하는 데 명수이니라.
너희들의 그 재능은 누구도 따를 수가
없음이니라. 너희들의 책임이니라.
37 너희들이 부끄러움을 알아야 될 것이
며, 너희들이 잘못 가르쳐 온 오늘의
이 결과에 대해 너희들 스스로 가슴에
손을 얹고 반성하며 회개하는 것부터
너희가 해야 될 것이니라.

38 나 여호와에게 너희들이 오르고자, 구
원받고자 하고 무엇인가를 원하는 기
도를 하며, 그와 같이 너희들이 얻고
자 두드리고자 하며 열어 달라고 매달
리는 그것이 아니라,
39 너희들 스스로 자신을 먼저 두드려 보
고 한번 열어 봐 너희들 자신을 들여
다보는 그와 같은 반성의 기회가 너희
들에게 시급함을 알아야 될 것이니라.
40 너희들 자신을 돌아다본 다음에 나 여
호와에게 구원의 길을 너희들이 소원
하는 그와 같은 깨달음을 가져야 될
것이니라.
41 나의 피조물 만백성은 노력하는 것만
큼 편히 살아갈 수 있도록 내가 세상
에 모두를 다 주었다 하였음이니라.
42 그들이 노력하지 못하도록, 그들이 이
성을 잃도록, 그들이 바로 볼 수 없도
록 그와 같이 이끌어 온 것은 너희들
의 책임임을 너희들이 다시 한 번 통
감해야 될 때가 왔음을 알라.
43 그리하여 너희들이 잘못 이끌어 오고
잘못 인도해 왔기에 내가 나의 성령을
태워 나의 피조물 만백성의 지상의 낙
원을 여기에 만들고자 지금 시작하였
음이니,
44 이와 같이 창조주 나 여호와가 나의
가슴을 태워, 나의 모두를 다 불태워
너희들을 구하고자 다시 내려보내는
이와 같은 법전을 만드는 이 어렵고
힘든 역사의 장을 또한 너희들이 열도
록 그리하였음이니,
45 너희들 스스로 그 죄의 잘못을 깨닫고
나의 법전을 열고 정독하는 자, 구원
을 받을 것이며 하늘에 오르는 그 찬
란한 빛을 보게 되는 영광을 얻게 됨
을 잊지 말라.

2,031 번째 하나님 말씀

2002년 3월 13일 01시 35분

1 사랑하는 선지자야!
2 "네, 여호와 하나님! 말씀하옵소서."
3 이 세상 모든 동식물의 살아가는 그
형태 속에서 식물은 식물대로 아름다
운 그 모습으로써 꽃을 피우며, 그리
고 높고 낮은 산에서, 계곡에서, 그 어
떠한 위치에서 그들이 뿌리를 내려가
며 살아가고 생존하는 모습을 볼 때,
얼마나 아름답고 그들의 모습이 귀하
게 보이던가?
4 너희들은 그 신비함을 보면서 무엇을
느끼는가?
5 그들은 그들로서 다 특성을 지니고 있
어 서로의 동식물이 살아가는 데 일익
을 담당하고 있음이니,
6 독소를 가진 것은 독소를 가진 대로,
영양분을 가진 것은 영양분을 가진 대
로, 또는 약초는 약초로서 그들이 다
그 자리를 지키고 그 성분을 갖고 그
자리에서 성장함이니,
7 이와 같이 변화되는 그들이 성장하는
과정에 따라 벌과 나비요, 모든 미물
이 또한 더불어 살아가게 되어 있는
신비함을 너희들은 어찌 생각하는가?
8 동물은 동물대로 그들이 살아가는 그
모습을 보고 그들이 생존하는 것을 너
희들이 살펴볼 때, 그 신비하고 오묘
하며 그 방대한 삶의 형태를 너희들은
어찌 그저 흘러가는 대로 보아 버리는

가?
9 한 가지를 놓고 너희들이 연구를 하고
또 연구를 하다 보면 그 신비함을 알
것이며, 두 가지, 세 가지를 연구하고
너희들이 깨우쳐 그들을 본다 하면 너
희들은 나의 위대함이요, 나 여호와
요, 전지전능한 너희 아버지라 함을
알게 될 것이니라.
10 또한 그뿐이더냐?
11 물속에서 사는 그 미물들은 그들대로
살아가는 방법이 어떠하며, 얼마나 교
묘하고 정교한 방법으로써 세상을 살
아가는 것이더냐?
12 그러나 이 모든 것이 다 정교하고 나
름대로 자기 위치에서 그들의 특성을
가지고 살아가는 것은, 그 모두는 다
너희들이 관리하고 너희들이 취하여
살아가도록 내가 만들어 주었음이니,
13 너희들이 얼마나 은혜와 은총을 받으
며 나의 영광된 속에서 살아가는 백성
들인가?
14 그러한 나의 피조물 만백성 중에 나의
뜻을 거역하며 나의 뜻이 아닌 것을
옳다 부르짖고 살아가는 그와 같은 백
성의 무리가 있다면 너희들은 어찌하
여야만 되겠는가?
15 내가 너희들에게 지키라 하는 것을 지
키지 아니하고 살아가는 모든 나의 피
조물 백성들은 나의 뜻을 거역하며 나
의 존재함을 믿지 아니하는 그와 같은
형국의 자리에서 살아가고 있음이니,
16 이와 같은 것을 어찌 다스려 나갈 수
있다 너희들은 생각하는가?
17 이와 같은 너희들의 형태가 지금 이루
어진 것은 너희들이 나 여호와의 뜻이
요, 내가 전하고자 하는 것을 너희 마
음대로 해석하여 너희 마음대로 생각
하며 너희들의 편의주의로 생각하여,
성서는 내가 너희들을 다스려 하늘에
오르는 길에 가장 무서운 채찍이라 말
하였거늘,
18 그 채찍 속에 중간에 너희들이 맛있는
꿀떡을 한 토막씩 집어넣어서 이와 같
은 형국이 이루어졌다 내가 말하였으
니,
19 지금 바로 나의 선지자를 통하여 그
모두를 밝혀야 할 것이며,
20 너희들이 잘못되고 허황되이 믿어 온
그 믿음을 하나하나 바로잡아서 너희
들이 이해하며 깨닫는 속에서 나 여호
와가 존재함을 깨닫는 그와 같은 현실
적인 변화의 믿음으로 가야 할 것이니
라.
21 내가 원하는 것이 무엇인가를 밝히지
아니하고 그를 전하지 아니하며, 힘들
다 어렵다 하여 그를 피해 가며,
22 너희들이 나 여호와의 행한 기적을 과
장되게 포장하여 만백성이 숨을 쉬지
못하도록 하며,
23 그들이 감히 거부하지 못하며 그들이
감히 상상할 수 없는 그와 같은 위협
적인 행위로써 너희들이 나의 피조물
만백성의 고혈을 빨아먹는 그와 같은
형국으로 지금까지 나의 백성을 이끌
어 왔다면 너희들은 과연 어찌하겠는
가?
24 내가 기적을 행한 그것을 그대로 기록
하여도 나의 피조물 만백성이 그를 순
응하고 따를 것이며 충분히 이해를 할
수 있는 문제들을 너희들이 더 과장되

게 기록해 놓아 나의 백성들이 이성을
잃도록 그리 만들어 끌고 오고 있음이
니,
25 이를 내가 지금 제3의 시대를 열면서
밝히지 아니한다면 나의 피조물 만백
성이 구약과 신약의 성서요, 나의 법
전까지도 믿지 아니할 것이니라.
26 그리하여 나의 모두를 태워 제3의 시
대를 열어 가는 나의 법전을 세상에
내려보내면서 내가 너희들에게 하나
하나 허황된 부분이요, 너희 인간들이
삽입한 부분들을 지금 내가 하나씩 고
쳐 갑이니, 바로 내가 뭐라 말하였더
냐?
27 나의 아들 예수가 떡 다섯 조각과 생
선 몇 쪽을 가지고 몇천 명을 뜯어서
먹였다 하며 그리고 몇 광주리가 남았
다는 그것이, 너희들이 실질적인 육에
서 먹는 떡과 생선이 아니요, 나의 성
령의 그 떡과 생선으로써 그들이 깨달
음을 충분히 얻어 그 깨우침이 넘쳐흘
렀다는 그와 같은 것을,
28 너희들이 그와 같이 떡과 생선으로 비
교하여 그 역사에 그와 같이 기적을
이루는 나 여호와요, 나의 아들 예수
라 그리하여 그들이 감히 앞뒤를 돌아
다볼 수 없으며, 생각해 보고 판단할
수 있는 그들의 판단력까지 너희들이
송두리째 짓뭉개 놓은 그와 같은 형태
가 되어 왔음이니라.
29 구약 시대의 한 역사를 더불어 내가
너희들에게 말하고자 함이니, 나의 모
세가 애굽에서 나의 백성들을 이끌어
나올 때 그가 그들 앞에서 보여 준 기
적은 당당하게 그리 시행하였던 것이
니라.
30 그리하여 나의 백성과 그들을 핍박하
는 백성이 보는 앞에서 그들에게 핍박
을 주고 그들에게 깨우침을 주며 그들
에게 교훈의 가르침을 주기 위하여 내
가 모세를 통하여 이루었던 그 기적은
사실이며 그는 너희들이 믿어도 되는
것이니라.
31 그리하여 나의 백성과 나의 백성을 핍
박하는, 깨닫지 못하는 그 백성들이
눈과 귀로 보고 듣도록 하여 그들에게
기적을 이루어 깨우침의 역사를 이루
도록 하였으니,
32 이는 내가 다 같이 깨우치고자 하여
그들이 보는 곳에서 역사의 기적을 이
루도록 하였으니, 이것은 정녕 너희들
이 그대로 믿고 받아들여도 될 것이며,
33 그 부분만을 너희들이 그리 깨우쳤다
면 지금 나의 피조물 만백성이 이성을
잃고 상상을 초월하는 그와 같은 신비
의 세계요, 허황된 속에서 나 여호와
를 믿지 않을 것이며 나의 아들을 믿
지 아니하였을 것이니라.
34 너희들은 여기서 들어야 될 것이니라.
35 모세가 애굽으로부터 출발하여 나의
백성을 이끌고 나올 때 서로 약조에
의해서 그들을 구원하여 주었음이니,
그들을 추격하고 그들을 핍박한 역사
가 없음이니라.
36 너희들은 모세가 그리 출발하여 왔을
때 그 병력으로써 그들을 공격하여 핍
박을 하였다 함이니,
37 모세가 애굽을 출발하여 몇 날 며칠
만에 그 군사들이 그들을 공격하였으
며, 몇 년, 몇십 년에 걸려서 그 뒤를

공격하였는가?
38 그 근거와 그 기록함이 어디에 있는가?
39 그 병사로써 그들을 추격하지 아니하
였음이니라.
40 그들은 모세가 나의 백성을 인도하여
나가는 그 시점에도 두려움과 공포에
떨었으며, 나의 백성과 같이 있는 것
이 스스로 두렵고 무서워 그들이 떠나
도록 보살펴 주었으며 그들을 밀어붙
였음이니라.
41 그리하여 그들을 내쫓는 그와 같은 마
음으로써 그들과 분류하였으며 그 백
성을 내보냈음이니,
42 그리하여 저희들이 그 고통과 시련을
겪고 난 다음에 나의 백성들을 몇 년
이 지난 다음에 그들이 뒤를 추격하였
으며 그들이 어찌 공격해 갔으며 어찌
핍박하였는가?
43 그 뒤에 이루어지는 것은 너희들이 나
를 그리 만들어 지금의 백성들이 이성
을 잃도록 한 그와 같은 것을 기록하
여 만듦이니, 이를 너희들은 알아야
될 것이니라.
44 애급에서 모세가 나의 백성을 인솔하
고 나온 뒤에 몇 년 만에 그 뒤를 공격
하였으며 추격하였는가?
45 몇 달이고 몇 년 만에 그 뒤를 추격한
다면 과연 사막의 그 넓고 넓은 길에
서 그들을 쫓아올 수 있으며 그들을
잡을 수 있으며 그 뒤를 추격할 수 있
겠는가?
46 어찌 흔적을 찾아 그리 공격할 수 있
다 생각하는가?
47 너희들이 출발한 뒤 몇 년 후에 그들
을 공격하였으며 얼마만큼 추격하였
는가 그를 제시해 보라.
48 어디에 기록되어 있는가 그를 말해 보
라.
49 홍해라는 바다에 그 백성이 도착하였
을 때 그들이 공격하여 그 백성이 앞
으로 나갈 수도 없고 뒤로 나갈 수도
없는 그와 같은 형국에서 극한 상황에
처해 있어 그 돌파구를 찾는 그것을
묘사로써 너희들이 위장하며 미화시
켜서 그와 같이 만든 것이라는 것을
너희들은 알아야 될 것이니라.
50 모세가 홍해를 갈랐다 하면, 모세가
나의 백성을 이끌고 홍해까지 왔던 그
세월은 몇 년이 걸렸으며 며칠 만에
왔는가?
51 단 하루 만에 왔는가?
52 그 기록이 어디 있는가?
53 그는 멀고도 먼 시간 속에, 세월 속에
거기를 왔음이니라.
54 그 세월이 6년이라는 세월이 걸렸음
이니라.
55 떠난 지 6년 만에 그들이 홍해 앞에
와 닿았음이니, 너희들은 그 6년 후에
애굽의 군사가 거기를 공격하고 출격
하였다 생각하는가?
56 그 기간과 그 세월이 어디에 있는가?
57 너희들은 그리하여 모세가 홍해를 갈
랐다 기록하고 있음이니라. 그리고 그
리 가르침이니라.
58 그 홍해의 길이는 몇 미터이던가?
59 100미터나 200미터인가?
60 너희들이 말하는 10리요, 20리요, 몇
킬로가 되겠는가?
61 그 바다의 길이를 너희들은 상상해 보
고 생각해 보았는가?

62 그 길고도 긴 홍해요, 그 바다의 깊이는 생각해 보았는가?
63 바다의 깊이가 1미터인가, 2미터인가?
64 너희들은 몇 미터라 생각하는가?
65 그리고 몇 킬로가 넘는 그 바다를 나의 백성들은 얼마 만에 거기를 걸어서 건넜다 생각하는가?
66 너희들은 이러한 부분을 생각해 보았는가?
67 그리고 너희들은 나의 백성들이 그 바다의 길이가 몇 킬로요, 얼마나 되는지를 모르면서 거기를 건너기 시작하였으며, 그리고 기마병이 그 뒤를 들이쳤다 하였으니, 나의 백성들과 그 기마병과의 거리는 바다에서 얼마나 떨어졌기에 그들만 휩쓸어 죽었다 말하는가?
68 열 가지의 나의 기적을 보았으며 능력을 본 그들이 몇 년 후에 그들을 추격하여 그들을 찾는 것도 불가능하며,
69 그들이 찾았다 한들 열 번의 그 무서운 재앙의 기적을 체험한 그 백성들이 그 갈라진 바닷속으로 나의 백성들이 가는 것을, 그 바다가 어떻다는 것을 몰라서 그 기마병이 추격하여 따랐다 생각하는가?
70 너희들은 이와 같은 부분을, 나의 피조물 만백성이 믿고 깨달을 수 있는 것을 제시하지 않고 너희들 마음대로 기록하여 만들어 나의 피조물 만백성을 혼돈케 하였으며,
71 바로 그러한 부분들에 의구심을 가지고 있는 나의 피조물 만백성이, 너희들이 성전에 나가 기도하는 것을 그들이 바른 눈으로 보지 아니하며, 너희들이 살아가는 그 형태 자체를 그들이 신뢰하지 아니하기 때문에 그 성전이라는 곳에 나의 피조물 만백성이 가지 아니하며 모이지 않는 것을 너희들은 모르는가?
72 이제는 나의 백성의 생각하는 것이 달라졌음이니라.
73 그리고 몇천 년 전의 나의 백성들과 지금의 나의 피조물 만백성이 생각하는 척도와 그들이 생각하는 방향이 다 달라져 있음이니,
74 너희들이 이와 같이 너희들에 의해 기록된 허황된 내용을 가지고 그들을 일깨워 주고 인도한다 한들 그들은 절대로 그를 믿지 아니할 것이며, 그 의구심에 대답을 해 주지 아니한다면 그들은 믿지 아니할 것이니라.
75 너희들은 이 문제를 제시하며 이 문제의 답을 던져야 될 것이니라.
76 그렇지 못한다면 이것은 너희들이 사악한 생각으로써 나 여호와를 욕되게 기록해 놓은 한 장의 너희들이 만들어 놓은 것이라는 것을 너희들은 잊어서는 안 될 것이니라.
77 그저 나의 백성들을 모세가 끌고 나왔으며, 그리고 그들을 기마병들이 들이쳤으며, 그 기마병들이 몰아닥칠 때 그들은 홍해 앞에 서 있었으며, 그것이 몇 년의 세월이 걸려 거기까지 왔는지 그 자체도 너희들은 모르면서, 그리고 사막에서 몇 년 후에 그들을 과연 추격하며 찾을 수 있다 생각하는가?
78 그리고 그 병사들은 몇 년 동안 무엇으로써 그 사막에서 먹고살아 왔다 하

는가?
79 나의 모세가 이끄는 나의 백성은 나의
능력에 의하여 모두를 다 주관하여 그
들이 왔다 하나, 내가 그들에게도 양
식을 주고 물을 주었으며, 그들에게
내가 축복을 주었겠는가?
80 나의 백성들을 죽이고자 추격하는 그
들에게도 사막에서 내가 물을 주고 양
식을 주며, 과연 너희들이 간 자취를
그들이 그리 찾아갈 수 있도록 내가
인도했다 생각하는가?
81 너희들은 여기서 하나의 깨우침을 얻
어야 될 것이며 너희들이 기록해 놓은
그 어리석음을 알아야 될 것이니라.
82 나의 백성이 애굽에서 나간 다음 하루
이틀 뒤에 그 병사들이 그를 추격하였
다면 말할 수 있느니라.
83 그러나 5년, 6년이라는 그 6년에 가까
운 그 세월 뒤에 그들이 추격하였음이
니, 그들이 온 길을 그 기마병들이 찾
아오고 그들을 추격하기 위해서는 그
들이 사막에서 시련을 겪었어야 되며,
그들이 사막에서 먹고살았어야 되며,
그들도 나의 백성들과 같이 그와 같은
형태로써 왔을 것이니,
84 과연 내가 그들에게 양식을 주며 물을
주며, 그 기마병들이 탈 수 있는 가축
들을 다 내가 살려 주었으며 그들에게
길을 인도했다는 것밖에는 더 되는가?
85 그러면 내가 애굽에서 나의 백성을 끌
어내어 그들을 낙원의 땅으로 인도하
며, 그들을 추격할 수 있는 한 이면으
로써는 사악한 병사들로 하여금 그들
을 추격시키기 위하여 모든 것을 너희
들과 같이 생명수를 내려 주었다는 그
와 같은 결론이 됨이니, 너희들은 나
여호와를 어찌 그리 욕하는가?
86 기계 문명이 발달한 지금에도 너희들
이 사막에서 몇 년 동안 그 백성의 방
향을 잡기가 어려울 것이며 그를 추격
하는 것은 불가능할 것이니라.
87 그러나 기마병들이 몇 년씩 후에 그들
을 추격하였으며 그 뒤를 따랐으며,
홍해에 나의 피조물 만백성이 도착한
그 세월도 너희들이 모르면서 어찌하
여 나의 백성처럼 그들이 먹고 인내하
면서 그곳까지 추격하였다고 너희들
은 생각하는가?
88 이는 병 주고 약 준 나 여호와라 말하
는 그와 같은 흉악한 잘못이 거기에
있음을 너희들이 깨달아야 될 것이니
라.
89 그리고 이제 너희들이 알아야 될 것이
니라.
90 그 홍해의 넓이가 얼마나 되며 그 바
다의 깊이는 과연 얼마나 되는지.
91 너희들이 이와 같이 허황된 것을 기록
하여 나의 백성들에게 혼돈을 이루게
하였으며, 나의 백성들이 진정한 나
여호와의 뜻이며 내가 새로운 시대를
이루고자 하는 그와 같은 뜻에서 오류
를 범하고 있음이니,
92 너희들은 나의 선지자를 통하여 내가
그 시대의 상황을 나의 법전을 통하여
기록하여 너희들에게 전함이니,
93 나의 법전을 읽고 조용히 깨닫는 자는
구원을 받을 것이며,
94 이는 사악한 자라 하여 나의 선지자에
게 핍박하며 그를 공격하자 하며 그를
해하고자 하는 자가 있다면 그는 죽어

내 앞에 왔을 때 제가 얼마나 가혹한
짓을 했는가를 알게 될 것이며 그 죄
의 무서움을 알 것이니라.

2,032 번째 하나님 말씀

2002년 3월 13일 09시 30분

1 사랑하는 선지자야!
2 "네, 여호와 하나님! 말씀하옵소서."
3 구약이요, 신약으로부터 잘못 흘러왔
던 부분을, 그리고 너희 인간들이 너
희 생각으로써 과장되게 기록했던 부
분을 하나하나 찾아내어 그를 정리하
며 다시 나의 피조물 만백성에게 일깨
워 주는 사업을 네가 같이 병행하여
가야 할 것이니라.
4 이제는 내가 마지막 시대로서 나의 성
령을 태워 제3의 시대를 엶이니, 이것
으로 마지막 너희 인간들과 내가 이루
어지는 모두를 다 끝냄이니,
5 여기에서 모든 나의 피조물 만백성이
깨우쳐 새로운 낙원을 이루는 기초를
다져 나가야 하기 때문이니라.
6 지금 네가 나의 성령을 받아 나의 법
전을 기록하고 있으면서, 네가 어떠한
사람의 문제를 풀어 주며 네가 남들을
고쳐 주며 죽을 자를 살려 주었다는
그와 같은 것을 네가 너무 과장되게
기록하여 이 책에 기록해서 전한다 하
면, 수천 년, 수만 년 후에 이 법전을
접하는 그 시대의 백성은 어찌 생각하
겠는가?
7 환상의 꿈에 젖어 그러려니 하고 그
당시에 위대했던 역사를 그들은 그리
그릴 것이니라.
8 그리하여 내가 너에게 말하였느니라.
9 어떠한 기적을 이룬 것이요, 네가 남
들에게 간증할 아름답고 좋은 것은 말
하지 말며 기록하지 말라 하는 것이
여기에 나의 뜻이 있음이니라.
10 오로지 나의 성령으로써, 나의 법전이
요, 나의 성령으로써만 모두를 다스려
나가며 변해 갈 수 있는, 그리고 빼는
것도 없고 더하는 것도 없는 나의 성
령만을 그대로 받아 기록하여 이를 보
고 나의 피조물 만백성이 깨우쳐 하늘
에 오르는 길을 오르도록 하고자 함이
며, 정녕 이것만이 진실한 가르침이
되기 때문이니라.
11 내가 너에게 내리는 것에 네 생각을
집어넣지 말며 빼지도 말고 더 더하지
도 말라 함은, 오로지 이는 직접 내가
내리는 나의 성령의 뜻을 네가 그대로
받아 기록함이니 여기는 더 된 것도
없으며 덜 된 것도 없느니라.
12 네가 사람을 치료해 주며 네가 사람들
의 변화를 이루었던 것을 너는 여기에
기록하지 아니하며, 내가 기록하지 말
라 하여 아니함이니,
13 그러나 네가 만일 네 생각대로 네가
이루었던 역사들을, 네가 또 치료해
주고 남들을 고쳐 주며 그들에게 희망
을 주고 그들의 잘못된 것을 잡아 주
었던 부분들을, 또 너희 자식이나 너
희 가정이요, 네 주변에 이루어졌던
그와 같은 역사들을 네가 여기에 기록
한다 하면, 그것도 후세 사람들이 그
를 보고 또 경탄할 것이니,
14 거기에다 네가 너 스스로 더 너를 위
대한 사람으로 만들기 위하여, 또 위

대한 시대에 위대한 역사를 새로 만든
자라 가장하여 네가 더 포장된 것을
기록하여 넣는다 하면,
15 이것은 나의 법전이 아니요, 후세 사
람들은 그를 보고 또 그들이 그대로
믿을 것이나, 그를 자세히 들여다보면
그가 잘못된 인간의 생각이라 하는 것
을 아는 사람들이 있을 것이니,
16 그리하여 그러한 기적이나 네가 남에
게 간증하여 자랑하고 싶은 것은 일체
기록하지 못하도록 하며 하지 말라 함
이니, 여기에 있는 것이 나의 뜻임을
그리 알라.
17 지금 나와 예수와의 대화를 직접 기록
한 원본이 없으며,
18 구약의 시대에 또한 그를 기록한 사람
들이 나 여호와를 너무 과대 포장하며
내가 이루지 않은 역사까지 저희들이
생각하는 점을 첨부하여 기록하여 놓
았다 하면, 그로 인하여 오늘과 같은
사악한 시대가 이루어진 원인이요, 장
본인이 그들이니 그 역사가 이리 되었
음이니라.
19 만에 하나, 나의 아들 예수를 따르는
그 제자들이 포장하여 기록한 것이 있
으며 그들이 위장하여 저희 생각대로
기록해 놓았다면 그들은 그 죄를 지금
받아야 할 것이며,
20 그들은 나의 아들 예수를 따르는 충실
한 제자들이 아니요, 그 모두를 역행
한 자들이며, 저희 스스로 저희 뜻을
기록한 자들이니,
21 그로 인하여 지금 이와 같이 험악한
세상이 이루어졌으며 종말이 왔음이
니라.
22 그리하여 내가 구약과 신약을 거쳐 지
금까지 나에게 구원받아 나의 옆에 와
있는 자 없다 말하였음이니, 이 뜻을
너희들이 알겠는가?
23 그리하여 내가 너희들에게 모든 것은
나 여호와로부터 구원을 받으며, 나의
옆에 오는 자는 점수를 골고루 받아야
된다 함이었으니 그 채점표가 있다 하
였느니라.
24 모든 면에서 너희들이 다 변해야 되는
것이니라.
25 지금 너는 들어야 될 것이니라.
26 네가 나의 성령을 받아 기록하면서 네
가 위장된 것을 기록하며 포장된 것을
기록하며 네가 나의 피조물 만백성에
게 포장되도록 그리 넣어서는 안 되며
그리 써서도 안 된다는 것을 너는 지
금 절실히 알고 있을 것이니,
27 이제 앞으로도 또한 네가 160권의 법
전이 끝날 때까지 나를 포장하지 아니
하며 네가 생각한 것을 기록하지 말아
야 할 것이며,
28 네가 남들을 치료해 주고 고쳐 준 그
역사를 네가 과장되고 포장되게 기록
하여 나의 피조물 만백성이 그 간증의
너의 소리를 듣고 경탄하여 깨우치며
나 여호와가 존재함을 알려 주려 하지
말라.
29 오로지 나 여호와가 존재함이며 나의
뜻이라는 것은 나의 성령을 태워 내려
보내는 나의 법전이요, 너희들의 아버
지 나 여호와의 말씀이라 하는 나의
말이요, 나의 뜻이, 그게 바로 가장 귀
중한 것이며 소중한 것이니,
30 이것으로써 나의 피조물 만백성을 다

구원할 수 있으며 하늘나라에 그들이
깨우쳐 올라올 수 있는 그 충분한 내
용과 길이 여기에 있음이니라.
31 그리하여 내가 그들에게 이르지 아니
하였던가?
32 '나의 법전을 가슴에 안고 정독하는
자, 반석 위에 서서 하늘에 오르는 찬
란한 빛을 볼 수 있다.' 하였음이니,
여기에 모든 이치의 뜻이 있음이니라.
33 너희들이 그리 하늘에 오르고자 갈구
하고 너희들이 그 모두를 다 바쳐 지
금 하늘에 오르고자 하는 그 광란의
세계를 가는 자와 자기도취에 빠져 자
기 스스로 구원을 받았다 외치는 자,
나의 아들 예수의 피로써 구원을 받았
다 하는 자, 그리고 구원을 받을 수 있
다 하는 자,
34 그 모두가 다 지금 나의 법전을 읽고
깨우치면 그들이 반석 위에 서서 하늘
에 오를 수 있는 그 빛을 보게 되는 길
이 여기 있음이니라.
35 그리하여 너는 과장된 것을 기록해서
도 아니 되며, 네 생각을 기록해서도
아니 되며, 나 여호와를 포장하려 하
지 말라.
36 그리하여 나의 백성들이 나를 포장하
여 그려 놓은 모두의 지나온 역사를
하나하나 지금 네가 바로잡아 나갈 것
이니, 바로잡는 네가 잘못 간다 하면
또한 그와 같은 역사를 이루게 됨이니,
37 이제 다시는 나의 법전을 바로잡을 자
도 없으며 수정할 자도 없으며, 이를
가지고 너희들이 마음대로 기록할 수
도 없으며, 그리고 더 이상 제3의 시
대에 나의 성령을 태워 내리는 이 법
전 외에는 어떠한 것도 세상에 너희들
을 인도하며 너희들을 구원의 길로,
진리의 길로 인도하는 가르침이 없다
는 것을,
38 그리하여 지금의 네가 나의 성령을 받
아 기록하는 것이 소중함을 그리 알고
명심하여 시행하도록 하라, 선지자야!

2,033 번째 하나님 말씀

2002년 3월 13일 11시 30분

1 사랑하는 선지자야!
2 "네, 여호와 하나님! 말씀하옵소서."
3 인간사 너희들이 육을 가지고 있는 그
삶에서 살아가며 그 모두를 지킨다 함
은 정녕 가시밭길을 가는 것보다 더
어렵고 힘든 것이니,
4 보통의 나의 피조물 인간들로서 인간
의 육신을 가진 그 삶에서 그들이 모
두를 지키고 산다 하는 것은 정녕 너
희 말대로 이룰 수 없다 그리 생각되
는 것이니라.
5 그러나 너희들은 여기서 육의 삶만이
있는 것이 아니며, 너희들의 육은 죽
어서 한 줌의 흙으로 돌아가며 다음에
육의 삶이 아닌 영의 삶이 존재하고
있음이니,
6 너희들이 육의 삶에 연연하지 아니하
고 너희들의 육신이 이 세상에 산다
해도 너희들이 나의 계명을 지키며 하
늘에 오르는 길을 위하여 영의 삶의
세계에 도래하면 이 모두를 다 지킬
수 있는 것이니라.
7 너희들이 세상에 태어나 걸음마부터
시작함이니, 기어다니는 그 아이는 걸

음마 하는 사람을 보기를 위대하게 볼
것이며 황홀하게 볼 것이니라.
8 그러나 또 걸음마를 떼는 아이는 달리
는 사람을 보면 그를 보고 위대하다
하며 또 황홀해하며 부러워하지 않겠
는가? 그와 마찬가지니라.
9 달리는 자가 걸음마를 시작하는 아이
를 볼 때 아이들과 같이 보이며, 그가
어떠한 형태로 걸어가며 어찌 가는지
보이지 않던가?
10 그리고 또 걸음마를 하는 아이가 기는
아이를 보면 얼마나 우스꽝스러우며,
제 눈 안에 그의 모두가 들어와 있고
보이지 아니하는가?
11 너희들의 삶이 그러하니라.
12 너희들이 육신의 삶에서 모두가 다 이
세상을 이루는 것 같으며, 육신에서
살면서 얻어지는 그 권력이요, 부요,
영화요, 모두가 다 최상이며 가장 위
대한 것이라 너희들이 생각하는 것이
나,
13 이 모두를 초월하여 영의 세계에 마음
이 와 있는 자, 나 여호와의 법도 안에
서 사는 자가 그를 내려다보면 어찌
보이는가?
14 달릴 줄 아는 아이가 걷는 아이를 보
는 형체처럼 그가 보임이니라.
15 그리하여 그와 같은 마음의 자세일 때
그를 지킬 수 있지 아니한가?
16 아무리 걷기를 잘하고 걸음마를 배운
아이라 하여도 달리는 자를 쫓아올 수
없으며 따를 수 없음이니라.
17 그리고 그를 이길 수는 없지 않는가?
18 그리고 달리는 사람은 버틸 수가 있지
않은가?
19 그가 어느 정도 실력으로써 어떻게 달
려가며 어찌 갈 것이라는 것을 계산을
다 두고 있지 아니한가?
20 그와 같이 눈에 보이는 것이니라.
21 그리하여 너희들이 육에서의 그 삶이
최대의 영광이요, 영화며 그것으로써
다 끝나는 것같이 생각하며, 그보다
더 큰 은혜와 은총이 없으며 다음의
세상과 다음의 연계되는 세계가 없다
생각하면 너희들은 그것으로써밖에
더 보지 못하니, 걷는 어린이는 걷는
것밖에는 모름이니라.
22 그리하여 걷는 것이 최대의 영광이요,
저에게 최대의 축복이라 생각하며 그
이상은 없다 생각하느니라.
23 그는 달리는 것을 생각지 아니하며 그
를 모르고 있기 때문이니라.
24 그러나 너희들이 여기서 깨달아야 할
것이 있느니라.
25 너희들은 지금 걷는 아이 입장에서 달
리는 세계로 들어와야만 그 걷는 아이
를 다 볼 수 있음이니라.
26 너희들의 삶이 나의 영의 세계와 나의
영의 세계의 법도 아래서 살아가고자
한다는 것은 바로 내가 내린 그 계명
을 지키고 그를 실천하며,
27 이제는 네가 나의 성령으로써 태워 내
려보내는 나의 법전을 너희들이 읽고
깨우치고 터득하다 보면 너희들이 걷
는 아이가 아니라 달리는 사람이 되어
있어서 걷는 아이들을 볼 수 있으며
걷는 사람의 형태를 다 내려다볼 수
있음이니,
28 그와 같이 하는 것이 너희들이 영의
세계에 돌입하는 것이니라.

29 그와 같은 마음 자세로 너희들이 살아
가며 깨닫는다 하면 너희들은 실수 없
이 영원히 사는 나의 나라에 오를 수
있음이니라.
30 그러나 지금 너희들은 어찌 생각하느
냐?
31 걷는 아이가 걷는 것이 최상이라고 생
각하여 마구잡이로 걸어 다니듯이, 지
금 너희들의 삶이 그와 같은 것이니라.
32 그저 육의 삶에서 만족하며 육의 삶을
위해서 너희들은 모두를 다 바치며 시
간과 정열과 모두를 다 낭비하지만,
너희들은 다음에 영의 세계가 있으며
너희들이 걷고 달리는 그 세계가 있음
을 바라보지 못함이니,
33 사랑하는 선지자야!
34 "네, 여호와 하나님! 말씀하옵소서."
35 너희들이 지금 기어 다니나, 그 기어
다니는 세상이 아니고 너희들이 달리
고 뛰어다니는 그와 같은 시대가 반드
시 있고 너희들의 생활이 있음을 나의
피조물 만백성에게 전해 줘야 될 것이
니라.
36 지금 나의 법전을 읽고 깨우치는 너희
들은 바로 달리고 걷기 시작하는 그
세계에 돌입하여 왔으니, 너희들이 바
로 무엇이라 했더냐?
37 너희가 70의 그 점수에 와 있음이니,
지금 너희들이 살아가면서 나의 피조
물 만백성을 내려다보는 너희 눈이 어
떤 것인가?
38 나의 법전을 읽기 전과 너희들이 나의
법전을 깊이 읽고 깨우쳐 지금 나의
백성들을 보는 너희들의 마음과 시선
이 달라져 있을 것이니,
39 그리하여 그것이 바로 너희들 눈에 내
려다보이며 그들을 볼 수 있으며, 그
들을 보고 너희들 자신의 지난날을 깨
닫고 뒤돌아볼 수 있지 아니하던가?
40 이것이 바로 그와 같은 차이점이니라.
41 그리하여 나의 피조물 만백성이 육을
가지고 육의 생활에 연연하다 보면 너
희들은 아무것도 지키고 살 수 없으며
나의 계명대로 살기가 힘듦이니라.
42 지금 종교 지도자들이 하는 이야기가
거기에 있음이니라.
43 육의 삶을 가지고 너희들이 살아가면
서는 나 여호와가 너희들에게 지키고
살라 하는 그 십계명을 지키고 살 수
없다 그리 말하느니라.
44 그리고 인간이기 때문에 죄를 짓지 않
고 살 수 없다 그리 말하느니라.
45 그러나 인간이기 때문에 죄를 짓지 않
고 살 수 있음을 너희들은 알고 있을
것이니라.
46 바로 그 종교 지도자들이 지금 어디에
있는 것이더냐?
47 너희들의 수준만큼 70의 점수에 미치
지도 못하고 있으며, 50이요, 60의 점
수에 미치지도 못하고 30, 40의 점수
에 있는 자가 나의 피조물 만백성을
일깨워 하늘에 오르는 길로 인도한다
그리 저희들의 세 치의 혓바닥으로 현
혹하고 있음이니, 그들의 입에서 당연
히 그와 같은 말이 나올 것이니라.
48 이것이 너희들과 지금 나의 피조물 만
백성의 생활하는 것의 차이점이며, 여
기에 격이 있음이니, 이를 깨우쳐 주
는 것이 너희들의 대임이니라.
49 정녕 너희들은 어찌하는가?

50 70이라는 점수에 너희들이 올라와 있
음으로 인하여 나의 피조물 만백성이
행하고 실행하는 그 모두의 잘하고 잘
못함이 너희 눈에 비쳐지니,
51 이는 곧 너희들의 생활에 반영하여 너
희들이 고쳐 나가며 그리고 나의 계명
을 지키고 살아갈 수 있다 너희들은
가르치나니, 그게 바로 무엇이더냐?
52 영의 세계에, 나 여호와의 영의 품안
에 너희들이 돌입하여 그 세계의 법도
에 따라 살아가기 때문이니라.
53 그러나 지금 종교 지도자들이 그 법도
의 세계에 오르지 못하고 너희들보다
한참 아래 수준의 30, 40의 그 점수
속에서 허덕이고 있으며 나의 피조물
만백성을 이끌어 하늘에 오르는 길로
인도한다 하고 있음이니, 그리하여 내
가 그들이 잘못되었다 하는 것이니라.
54 그들이 정녕 나의 피조물 만백성을 인
도할 수 있는 자가 된다면 60의 선을
넘어 70에 도래해 있으며 그 70을 넘
어서 나를 향하여 달려오는 그와 같은
점수의 세계에 있을 때,
55 그들은 계명을 지킬 수 있다 하여 저
희들이 마음을 다시 고쳐 잡을 것이
며, 나의 피조물 만백성에게 한 점의
부끄럼이 없는 지도자로 설 것이며,
56 그리고 그들로부터 인간사의 욕구며
욕심의 가장 근본이 되는 재물이나 물
건을 그리 거둬들이지 아니할 것이며,
각종 명칭을 붙여 고혈을 빨아들이는
벌레보다도 더 잔악한 방법으로 나의
백성들의 재물을 긁어모으지는 아니
할 것이니라.
57 이 얼마나 무서운 형태에 있는가?
58 그리하여 너희들은 나의 피조물 만백
성에게 그 점수가 60을 넘어 70에 도
래하는 너희들이 깨닫고 실행하고 있
는 그 방법을 가르쳐 줘 너희들의 수
준으로 끌어올리는 데 최선을 다해야
된다는 걸 잠시도 잊지 말고 그리 행
하라, 사랑하는 나의 백성들아!
59 그리고 나의 법전을 읽고 선택된 나의
선지자의 제자며 나의 법전을 읽고 깨
우친 모든 내가 사랑하는 나의 백성,
너희들에게 이 이치를 알려 줌이니 그
리 행하도록 하라.

2,034 번째 하나님 말씀

2002년 3월 13일 15시 50분

1 사랑하는 선지자야!
2 "네, 여호와 하나님! 말씀하옵소서."
3 이 세상 누가 나의 성령을 받아 기록
하여 법전이라 하여 책을 낼 수 있는
사람이 있으며, 어디 그리할 수 있다
생각하는가?
4 내가 이미 벌써 열여섯 권의 법전을
세상에 만들어 내어 나의 피조물 만백
성 중에 그를 정독하고 깨우치는 자
가, 지금 내가 전국에 콩을 뿌려 놓듯
이 그 뿌려진 콩들이 지금 싹을 틔우
고 있음을 너는 모르나 나는 알고 있
느니라.
5 그리하여 또 제2부의 열여섯 권이 세
상에 나가 그가 세상에 뿌려지니, 그
콩의 씨앗이 또 옥토 중에 뿌리를 내
려 성장하여 나갈 것이며, 3부, 4부, 5
부, 계속 10부라는 160권의 이 법전을
누가 감히 쓸 수 있으며 이 역사를 짊

은 기간에 이룰 수 있다 생각하는가?
6 네가 나로부터 받아, 고치지 아니하며
네 생각을 넣지 아니하며 받은 것만을
기록하였음이니, 요한복음에 기록되
었듯이 네 뜻을 말하지 아니하고 오로
지 듣는 것만을 말하며 그를 기록하여
만백성을 구원하는 그 역사를 이루며,
7 너 또한 나의 피조물 만백성의 과거와
현재와 미래를 네가 한 장의 그림으로
써 다 보아 주어 그들을 인도하는 역
사의 증인으로서 내가 너를 그리 내려
보냈거늘,
8 너는 어찌하여 오늘의 이 역사를 이루
는 마당에 너 자신이 두려워하며 스스
로 물러나고자 하는가?
9 네가 네 육신의 마음을 다스림이 어렵
고 힘든 것을 내가 아노라.
10 그리하여 네가 그와 같은 모든 역사에
이루어지는 틈바구니에서 너 자신에
게 채찍질을 너 스스로 하고 너를 다
스리기에 너무 아파 흘리는 오늘의 눈
물의 그와 같은 마음을 내가 아느니라.
11 그것이 곧 깨우침이요, 그것이 곧 네
가 나에게 오를 수 있는 길이며, 그것
이 바로 네가 나로부터 선택된 것이
요, 나의 선지자이니라.
12 자신에게 채찍질을 하며 자신에게 무
서운 가시나무 채를 휘두르는 자가 인
간 너희들 중에 과연 얼마나 있는가?
13 너 스스로 나의 계명을 지키지 못하며
나의 뜻을 지키지 못할 때, 네가 어느
땐가는 네 목숨으로써 모든 걸 다 바
쳐 청산하고자 하는 굳은 결의와 그
마음을 내가 아나니,
14 너의 그 독한 마음을 너무 서둘러 너
혼자 그리 재촉하지 말며 너 자신을
탓하지 말라.
15 너는 이미 내가 너를 통제하여 다스린
다 하였느니라.
16 너는 내가 죽은 자요, 남들과 같이 한
번 세상에 육신이 죽어 그와 같이 가
는 것이 아니라 이미 죽은 자 가운데
내가 두 번의 명을 이어 주었으니, 너
의 모든 것은 네 것이 아니니라.
17 내가 너를 다 주관하여 이루어짐이니,
어찌하여 너는 그를 모르고 너 자신의
육신의 마음의 아픔을 그리 달래지 못
하며 그 저주하는 너의 마음의 뿌리가
그리도 깊은가?
18 네가 너 자신을 저주하며 네가 너 자
신에게 매를 가하기 시작하면 네가 걷
잡을 수 없는 그와 같은 무너짐이 있
느니라.
19 크나큰 모든 건축물을 세우며 웅장한
예술품을 만들더라도 기초서부터 서
서히 다져 가는 원리를 너는 알고 있
지 않은가?
20 네가 그와 같이 다져 가고 있음이니라.
21 기초가 굳어진 다음에 또다시 하나를
세워야 하거늘, 너는 어찌하여 그리
네가 굳어지지도 아니하였는데 또 세
우고자 하는 마음만 앞에 가는 것인가?
22 그는 무너짐이니라.
23 내가 너를 통제하며 너의 모두는 나의
뜻에 움직이나니, 지금 너는 내가 원
하는 그 이상으로 잘 가고 있다 하였
으며, 네가 잘 깨우쳐 가고 있음이니
라.
24 지금 네가 도적질을 하면 네 손을 자
르고 싶은 것이며, 네가 네 혀를 자르

고 싶고 네 눈을 빼고 싶어하는 그 마
음을 내가 아느니라.
25 그리고 너는 또 시행할 것이라는 걸
내가 알고 있느니라, 선지자야!
26 그리 너무 급히 생각하지 말라.
27 네가 지금까지 살아온 그 생활의 습성
에서 1,000가지라면 네가 990가지 이
상을 다 버렸거늘,
28 이제 얼마 남지 않은 그 고지를 향하
여 지금서부터 갈 것을 더 굳건히 마
음을 먹지 아니하고 어찌하여 너는 네
가 힘들다 하여 이를 포기하며, 네가
모두를 단 한 번에 뛰어오르고자 그리
하는가?
29 아무리 네가 뛰어오르고자 하여도 그
고지는 네가 한 발 한 발 딛고 올라가
는 속에서 정복되게 되어 있음이니라.
30 네가 지금 1,000미터의 그 고지를
999미터를 올랐다 할 수 있는 이 경지
에 올라와 있음이니, 나 여호와가 너
를 보기에 나의 기쁜 마음이 형용할
수 없느니라.
31 너는 그 1미터를 위해 재촉하지 말며
너 스스로 네 몸에 매질을 하지 말라.
32 모두는 나의 뜻이라 하지 않았는가?
33 내가 너를 통하여 이루고자 하여 네가
가야 할 길이 있고 거쳐야 할 길이 있
으며, 넘어야 할 그 돌밭과 산속과 나
무숲과 오솔길과 험난한 암벽을 오르
는 그 모두를 다 네가 거쳐야 하는 것
은 나의 주관하에 이루어짐이니,
34 너는 오로지 나의 뜻에 움직이는 것이
며 너 스스로 움직이는 것이 아님을
네가 안다면, 너 자신을 너무 그리 책
망하지 말며 너 자신에게 그 가혹한
매질을 거두라.
35 어찌하여 네가 너라는 것을 생각하는
가?
36 너는 내가 명을 이어 주었으니, 네가
아니고 내가 너를 주관하여 이룬다 하
였음이니, 너는 아무런 생각을 하지
말며 내가 명하는 대로 행동을 하며,
오로지 나의 법전을 만들어 세상에 내
보내는 그 책무에 충실하면 너는 나로
부터 조금도 손색이 없는 나의 제자
요, 나의 선지자요, 나의 아들과 같으
니라.
37 어찌하여 너 자신이 그리도 빨리 뛰어
올라가며 빨리 가려 하는가?
38 너무 서두르지 말라. 지금 네가 잘 가
고 있음이니라.
39 너를 알고 있는 모든 백성들이 네가
지금의 변한 그 모습에서도 그들은 혀
를 내두르고 돌아설 것이니라.
40 이제 내면의 네 성격이나 네 마음을,
네 행동을 다스리지 못하는 그 점을
네가 고통스러워하나 그는 다 내가 너
를 주관함이니, 너는 괴로워하지 말라.
41 네가 괴로워하여 나의 법전을 만드는
데 소홀히 하며 네 마음이 흔들려 네
가 나의 법전을 만들며 기록함에 있어
서 제대로 이를 기록하여 만백성에게
전하는 이 역사를 잘못 이어간다면 그
죄는 네가 정녕 용서받을 수 없음이니
라.
42 사랑하는 선지자야!
43 "네, 여호와 하나님! 말씀하옵소서."
44 너를 아는 나의 피조물 만백성이 너를
보는 그 눈이 달라질 것이며, 너와 앉
아 대화하는 네 모습에서 그들은 정녕

네가 변한 모습을 볼 것이니라.
45 오늘의 그와 같이 변한 모습으로써 네가 성장한 그 자체도 나 여호와가 보기에 너의 피나는 노력의 결과라 생각하며, 네가 나에게 바치는 그 정성이 내가 원하는 그것보다 앞서 가고 있는 나의 아들이요, 나의 선지자이니라.
46 서서히 가라.
47 그리고 모두는 다 내가 너에게 임하여 다 떼어 버리며 지워 버릴 수 있는 그와 같은 세월의 역사가 곧 도래할 것이니, 너는 너무 자책하며 괴로워하지 말라, 선지자야!
48 너의 제자들에게 이르라.
49 네가 너 자신이 잘못되고 너 스스로 판단하여 잘못되었다는 그 생각 때문에 수없는 가시 채를 네 심장에 후려치듯이, 너의 제자들도 그와 같은 마음과 그와 같은 자세로 살아가라 이르라.
50 네가 누구던가?
51 너의 주변에 있는 모든 너의 제자들이요, 나의 백성들이 네가 누군가를 다시 한 번 돌아다보며 너를 다시 한 번 보는 그와 같은 마음의 자세를 다스리지 아니하면 아니 될 것이니라.
52 너는 이 세상에 단 한 사람으로서 나의 피조물 만백성을 구원하는, 제3의 시대의 역사를 이루는, 나의 성령을 직접 받아 기록하는 선지자이니라.
53 그와 같은 대업을 이루는 자 있으며, 그와 같은 선택된 자 있으며, 그 역사를 시행하고 집행할 자 있으면 누구든지 네 앞에 와 보라 하라.
54 그러한 너를 바라보는 너의 제자들이요, 모든 나의 피조물 만백성이 그저 흘러가는 한 인간으로 바라보는 마음을 가져서는 안 될 것이며, 너의 내면의 변하고자 하는 그 용솟음치는 심정을 들여다보라 그리하라, 선지자야!
55 그리하면 저희들의 마음을 버릴 것이며, 저희들의 욕심 있는 마음을 끊을 것이며, 저희들이 가지고 있는 사악한 마음의 뿌리를 다 버리게 될 것이니라.
56 너의 제자들, 또한 너를 따르는 나의 피조물 만백성이 육의 생각을 버리지 못하면 너를 알 수 없으며 너를 볼 수 없음이니라.
57 그들에게 그와 같은 깨우침을 네가 일깨워 줘야 될 것이니라.
58 그리하여 너를 그리 보는 자, 나의 법전을 나의 성령의 뜻이라 그들이 바라볼 수 없으며 눈이 흐리게 됨이니라.
59 나의 성령이요, 나의 법전이, 지금 나 여호와가 직접 너희들에게 내리는 걸 받아 기록하는 나의 이 성령이 너희들에게 소중하다 하면, 이를 받아 기록하는 선지자 네가 어떠한 사람이며, 어찌하여 네가 얼마만큼 변하여 가며 얼마만큼 나의 계명에 따라 살아가고자 노력하는지 그 내면을 그들이 못 보고 있음이니,
60 똑같은 너희 인간의 형태로써 지금 네가 변해 가는 모습이 아니라 인간의 세속에서 부귀와 영화를 위하여 살아가는 너로서 그들이 비춰 보고 있음이니,
61 그 마음부터 그들이 먼저 고쳐야 될 것이며, 아직도 그들의 마음자리가 제대로 잡히지 아니하였기 때문에 너의

변하는 모습을 그들이 볼 수 없음이니
라.
62 내가 너희들에게 말하였느니라.
63 너희들은 70이라는 그 점수에 와 있
기 때문에 인간들의 변하는 모습, 살
아가는 모습, 잘못되는 것, 질서를 파
괴하는 것, 사악한 행동을 하는 것, 남
에게 거짓 하며 사기하는 것, 그리고
도적질하는 것, 그러한 모습을 너희들
이 다 바라볼 수 있으며 너희들에게
보인다 하였음이니라.
64 너희들은 보일 것이니라.
65 그러나 나의 선지자를 바라보지 못하
며 그를 알지 못하는 자는 함부로 말
하지 말며 함부로 평하지 말라 이르라.
66 그것이 저희들의 마음이 변하지 못한
것이며, 저희들의 마음이 아직도 인간
세속의 마음을 버리지 못하였기 때문
이니라.
67 사랑하는 선지자야,
68 너는 정녕 나로부터 생명을 연장받은
사람이며 내가 너를 주관하니 너는 나
의 뜻에 따라 움직이면 될 것이니라.
69 너는 나의 뜻을 잘 시행하고 실천하고
있으며, 어렵고 힘든 그 고비마다 네
가 잘 견디어 나가며, 앞으로 더 무섭
고 험난한 고행의 길이 너에게 닥친다
하여도 너는 그를 네 가슴으로 무사히
받아 모두를 다 딛고 이루어 갈 수 있
는 나의 선택된 선지자이니라.
70 네 가슴에 너무 너 스스로 채찍질을
하지 말며 너 자신이 너무 괴로워 울
지 말라.
71 네가 우는 그 마음에 내 마음이 얼마
나 아픈가를 너는 생각했는가?
72 60평생을 너희들의 험난한 육신을 가
진 그 인생을 살았으며, 그 속에서 네
가 갖은 험난한 모두를 다 체험하고
겪고 살아왔음이니,
73 내가 오늘의 너를 쓰기 위하여 한 인
간의 삶을 그와 같은 역경의 길을 걸
어오도록 하였다 하면 너는 그를 어찌
하겠는가?
74 너는 그리 생각하지 아니하려 함을 내
가 아느니라.
75 모두는 너 자신이 지은 죄며, 네가 잘
못 했으며 네가 잘못 깨닫고 잘못 걸
어온 너의 죄라 너는 그리 말하며 그
리 이야기하고 싶어하는 것을 내가 아
느니라.
76 감히 나 여호와가 너를 지키며 너를
그리 훈련시키며 네가 그와 같이 살아
온 역경에 대해 내가 너를 직접 터치
하였다는 그와 같은 것을 너는 생각하
고 싶지 아니함이니라.
77 네가 살아온 과거가 너무 힘들고 어렵
기에 나 여호와가 너를 그와 같이 훈
련시키지 아니하였다고 그리하고 싶
은 것이 네 마음이며, 나 여호와의 마
음을 편하게 하고자 하는 것이 너의
뜻이나,
78 나의 수십억 인구 중에 수천 년 역사
가 흐르는 동안에 그리고 지금서부터
지구가 멸망하기 전까지 너는 나로부
터 선택된 한 사람의 마지막 선지자이
니라.
79 그러한 너를 세상에 만들기 위하여 내
가 너를 훈련을 시켰으며 다듬어 왔으
며 그와 같은 역사의 삶을 살도록 하
였다 하는 것은 아무도 믿지 아니할

것이니라.
80 네가 그와 같은 육신의 생활 속에서 살아오며 그 고통의 세월 속에 살아왔기에 육의 생활의 모두를 저버리며 오늘의 네가 우뚝 설 수 있었음이니, 너는 너무 괴로워하지 말며 슬퍼하지 말라.
81 지난날의 네가 잘못 살아온 그 상처가 너무나 아프고 쓰리다면, 네가 오늘의 변하는 그 길을 그 열배 백배로써 변하여 나에게 네 모두를 바침이 네가 지금 해야 할 길이며 네가 가야 할 길이라는 것을 알라.
82 너는 지금서부터 나의 뜻에 따라 살아가는 자이니, 너는 내가 명하는 대로 그대로 흘러가면 될 것이며 행하면 될 것이니라.
83 그리하여 네가 지난날의 그 아픈 상처가 없었다면 오늘의 네가 이와 같은 변화의 역사요, 육으로써는 감히 넘을 수 없는 이 길을 넘지 못하였을 것이며,
84 너는 그것이 네가 살아온 죄에 불과하며 네 뼈아픈 과거라 하나 그 속에서 하나하나 사죄하면서 네가 살아가고 너 자신을 다스려 가는 오늘의 이 훈련이, 그 모두가 다 준비된 것이니 너 스스로 너무 괴로워하지 말라.
85 다만, 네가 나에게 모두를 다 바칠 수 있으며, 지난날에 잘못 살아왔던 그 모두를 네가 지울 수 있는 것은,
86 내가 내리는 나의 성령을 네가 목숨을 바쳐 다 기록하여 나의 법전을 세상에 내는 그 책임을 지고 그 일을 완수하기 위해 네가 하나하나 다져 온 그 역사라 네가 그리 생각하면 네 마음이 오늘 이와 같이 괴로워 울지는 않을 것이니라.
87 사랑하는 선지자야,
88 하나의 새 생명이 태어나기 위하여 너희 인간의 모체에서 열 달 동안 그를 잉태하여 세상에 나오는 과정이 얼마나 힘들고 어려우며 조심스러운 과정이던가?
89 그리고 그 한 생명이 태어날 때 얼마나 고통스러운 역사가 이루어지며 새 생명이 태어나는가?
90 너 또한 그와 같은 역사를 생각하라.
91 네가 살아오는 동안 그 세월은 어미의 뱃속에 있는 아기와 같으니, 그 아기가 무엇을 알겠는가?
92 어미가 욕을 먹고 욕을 하며 남을 시기하고 질투하며 잘못 간다 하면 그것은 그 아이의 죄가 아니니라.
93 그 어미의 죄이니라.
94 그리하여 세상에 나와 그때서부터 살아가고 변해 가는 그 아기의 모습과 같이, 내가 너를 선택하여 내가 너를 선택한 자라 하여 계명에 따라 살라 명하는 그 순간에 너는 그 인간의 몸에서 잉태 기간을 거쳐 새 생명이 태어나는 것과 같으니,
95 내가 너를 선택하여 나의 법전을 기록하라 한 그 이후부터 너는 새로운 생명이 태어나며 그 새로운 생명 또한 네 것이 아니라 나의 것이라 말하였으니, 내가 너를 주관함이니 너는 너무 괴로워하지 말라.
96 지금서부터 네가 그 모두를 잘 지키고 다스려 하늘을 향하여 한 점의 부끄럽

없는 삶을 살고 못 사는 것도 너는 너
의 주관이요, 너의 뜻이 아니라 내가
다 너를 다스려 나가며, 때와 시기가
되었을 때 나 여호와가 너 스스로 바
로 설 수 있도록 하는 그때가 있음이
니,
97 너는 그때를 조용히 기다리며 나에게
묵상과 기도를 하여 그 뜻에만 움직이
며,
98 오로지 네가 이 성전에서 나의 성령을
받아 거룩히 기록하여 그 거룩한 법전
을 세상에 내보내어 나의 피조물 만백
성이 거룩한 형태로 바뀌며 그들이 천
사와 같이 변하는 그 역사에만 네가
모두를 다 바쳐야 할 것이니 그리 알
라, 선지자야!
99 오늘의 네 마음에 괴로워하며 울지 말
라.
100 네가 잘 가고 있음이니라. 잘 버티고
잘 견디어 가고 있음이니라.
101 그러니 네 가슴에 그 가시나무의 채를
너 스스로 오늘 이후로 거두라.
102 그리고 괴로워하지 말라, 선지자야!
103 너의 모두는 나의 뜻이며 내가 주관하
여 이루어짐을 항상 잊지 말며, 네가
괴롭고 고통스러울 때마다 묵상하며
기도하며 나에게 경배함을 게을리하
지 말라, 사랑하는 선지자야!

2,035 번째 하나님 말씀

2002년 3월 13일 16시 30분

1 사랑하는 선지자야!
2 "네, 여호와 하나님! 말씀하옵소서."
3 나의 아들 예수는 신비 속에 세상에
태어나 33살이라는 그 짧은 삶 속에
서 모두를 다 바쳐 이루고 하늘에 올
라왔음이니라.
4 그리하여 내가 너에게 일찍이 말하였
으니, 그 예수의 삶은 너희 인간들의
삶과는 전혀 무관하며 관계없는 신비
의 세계이며 신비 속에 살았으며 그는
나의 아들로서 성령이 임하여 그 행동
함이 나를 대신하며 천사와 같은 삶을
살아왔다 너희들은 그리 생각하고 있
음이니라.
5 그리하여 너희들은 감히 말하기를 예
수는 하나님으로부터 성령으로써 태
어나, 너희들과 태어난 것이 다르며,
6 그리고 그 역사 속에 또한 내가 성령
으로 그에게 임하였으니 그는 자연적
으로 모든 것이 다 노력하지 아니하여
도 나의 뜻에 따라 천사와 같이 살 수
있음이라 그리 너희들은 말하며 믿음
이니라.
7 그러하니 너희들이 그리 생각하면서
그는 그리 살아갔으나 너희들은 예수
와 같이 신비 속에 태어나지 아니하였
으며 성령이 임하지 아니하여 도저히
그리 살 수가 없음이라 하여 너희들이
그와 같이 지금 모두를 지키지 아니하
고, 인간이기 때문에 행하고 지킬 수
없다 그리 말하며,
8 또한 그 간악한 종교 지도자들이 그리
가르치고 있음이니라.
9 그리하여 지금 내가 제3의 시대에 법
전을 세상에 내보내 나의 성령을 태워
나의 피조물 만백성에게 이를 전하고
이를 깨우치고자 할 때,
10 예수와 같이 성령으로 잉태하여 성령

으로 이 세상의 지도자요, 선지자가
온다 하면 또한 그 신비 속에 태어나
며 그 신비 속의 삶 때문에 제3의 시
대에 나의 법전을 읽고 이 지상에 영
원히 존재하는 동안 너희들이 읽고 깨
우쳐야 할 나의 이 법전이 그와 같이
신비 속에 가려짐이니,
11 정녕 이는 너희들이 믿지 않을 것이며
너희는 그리 지킬 수 없다 말할 것이
니라.
12 내가 만일 지금 법전을 만드는 선지자
를 예수처럼 신비 속에 세상에 태어나
게 하며 하늘에서 내려온 자라 한다
면, 그가 나의 성령을 받는 데 특별한
사람으로서 특별히 선택되어 그를 당
연히 받아서 쓰도록 되어 있음이니,
13 이를 쓴 그는 여호와 하나님으로부터
선택된 자이기 때문에 이를 지키고 이
리 살 수 있다.' 말할 것이니라.
14 그러면서 너희들은 말하기를 '그는 선
지자로서 하나님으로부터 신비의 세
계에서 성령으로 선택되어 왔기에, 성
령이 임하여서 스스로 그는 살아가는
틀이 잡혀 있기 때문에 이 법전을 지
키며 이 법전대로 그대로 바르게 옳게
살았다.' 그리 말할 것이니,
15 수천 년이 흐르는 동안 나의 피조물
만백성 너희들은 그 신비주의에 쌓인
선지자를 감히 너희들과 견주어 보지
못함이니,
16 너희들은 그와 같이 지키고 살 수 없
다 그리 말할 것이니라.
17 신비 속에 태어난 선지자만이 지킬 수
있으며 평범한 인간으로서 태어난 너
희들은 그를 지키고 살 수 없으니, 너
희가 나의 성령을 받아 법전을 세상에
낸 그 선지자와 차별화하여 너희들이
감히 그를 따르려 하지 아니하며 따를
수 없다 그리 말하여 가르치는 자가
있다면,
18 지금과 같이 또 사악한 종교 지도자의
행위와 같이 반복됨이니 그리하여 그
리는 할 수 없느니라.
19 그리하여 너희들이 말할 수 없도록 너
희 인간 세속에서 인간과 똑같이 60
년이라는 그 긴 세월을 살아온 자로서
내가 너를 그리 살아오게 하였음이니
라.
20 너는 선택된 자로서 내가 쓰고자 할
때, 너는 가정이 있으며 아내가 있으
며 자식이 있으며 사회에 직함을 가지
며 사회에 명성을 가지며 그와 같이
다른 인간들과 똑같이 살아오도록 내
가 그리하였으며,
21 그 속에서 너도 인간의 부귀와 영화를
위하여 남들과 경쟁을 하며 시기하고
질투하는 그 삶 속에서 60평생을 살
아왔음이니, 60평생을 남들과 똑같은
생활 속에서 인내하며 또는 울고 웃으
며 희로애락을 같이하며 인생의 고락
을 같이하며 살아온 자이니,
22 그리하여 내가 너를 60이 다 되어 선
택하여 33년이라는 그 세월 속에 살
아오는 그 업적을 여기다 남김이니,
23 바로 이는 그와 같은 세월 속에서 네
가 나의 성령을 받아, 남들과 똑같은
인간으로 살아왔던 네가 60이 다 되
어 이 성령을 나로부터 받아 법전이라
는 것을 세상에 만들어 냈으며, 60이
되도록 살아온 그 생활 상태에서 나의

법전을 접하는 그 순간부터 네가 변해
져 새로운 삶을 살도록 함이니라.
24 나의 피조물 만백성과 똑같은 형태로
살아온 네가 60이 다 된 그 생활 속에
서 나의 성령을 받아 나의 법전을 기
록하는 그 순간부터 변화된 그 모습을
나의 피조물 만백성 너희들이 이 지상
이 멸망하기 전까지 보고 깨우친다면
너희들이 뭐라 이야기하겠는가?
25 인간으로서 삶을 똑같이 영위했던 그
도 나의 법전을 접하면서 새사람으로
변하여 선지자로서 부끄럼 없는 그와
같은 삶을 살아갔음이니,
26 선지자로서 먼저 온 것이 아니요, 선
지자로서 먼저 선택된 것이 아니라,
인간으로서 와서 인간의 삶을 너희들
과 60평생을 같이 살다가 그가 선지
자라는 대명을 받아 나의 성령을 받아
기록하여 법전으로 만든 그 순간에 그
가 정녕 선지자로 변하여 간다 하니,
27 그와 같은 삶을 살았다 하면 너희들은
너희 자신이 이제는 그리 지키고 살
수 있으며 그리 살아야 된다 그리할
것이니라.
28 나의 아들 예수가 신비 속에 왔다 신
비 속에 감으로 인하여 너희들과는 너
무나 차별화된 듯하기에 너희들은 예
수와 같은 행적을 지킬 수 없으며 그
와 같이 살 수 없다 그리 말하는 것이
니라.
29 지금 나의 아들 예수가 신비 속에 와
서 베일 속에 싸인 삶을 산 것처럼 너
희들이 생각하기에 그가 많은 병자를
고치며 많은 기적을 이루면서도 금화
와 은화를 받지 아니하였음을 너희들
은 그 예수와는 다르기 때문에,
30 너희들은 인간 속에서 인간으로 태어
났기 때문에 예수와 같이 그리 행할
수 없어 너희들은 기적을 이루면 거둬
들여야 하며, 예수가 설법하고 설교를
하며 만백성을 깨우쳐 가르쳐 줘도 그
는 쩔렁거리는 금화와 은화와 동전 한
닢을 받은 사실이 없다 할 때,
31 너희들은 예수는 특별히 선정된 자며
성령으로써 태어났기 때문에 그는 그
리 동전 한 닢을 받지 않고 살 수 있었
다 그리 말하며, 심지어 어리석은 백
성은 뭐라 하느냐?
32 예수는 먹지도 아니하고 자지도 아니
하며 살았다 그리 생각하는 자들까지
있으니, 이것이 신비의 베일에 싸인
예수의 삶이라 그와 같이 감히 따라갈
수 없다는 그와 같은 형태에서 너희들
의 사악한 현실이 이루어졌음이니라.
33 그러나 이제 너희들은 어찌하겠는가?
34 너희들과 같이 60평생을 똑같이 살아
온 한 인간이 나로부터 선지자라 선택
되어 그때서부터 삶이 유리에 비춰 봐
한 점 부끄러움이 없는 사람으로 살아
왔으며 내가 그를 통하여 내린 나의
불로 쓴 성령을, 불로 태운 성령을 그
대로 지키고 살았다 하면,
35 너희들은 이제 너희들도 할 수 있으며
너희들도 그리 지키고 살아간다 해야
할 것이며 그리 가르쳐야 될 것이니라.
36 그가 정녕 지금의 60의 평생을 너희
들과 같이 살아오다가 나의 성령을 받
아 그 성령대로 살아간 역사를 이룬
사람이 아니라면 너희들은 또한 '우리
는 인간이기 때문에 이룰 수 없다.' 그

리 말하여 사악한 무리가 이 세상을
덮을 것이나, 이제는 너희들은 그리할
수 없을 것이니라.
37 너희들과 똑같이 산 나의 선지자가
60이 넘어 지금에 살아가는 그 모습
이 나의 법전대로 살아간다면, 나의
계명대로 살아간다면 너희들도 그리
해야만 될 것이며, 그리할 수 있다 생
각하여 이게 바로 근본이 되며 지구가
멸망하기 전까지, 낙원이 없어질 때까
지 나의 피조물 만백성에게 교훈이 되
며 가르침이 되고자 함이니라.
38 그리하여 이 이상 더 나올 것이 없으
며 더 깨우칠 것이 없으며 더 보여 줄
것이 없기에 이것이 마지막 제3의 시
대의 나의 피조물 만백성을 구하는 역
사의 장을 열어 감이라 말하는 것이
니, 이를 잊지 말라.
39 똑같은 인간으로서 변하는 그 모습을
길이길이 기록하여 남게 될 것이니 그
리 알라.

2,036 번째 하나님 말씀

2002년 3월 13일 17시 30분

1 사랑하는 선지자야!
2 "네, 여호와 하나님! 말씀하옵소서."
3 자연의 우주 속에 흘러가고 변하는 그
천태만상의 모든 역사를 너희들은 어
찌 생각하는가?
4 수많은 비가 내리며 바람이 불며 구름
이 흘러가며 태풍이 불며 그리고 모든
동식물이 제자리에서 자라나는 것을,
그리고 모두가 하나의 오차 없이 그와
같이 돌아가고 있는 이 현실을,
5 또 먹고 먹히며 그리고 잘라지고 다시
나며 죽어져 가고 또 나오며 이와 같
이 세상사에 돌아가는 그 오묘한 자연
의 이치를 너희들이 한 가지라도 정확
히 알고 있는 것이 있는가?
6 이와 같이 위대한 역사의 흐름과 자연
의 방대한 흐름 속에서 이 모두의 천
지 변화를 누가 주관하며 누가 이리
정교하고 정밀하게 움직일 수 있도록
만들어 놓았다 생각하는가?
7 이 모두는 다 나의 주관이 아니면 이
루어질 수가 없음이니, 이를 너희들은
어찌하여 들여다보지 못하는가?
8 지금 내가 선지자를 통하여 제3의 시
대를 열며, 나의 성령이요, 나의 법전
으로 세계의 공통어를 만들며 그리고
생활 습관을 하나로 통일하여 나에게
기도하고 경배하는 그 역사가 하나로
이루어진다 너희들에게 말하였음이
니,
9 이를 너희들은 믿지 않으려 하며 불안
해하며 공포에 떨고 있음이니, 그리고
너희들은 상상도 하지 못하고 있느니
라.
10 다만 '아마 그러할 수도 있겠지, 여호
와 하나님께서 주관하신다면 할 수 있
겠지.' 하는 막연한 그러한 생각들을
너희들은 하고 있느니라.
11 그러나 이 지구상의 모든 변화하는 조
화들을 너희들이 보라.
12 그와 같이 많은 수천수만 가지 그 조
화가 그 위치에서 그들이 다 생식하고
번식하며 살아갈 수 있도록 하며, 그
리고 흘러가는 저 구름의 한 조각의
모형까지도 너희들이 어찌 이루어지

며 어찌 가는지를 아는가?
13 그리고 모든 동식물이 살아가는 그 형
태와 그들이 견디고 가는, 그리고 종
족을 번식시켜 가는 것을, 세월에 따
라 그들이 변화되어 또한 그들이 생식
하며 존속해 가는 그와 같은 변화무쌍
한 것을 너희들이 알지 못할진대,
14 그보다 나의 피조물 만백성을 하나의
공통어로써 만드는 것이 더 어렵다 생
각하고 더 위대한 것이라 생각하는가?
15 세상의 모든 동식물들이 자기의 위치
에서 살아가며 자기의 역량을 발휘하
며 자기의 씨앗을 번식시키면서 나가
는 그와 같은 변화무쌍한 수천수만 가
지가 제자리에서 지켜 가고 있음이니,
16 이러한 것보다도 나의 피조물 만백성
이 하나의 공통어로써, 하나의 문화권
으로써, 그리고 하나의 기도하는 방법
으로 다 통일되어 나에게 경배하는 마
음이 하나며, 하늘에 가 구원을 받는
역사를 이루고자 한다 하는 것이 너희
들은 그 자연의 돌아가는 것보다 더
위대하다고 생각하는가?
17 그만 못하니라.
18 너희들의 인종의 숫자가 얼마나 되며
너희들의 단어의 수가 얼마가 되는가?
19 그는 다 너희들이 기록하여 알 수 있
으며 그 숫자를 알 수 있을 것이니라.
20 그러나 자연 속에 돌아가고 있는 그
모두의 숫자와 그들의 생활방식과 형
태를 너희들이 과연 얼마나 아는가?
21 너희들이 새의 종류는 얼마나 알며,
하늘을 날며 또 날지 못하고 지상에서
사는 것이 있는 그들을 어떻게 알며,
또 물속에서 살아가는 모든 미물의 그
고기들의 형태, 그리고 거기에 존속해
같이 물려서 살아가는 그 모두의 숫자
가 얼마나 된다 생각하는가?
22 그리고 지상에서 살아가는 미물과 동
식물의 그 숫자와 그 형태를 너희들이
다 어찌 알 수 있으며, 그들이 서로 교
류하며 서로 통하며 저희끼리 교신하
며 서로 의사소통을 하며 살아가는 그
오묘하고 절묘한 것이 과연 몇 가지나
되며 얼마나 된다고 생각하고 사는가?
23 그것에 비할 때 지구상에 사는 너희
인종의 숫자와 너희들이 쓰고 있는 언
어의 그 숫자가 얼마나 된다 생각하는
가?
24 이는 아무것도 아니니라.
25 나 여호와가 너희를 하나의 공통어로
만들며, 너희들이 나에게 기도하는 한
형제로서 자리 잡아 가는 것은, 이것
은 아무것도 아님이니 그리 알라.
26 나의 선지자 너는 불안해하지 말며 너
자신이 흔들려서는 아니 됨이니라.
27 천 년의 역사가 흐르는 이 세상 속에
모두가 나에게 기도하는 것이 같을 것
이며, 경배하는 것이 같을 것이며, 너
희 모두가 하나의 공통어로써 소통하
고 의사를 통할 수 있다 하면, 이는 천
년의 역사 중에서 반드시 이루어지는
것이니, 너희들은 지금 흔들려서는 아
니 되는 것이니라.
28 그리고 너희들이 얼마나 소중한 자며,
너희들이 지금 지키고 이루고자 하는
이 자리에 나의 법전을 나의 성전에
와 공부하고 나의 음성을 선지자를 통
하여 직접 듣고 깨닫는 너희들이 얼마
나 중요한 것인가?

29 너희들이 변하는 것이 중요하니라.
30 그리하여 너희들은 변할 수 있는 자이
고 변할 수 있기에 선택된 자들이니라.
31 육의 삶에 연연하지 말고 영의 세계를
바라보는 그와 같은 삶에 눈을 떠 너
희들이 변화하는 것이 가장 중요한 것
이니라.
32 너희들의 생명이 그리 길지 않고 그리
많이 남아 있지 아니하니, 너희 생명
이 살아 있는 동안에 빨리 변화되어
너희들이 죽어 나에게 오는 그 순간까
지 많은 피조물 만백성에게 거울이 되
어야 될 것이며, 그들의 기본이 되어
야 될 것이며, 그들의 가르침이 되어
야 될 것이니,
33 시간을 다투고 너희들이 변화되는 것
이 가장 소중한 것이니, 이를 조금도
방심해서는 아니 될 것이니라.
34 이를 너의 제자들에게 전하라.
35 그리고 선지자가 변하는 모습을 빨리
따라붙어야 될 것이니라.
36 선지자가 변하여 달려가고 있는 그 모
습을 보고 너희들이 빨리 따라와 변해
야 될 것이니,
37 이와 같은 내가 너희들에게 깨달음을
주는 것을 너희들이 깨우쳐 듣고 너희
가 항상 생각해 보고 반성하며 계획하
며 너희들이 어찌 변하여야 될 것인가
를 너희들 스스로 판단하여 나의 뜻에
따라 살아가는 백성으로 빨리 변해야
할 것임을 명심하라.

2,037 번째 하나님 말씀

2002년 3월 13일

(강론을 마치며)

1 사랑하는 선지자야!
2 "네, 여호와 하나님! 말씀하옵소서."
3 너희들이 지금 나의 성전에 와 나의
법전을 읽고 공부를 하며, 나의 선지
자를 통하여 내가 내리는 나의 음성을
직접 듣고 지금까지 나에게 오르는 길
을 향하여 왔음이니,
4 나의 피조물 만백성의 육이 살다 흙으
로 돌아가는 삶이라는 것은 인간은 저
희들이 아무리 노력하고 연구하여도
60이라는 그 점수를 넘지 못한다 하
였음이니라.
5 그리하여 영의 세계를 바라보는 자가
70이라는 그 점수에 돌입하여 육의
삶과 영의 삶을 볼 수 있는 눈이 뜨이
게 됨이라 내가 너에게 일렀느니라.
6 지금 나의 수많은 피조물 만백성 중에
서 너희들만이 그 길에 임하여 있으며
너희들이 그 위에 돌입해 있다 하면
너희들은 과연 이것을 믿겠는가?
7 그리고 나의 피조물 만백성에게 너희
들이 나가 말하기를, '우리는 선지자
를 따라 십계명을 지키며 그것이 우리
의 생명보다 더 소중하며 그를 지켜야
구원을 받는다 하여 우리는 그 길을
지키기 위하여 많은 노력과 모두를 다
바치고 있다.' 말하면
8 그들은 너희들에게 '미친 사람, 헛소
리한다.' 그리 말할 것이며 너희들의
말을 듣지 아니할 것이니라.
9 너희들은 정녕 나 여호와가 말하는 너

희들의 육신은 지금의 세속에서 살되,
너희들의 영혼이 나의 법도 안에 영의
세계에 돌입해 있다 하면 너희들은 그
를 믿겠는가?
10 정녕 너희들 스스로 그를 판단하여 답
을 얻어야 할 것이니라.
11 너희들의 깨우침이 어디에 있으며 너
희들의 마음 자세가 어디에 있으며 너
희들의 행함이 어디에 있는가?
12 그것은 너희들 스스로 내가 선지자를
통하여 너희에게 묻는 말에 답을 해야
할 것이니라.
13 내가 너희들에게 일러 말하였느니라.
14 구약과 신약 시대의 그 6천 년의 역사
가 내려와 내가 그들에게 원했던 것
을, 그들에게 지키고자 했던 것을 나
의 피조물 만백성을 이끄는 종교 지도
자가 내가 원하는 길이 아닌 반대의
방향에서 나의 피조물 만백성을 이끌
어 가 그 세력과 그 집단이 지금 온 세
상이요, 나의 에덴동산을 덮고 있음이
니,
15 그들이 늘어나는 숫자만큼 나의 동산
이 썩어져 간다 너희들에게 말하여 일
렀느니라.
16 그리하여 그들이 지금과 같은 집단을
이루고 있음이니 이들을 바로잡고자
하는 것이 나의 뜻이니라.
17 그리하여 내가 너희들에게 이르기를,
제3의 시대요, 구약과 신약을 지나 제
3의 시대를 엶이니,
18 나의 아들을 너희들에게 바쳐 너희들
을 바로잡으려 했으나 그를 잡지 못하
여 나의 성령을 내가 직접 태워 너희
들에게 나의 법전이라 하여 세상에 내
려보냄이니, 여기에서 너희들이 하나
알고 넘어가야 할 것이 있느니라.
19 지금 나의 법전을 세상에 내려보내 너
희 백성을 깨우치고자 하는 것이 다음
에 천 년이요, 2천 년이요, 몇천 년 후
에 더 나은 뜻과 다른 뜻이 여기에 내
려올 수 있다 하면,
20 내가 나의 성령을 태워서 너희들에게
내려보낸 이것보다 더 깊이 내가 또
무엇인가 내려보내 너희들을 바로잡
고 깨우칠 수 있는 기회가 있으며 그
와 같은 역사가 이루어진다고 하면,
21 나 여호와는 너희들이 지금 깨우치고
있는 구약이요, 신약이라는 그 성서에
너희들의 간악한 머리로써 집어넣은
그 대목들을 찾아낼 필요도 없으며 그
를 시정할 필요도 없느니라.
22 그리고 잘못 깨우치고 있는 부분을 여
기서 바로잡는 그와 같은 수고를 하여
나의 선지자를 통하여 나의 피조물 만
백성에게 그를 전할 이유도 없는 것이
니라.
23 너희들은 알아야 될 것이니라.
24 내가 말하였느니라.
25 이 세상에 하늘의 뜻을 나의 선지자
한 사람을 통하여 지상에 내려보내 나
의 법전을 만드는 것이며, 너희들이
있는 이 성전이요, 이곳을 통하여, 너
희들의 수십, 수억의 인구가 드리는
그 기도를 여기를 거쳐 내가 한 점으
로 하여금 거둬들인다 하면 너희들은
이 말을 믿겠는가?
26 이는 엄연한 사실이니라.
27 선지자가 둘이 없으며, 나의 신성한
성전이 두 곳이 있을 수 없으며, 나의

법전이 꽂혀 있는 곳이요, 나의 선지
자가 가는 곳이 나와 대화할 수 있는
성전임을 너희들은 믿어야 할 것이니
라.
28 둘이 있어서는 아니 되기 때문이니라.
29 그리하여 내가 마지막이라 내려보내
는 나의 이 법전이 온 세상에 천 년의
역사 속에 나의 피조물 만백성에게 내
가 이루고자 하는 아름다운 세상, 새
로운 역사의 새로운 땅을 이루고자 하
는 그 뜻을 이룰 수 있음이니,
30 여기에는 사악한 무리의 뿌리가 존재
해서는 아니 됨이니라.
31 너희들이 과장되게 포장하였으며 너
희들이 쓰기 좋은, 너희들이 필요한
것으로 만드는 모든 재물을 거둬들이
는 그 방법의 잘못됨과 너희들이 나에
게 재물을 바침으로 인간인 육의 너희
세상에 재물을 그득히 쌓아 준다는 그
와 같은 기대 심리와 기복 신앙으로
이끌어 간 것이 지금의 종교 지도자들
이 잘못 이끌어 간 길이니라.
32 내가 이를 깨우쳐 주지 아니하고 그냥
넘어간다 하면, 이것이 제3의 시대 마
지막 나의 성령 모두를 태워 내려보내
는 이 역사가 바로 설 수 없음이니라.
33 그와 같이 너희들이 사악한 무리들이
니라.
34 그리하여 이를 바로잡기 위하여 나의
법전에 진실한 나의 성령을 마지막으
로 태워, 이다음에 다시 오는 나의 가
르침이 없으며 나의 뜻을 더 전할 것
이 없기에, 여기서부터 너희들을 하나
하나 깨우쳐 주고 그를 잡아 가고자
함이니라.
35 구약 시대의 잘못 행했던 것을 바로잡
아야 될 것이며, 인간 너희들이 써 넣
은 그 부분을 찾아내야 될 것이며, 신
약의 역사 속에서 너희들의 잘못된 부
분을 하나하나 찾아내야 될 것이니라.
36 그렇지 아니하면 제3의 시대에서 나
의 법전이 뿌리를 내릴 수가 없음이니
라.
37 그 사악한 방법이 계속 존재한다면 나
의 피조물 백성들은 그를 믿고 계속
따라가고자 하는 자가 더 강성하기 때
문이니, 너희들은 나의 이 뜻을 깊이
깨우쳐야 할 것이니라.
38 너희들에게 다시 한 번 묻노라.
39 너희들이 이 세상에서 가장 나의 계명
을 잘 지키며 나의 십계명을 가장 많
이 암송하며 그를 지키고자 하여 변해
가는 나의 사랑하는 백성이라면 너희
들은 믿겠는가?
40 이 지구상에 너희들보다 더 십계명을
많이 암송하며 그 계명을 지켜 하늘에
오르고자 하는 자들이, 너희만큼 변하
여 가는 백성이 없다는 사실을 너희들
은 알아야 될 것이니라.
41 이 한 가지를 너희들이 비추어 볼 때
너희들이 있는 자리가 얼마나 소중하
며 위대한가를 안다 하면 내가 이루고
자 하는 그 역사의 뜻을 너희들이 알
것이니라.
42 이곳 나의 성전에서 나의 선지자를 통
하여 나의 성령으로써 잘못된 그 부분
을 잡지 못하고 바로 세우지 못하면
아니 됨이니, 너희들은 나의 이 뜻을
깊이 깨달아야 할 것이며,
43 내가 마지막 모두를 태우는 나의 성령

임을 너희들이 깊이 받아들여 행하여
야 될 것이니라.
44 그리하여 나의 사랑하는 선지자와 더
불어 너희들이 나의 법전 속에 기록된
구약과 신약의 잘못된 부분을 파헤치
고 바로잡아야 할 것이니라.
45 나 여호와가 하나의 겨자씨인 나의 선
지자를 세상에 내보내, 너희들과 똑같
은 나약한 그를 내세워 나의 법전이라
하여 160권의 법전을 세상에 내보낸
그 길고 긴 세월 속에 많은 지금의 종
교 지도자들이 그에게 칼을 대며 그를
제거하고자 하며 그를 불 속이요, 바
닷속에 집어넣고 싶어 들끓는 그들의
마음을 알면서 내가 나의 선지자를 고
통 속으로 몰아가겠는가?
46 그러나 그보다도 더 소중하고 중요함
이 바로잡는 것이니라.
47 그리하여 구약의 시대가 존재함을 인
정하며 신약의 시대를 인정하며, 제3
의 나의 역사가 같이 연계되는 것이기
때문에 앞에 잘못된 부분을 잡아야 함
이니라.
48 너희들이 지금 '박'씨의 성을 가지고
또는 '김'씨의 성을 가졌다 할 때, 너희
아버지와 너희 할아버지들이 다른 성
을 가졌다 하면, 너희 시대에서 그 성
을 바로잡지 아니한다면 너희들은 다
른 사람의 성으로 살아가는 인생이 되
지 않는가?
49 이는 너희들이 어찌 바로잡아야 될 것
인가?
50 너희들 성씨가 잘못 전해져 너희가 지
금 '김'씨라 하는 것을, 너희 아버지요,
너희 할아버지가 '이'씨요, '박'씨라 하
면 지금에 와서 너희의 바른 성을 너
희는 바로잡아야 할 것이니라.
51 그리하기 위해서는 지금에 바로잡지
않으면 누구도 바로잡을 수 없는 그와
같은 긴박한 상황에 있음이니, 내가
잘못된 부분을 찾아내어야 하는 것은
당연한 것이거늘,
52 나의 이 애절한 마음을 깊이 깨우쳐
가는 선지자와 더불어 너희들의 대임
이 얼마나 중요한가를 알아야 될 것이
니라.
53 나의 성전에 모여 앉은 나로부터 선택
된 너희들만이 나의 뜻인 하늘에 오르
는 십계명을 지키고자 하며, 그를 따
라 살고자 하는 것은 이 지상에 너희
들밖에 없음이니 너희들이 그리 알아
야 할 것이니라.

2,038 번째 하나님 말씀

2002년 3월 14일 01시 20분

1 사랑하는 선지자야!
2 "네, 여호와 하나님! 말씀하옵소서."
3 천 번, 만 번 말로써 무엇을 한들 아무
것도 이루어지는 것이 없음이니라.
4 지금 나의 피조물 만백성이 살아가는
그 형태는 그들이 말로써 모두를 다
이루며, 말로써 성을 이루었다 부수었
다 하는 그와 같은 형국의 믿음을 가
고 있는 것이니라.
5 그리고 저희들이 하늘의 구원을 받으
며, 하늘에 와 영원히 구원을 받은 자
라, 그리고 또 구원을 받을 것이라 그
와 같이 말로써 다 행하고 가고 있음
이니라.

6 그러나 그것은 아니 되는 것이니라.
7 말로써 하는 것은 누군들 그와 같이 못 하겠는가?
8 말로써는 세상 것을 다 줄 수 있으며 다 이룰 수 있으며 다 지킬 수 있음이니라.
9 그러나 그것은 행함이 없음이니라.
10 즉, 행함이 없는 믿음은 죽음이요, 그 믿음은 나와는 아무런 관계도 없는 그와 같은 믿음이라는 것을 알아야 될 것이니라.
11 아무것도 모르는 네가 나로부터 선택되어 십계명을 외우며 그 속에서 하나하나 지켜 가고자 노력하는 네 모습과 네 마음과 그리고 변해 가는 네 그 형태를 보며 너는 너 스스로 무엇을 느끼는가?
12 이제는 네가 완벽한 사람으로서 가고자 하며, 그 완벽한 틀 속에서 네가 나를 경배하며, 나의 피조물 만백성을 구하는 나의 법전을 기록하며, 나의 성령을 받아 기록하는 네가 한 점의 부끄러움이 없는 그와 같은 삶을 살아가고자 하는 너 자신의 오늘의 변화를 너는 과연 어찌 생각하는가?
13 바로 그것이니라.
14 나로부터 선택된 선지자요, 나로부터 선택된 백성은, 그리고 나의 성령이라 하는 것은, 나의 음성이요, 나의 뜻이라는 것은 너희들이 읽고 보고 깨우쳐 그 순간에 바로 깨달음을 얻게 되는 것이며,
15 한 구절을 읽어 남들이 10년, 20년을 깨우치지 못한 것을 알 수 있는 것이 나의 성령의 특이한 것이며, 나의 성령만이 지니고 있는 특성인 것이니라.
16 그러나 지금 나의 피조물 만백성 너희들은 어찌 가는가?
17 말로써는 다 그럴 듯하며 말로써는 모든 것이 다 이루어지며 말로써는 성인군자와 같은 행위를 하고 있는 자들이나,
18 그러나 정녕 너희들의 행함은 생각할 수 없을 만큼 사악한 쪽에, 그리고 너희들이 생각하지 못할 만큼 추하고 더러운 쪽에 가고 있음이니,
19 이와 같은 것이 너희들의 감춰진 비밀이며 감춰진 삶이며 너희들이 하늘을 속이고 살고자 하는 것이니라.
20 너희들은 너희 손으로써 하늘을 가리고자 하는 그 거짓과 잘못된 삶을 얼마나 많이 행하고 실천하는가?
21 그러나 너희들은 나 여호와를 속이는 것보다도 너희 자신들을 속이고 있으며, 너희 자신들의 부끄러움을 알아야 될 것이며, 너희 자신들이 정녕 죽어 가는 것이라는 것을 알아야 될 것이니라.
22 너희들이 나 여호와를 속이며 나를 기만하면 그것은 너희들이 나를 속이고 기만하는 것이나,
23 너희들이 스스로 너희 자신을 속이며 너희 자신을 기만하는 것은 바로 너희들의 성령이 죽어 감이며 너희들 자신이 죽어 가는 것임을 너희들이 모르는 것이니라.
24 그리하여 그리 죽어 가면 하늘의 구원을 받을 수 없으며 하늘에 오를 수 없는 것이거늘, 너희들은 너희 스스로 거짓 하며 잘못 살아가는 그 삶이, 남

에게 부끄러운 행위요, 남으로부터 떳
떳지 못한 행위를 하고 살아가는 너
희들이 너희 자신이 죽어 간다는 것을
먼저 알아야 될 것이니라.
25 나 여호와를 속이며 하늘을 속이는 것
은 두 번째며 너희들 자신이 죽어 가
는 것이니, 너희 스스로 자신을 죽이
는 그와 같은 행위를 하지 말아야 할
것이니라.
26 사랑하는 선지자야!
27 "네, 여호와 하나님!"
28 네가 정녕 어찌 세상을 살아왔던가?
29 나의 피조물 만백성과 같이 너도 세속
의 권세요, 영화요, 부귀영화를 위하
며 오로지 그리 살아온 자이니라.
30 그리고 반성과 회개라는 것을 생각한
적이 없으며, 오로지 앞으로 전진하
며, 남보다 더 부를 누리며 남보다 더
좋은 것, 남보다 더 아름다운 것, 귀한
것을 많이 갖고자 하는 것이 네 욕심
이었으며, 네 앞에 많은 재물을 쌓아
놓고자 하는 것이 너의 생활의 전부였
음이니라.
31 지금의 나의 피조물 만백성과 네가 다
름이 없는, 그들과 무엇을 견주어도
비교할 수 없는 똑같은 삶을 살았음이
니, 남을 기만하든 말든 어찌하든 재
물을 네 앞에 많이 쌓아 놓으며 네가
편안하게 살아가는 것이 너의 모든 생
활의 신조였으며 그 바탕에서 모든 것
을 이루어 왔음이니,
32 그리하여 네가 가진 것 없으나 허세를
부리며, 네가 똑똑히 남들보다 더 내
놓을 것이 없거늘, 너는 또 남들 앞에
서 군림하기를 좋아하며, 남들처럼 명
예를 갖기를 좋아하며, 좋은 자리에
앉고자 하는 것이 너의 그와 같은 삶
이었느니라.
33 그리하여 네가 살아온 것을 따진다면
수천수만 가지 속에서 네가 살아오면
서 수천수만 번 잘못 살아오며 그리
살아온 네가 아니었던가?
34 그러나 네가 남들이 말하는 60이라는
나이가 거의 가까워진 너로서 나에게
부름을 받아 나의 성령을 가슴에 받아
기록하면서 네가 행하고 바뀌어 변하
여져 온 것이 얼마나 많이 있던가?
35 너는 지난날 살아온 수천수만 가지들
을 다 고쳐 지금은 네가 그를 바로잡
아 가고 있으며, 지난날의 너의 그 어
리석고 잘못 살아왔던 삶을 후회하는
속에서 네가 나의 성령의 뜻에 따라
지켜 가고 있으며,
36 이제는 네가 하나라도 남에게 부끄러
움이 없는 완벽한 사람으로 서고자 네
살을 깎는 그 고통의 시련 속에서 싸
우고 있으며 또한 그리 지켜 가며 네
마음이 굳어져 있음이니,
37 나 여호와는 아느니라, 네가 오늘의
네 삶에 있어서 얼마나 곧고 바르게
살아가고자 하는지를.
38 나에게 이제 하나의 부끄러움이 없고
너 자신을 속이지 않으며, 너 자신의
영혼을 죽여 가는 그러한 삶을 살지
아니할 것이라는 것을 내가 알고 있으
며, 네가 그리 지켜 갈 것이라는 것을
너 스스로 지금 알고 있을 것이니라.
39 이것이 바로 나에게 선택된 자이며 나
의 성령을 받아 기록한 자며, 이를 받
아 나의 피조물 만백성을 구하는 기본

의 자세에 서 있는 너이니라.
40 누구도 너와 같이 그리 시행하고 지킬 수 없는 것을 나 여호와는 아느니라.
41 네가 몇십 년 동안 살아온 그 생활에 천 가지, 만 가지, 수만 가지 잘못했던 그것을 다 네가 깨닫고 뉘우치며 그를 번복하지 아니하며, 어떠한 부와 영화가 네 앞에 있다 하여도 네가 그를 선택하지 아니할 것이라는 네 그 굳은 마음의 오늘의 변화됨을 나는 아느니, 그 누가 그것을 알겠는가?
42 또한 하나의 아는 사람이 있으니 그는 너 자신이요, 너 스스로일 것이니라.
43 네가 아무리 원하던 것이며 재물이요, 권세요, 모든 것을 너 스스로 취해서는 안 되는 것은 취하지 아니하며, 정당한 것이 아니며 바른 것이 아니면 네가 취하지 아니하는 그와 같은 확고한 마음의 자세를 갖고 오늘 살아갈 수 있음이니, 그 변하는 모습을 누가 알겠는가?
44 그것이 바로 나로부터 선택된 선지자가 가는 길이니라.
45 이제는 나 여호와가 너로 하여금 고개를 돌릴 일이 없으며, 내가 너로 하여금 마음 아파할 일이 없으며, 내가 너로 하여금 모든 사탄이요, 천사들에게 내 마음 아픔이 있는 일이 없을 것이니라.
46 오늘을 기하여 네가 얼마만큼 무섭게 변해져 있으며 오늘에 네가 얼마만큼 깊이 나의 뜻을 실행하고 실천하는 것인가를 너는 알 것이니라, 선지자야!
47 그게 바로 나의 피조물 만백성에게 거울이 되며 귀감이 되는 선지자로서의 살아가는 길이니라.
48 사랑하는 선지자야, 정녕 갸륵하도다.
49 네가 나의 뜻을 받아 기록하기 시작하여 이 시점에 나의 법전의 제2부가 완성 단계에 들어가고 있으며, 또한 이와 같은 시점에서 네 마음이 바로 섰음이니,
50 어떠한 상황에도 어떠한 것으로도 너를 유혹할 수 없으며 너를 무너뜨릴 수 없음이니,
51 이 세상 수십억 나의 피조물 만백성 중에 부귀와 영화를 버리며 어떠한 사욕에도 스스로 자신들과 바꾸지 아니하는 마음을 갖고 살 수 있는 자 있거든 네 앞에 나와 보라 말하라.
52 너와 같은 마음을 가진 자 없을 것이며 너의 제자들처럼 변해 가는 모습을 가진 자 없을 것이니, 그리하여 이게 다 제3의 시대에서 선택된 너희들이며 나의 피조물 만백성을 구하는 역사의 장이 열림을 그리 알라.
53 그리하여 내가 나의 성령인 구약과 신약에 이루어졌던 그 모두의 잘못된 것을 밝혀내며 그를 시정하며 고쳐서 구약과 신약과 나의 법전이 하나도 틀림이 없는 오로지 나의 뜻만이 세상에 전해지는 그와 같은 역사를 이루는 그 속에서 나의 법전이 바로 설 것이며, 이를 보는 나의 피조물 만백성이 정녕 하늘에 오르는 그 길을 보게 될 것이니라, 선지자야!
54 너는 두려워하지 말며 무서워하지 말며 너 자신을 너무 낮추어 생각하지 말며 너 자신이 괴로워하지 말라.
55 모두는 나의 뜻에 이루어짐이니, 너는

어떠한 태풍이 불어온다 하여도 나 여
호와가 있음을 알며 그는 나의 주관하
에 이루어진다는 것을 잊지 말라, 선
지자야! 승자는 너일 것이니라.
56 그리고 제자 너희들일 것을 믿으라.

2,039 번째 하나님 말씀

2002년 3월 14일 02시

1 사랑하는 선지자야!
2 "네, 여호와 하나님! 말씀하옵소서."
3 너희들 어버이라는 사람들이 자식을
기를 때, 그 자식이 바로 가기를 원하
며 바로 서기를 원하지 않던가?
4 너희 육신의 부모도 자식을 위하여 그
가 바로 가기를 바라며 올바르게 서기
를 바라며 너희들이 가르치고 깨달음
을 주는 것 또한 정녕 옳은 것을 가르
쳐 주고 그들에게 깨우쳐 주고자 함이
니라.
5 또한, 너희들이 사회에 나아가 살아가
며 스승으로부터 배우는 그것도 그 스
승이 너희들에게 올바른 것을 가르치
며 바로 서고 사회에 필요한 사람으로
서 성장하기를 바라는 것이 스승의 도
리이며 스승의 마음이니,
6 너희들을 눈가림하여 그대로, 형편대
로 그저 인생을 살아가라 그리 가르치
지 아니할 것이니라.
7 너희 인간관계의 부모와 스승의 가르
침도 그러하거늘, 나의 피조물 만백성
을 창조한 내가 너희들에게 잘못 갈
길과 가서는 안 될 길과 그리고 영원
히 구원을 받는 영혼의 그 잘못 가는
것을 너희들에게 명하여 따르라 하겠
는가?
8 그렇다 하면 너희들은 내가 너희들에
게 내린 계명과 나의 율법이 얼마나
소중한 것이며 그것이 정녕 진정한 것
인가를 알아야 할 것이거늘, 지금 하
늘에 오르고자 하는 나의 피조물 백성
들을 이끄는 그 종교 지도자들이 뭐라
말하는가?
9 '하나님의 율법이요, 하나님의 계명은
어렵고 힘들어 지킬 수 없다.' 그리 말
한다 하면 너희들에게 무엇을 가르치
는가?
10 바르고 옳게 성장할 수 있는 그와 같
은 바른 길을 가르침이 아니라, 대충
인생을 살다 가도 된다 그리 가르치는
것이 아닌가?
11 모든 것은 대충대충 그저 편한 대로
세상사 살면 된다 가르치는 것과 똑같
음이니라.
12 그러나 지금 이와 같은 것을 분별할
수 있는 능력과 자제력을 가지고 있는
너희들이 이것을 구분하지 못하며 이
를 듣지 못하고 보지 못함이니, 이 나
여호와의 아픈 마음을 어찌하여야 되
겠는가?
13 그리하여 나의 선지자를 통하여 지금
내리는 나의 성령의 이 법전이 과연
어느 구절이 잘못되어 있으며 무엇을
너희들에게 잘못 가르치는가 하는 것
을 너희들 스스로 찾아보라 내가 말함
이니라.
14 오로지 나 여호와가 제3의 시대를 열
어 너희들을 영원히 사는 나의 나라로
인도하고자 깨우치고자 하는 나의 이
법전은 어느 곳에도 너희들에게 대충

살라, 그리고 너희들이 편한 대로 인
생을 살라 그와 같이 가르치는 구절이
없음이니라.
15 어렵고 힘든 그 길을 간다 하더라도
너희들이 바르고 똑바른 길을 갈 수
있도록 그를 제시해 주며 그를 가르쳐
주며 그의 길잡이 역할을 하는 나의
법전이니라.
16 이를 너희들이 읽고 깨우쳐 하늘에 오
르라 하였거늘, 너희들은 어찌 그를
보는가?
17 사악한 무리의 집단이라 보고 있으며,
너희들이 잘못 가고 있는 것을 하나하
나 깨우쳐 주며, 너희들이 바로 보고
바로 들을 수 있으며, 그리고 너희들
이 하늘에 오르는 길과 너희들이 그리
갈구하는 영원한 삶을 위하여 너희들
을 안내하고자 하는 것이 나의 이 법
전이요, 나의 선지자가 너희들에게 전
하는 것이거늘,
18 어찌하여 너희들은 이와 같은 바른 것
을 보지 못하고 이를 사악한 무리라
하며, 너희들이 영원히 죽어져 가는
그 세상만을 추구하며 그것만을 바라
보고 있는가?
19 나의 사랑하는 만백성 너희들은 들어
야 할 것이니라.
20 이제는 나의 법전의 뚜껑을 열며 그
안에 들어 있는 나의 음성을 들으며
내가 내린 나의 메시지를 너희들이 봐
야 될 것이니라.
21 그를 보지 아니하면 영원히 구원을 받
을 수 없음이니, 너희들은 이를 봐야
될 것이니라.
22 이 속에는 내가 너희들이 지키며 살아
오며 세상사에 하늘에 오르는 그 길을
기록하여 두었음이니, 이보다 더 위대
한 너희들의 깨우침의 길이 없느니라.
23 세상사 너희들이 누가 글을 쓰며 누가
책으로 만들어 내었다 하여 너희들의
영혼이 사는 길과 육이 사는 그 길을
구분하여 육의 삶은 어떠한 형태로 살
아야 될 것이며, 영의 삶은 어찌 살아
야 될 것이며, 그리고 어찌하여 너희
들이 구원을 받는다는 그와 같은 가르
침을 이와 같이 상세하게, 너희들이
알아듣고 깨우치기 쉽게 기록한 책이
어디에 있는가?
24 너희들 인간이 지은 책 속에는 허례허
식이 있으며, 제 생각이 거기에 들어
있으며, 쓴 작가라는 사람의 깨달음과
느낌이 거기에 있으며 그 감정이 거기
에 있음이니, 결코 그것은 나의 천기
요, 하늘의 뜻을 파헤치지 못함이니
그 뜻을 헤아릴 수 없음이니라.
25 나의 법전은 만백성, 글을 아는 자 누
구나 깨우쳐 하늘에 오를 수 있도록
하여 너희들이 이야기하는 가장 수준
이 낮은 책이며 그리고 가장 읽어서
깨우치기 쉬운 책이나,
26 그 쉽고 간단한 책 속에서 그가 가지
고 있는 그 뜻이 얼마나 위대하고 방
대한 것인가를, 너희들은 이를 들여다
볼 줄 안다면 나 여호와의 뜻이라는
것을 너희들이 알 수 있을 것이니라.
27 성서의 잘못된 그 부분을 지적하여 너
희들에게 깨우쳐 주며, 그리고 내가
세우고자 하는, 새로운 역사를 이루고
자 하는, 나의 피조물 만백성이 거룩
한 정신으로써 거룩한 영혼의 세계를

바라보며 그리하여 깨닫고 깨닫는 자로 하여금 이 시대를 새로이 열어 가고자 하는 나의 뜻을 너희들이 어찌 그리도 모르며, 그 뜻을 누가 펼 수 있는가?

28 세상에 수천수만 가지로 살아가는 나의 피조물 만백성의 그 방법을 하나로 통일하며, 너희들이 작은 단위든, 큰 단위든 단위대로 너희들이 쓰고 있는 언어와 형태를, 그것을 다 하나의 공통어로 만들어서 너희들이 나에게 기도하는 그 방법을 하나로 이루고자 하는 그 역사의 사업을 누가 감히 시행하고 이룰 수 있다 하는가?

29 너희들은 여기서 깨우쳐야 될 것이니라.

30 정녕 나의 성령이 아니라면 이와 같은 역사를 어찌 이룬다 말할 수 있겠는가? 정녕 사탄이요, 사악한 무리요, 너희들이 말하는 말세에 온 자라 하면 어찌 그와 같은 역사를 이루고자 하겠는가?

31 너희들이 지금 갈라져 있는 그 상태로써 더 그들을 갈라놓으며, 더 많은 언어와 단어를 그들이 쓰도록 하며, 더 많은 민족이 갈라져 나아가 얽히고설켜 하나로 이룰 수 없는 그와 같은 형태로 만들어 가고자 하며 이끌어 가는 것이 사탄이 하고자 하는 것이 아니겠느냐?

32 더 많은 너희들의 기복 신앙이요, 미신을 추구하는 종족을 만들어 내며 그리하여 그 종족이 또 집단을 낳으며, 그 집단이나 또 새로운 너희들이 믿는 기복 신앙이요, 미신의 그와 같은 종교 집단이 생김으로 인하여 더 사악해지고 더 혼란한 세대를 만드는 것이 정녕 사탄이나 사악한 자가 하고자 하는 행동이 아니겠는가?

33 그들이 이끌어 가고자 하는 것은 그러한 것이니라.

34 그러나 내가 지금 나의 선지자를 통하여 나의 성령을 내려보내는 그 뜻은 무엇이더냐?

35 나로부터 선택된 나의 아들이요, 나의 딸이기 때문에 너희들은 피부색이요, 종족의 형태를 따지지 아니하고, 오로지 내가 만든 나의 피조물이라 하여 내가 아담과 이브 한 쌍을 세상에 만들어 내어 그들의 아름다운 모습을 만들었듯이, 내가 그와 같은 형태로써 너희들을 만들어 가고자 함이니라.

36 그리하여 내가 너희들을 그와 같이 한 형제로 만들며, 한 단어요, 한 언어로써 너희들이 통일되는 삶을 살게 하고자 하니, 이는 나 아니면 누가 이룰 수가 있으며, 너희들을 한 형제로, 하나로 엮어 깨우치고자 하는 자가 누가 있으며, 이와 같은 역사의 사업을 이루고자 하는 자가 누가 있는가?

37 너희들을 내가 얼마나 사랑하며 너희들을 내가 얼마나 소중히 여기면 너희들을 아담과 이브가 세상에 나와 한 언어로써 한 행동으로써 살아갔던 그와 같은 한 형제로 만드는 그 역사의 사업을, 천 년에 걸쳐 그걸 이루고자 하고 있겠는가?

38 이와 같은 것을 볼 때, 너희들은 어느 것이 진정 너희들을 위하는 길이며, 너희들을 사랑하는 것이며, 너희들을

구원의 길로 인도하는 것이며, 사악한 사탄의 무리에서 지옥 불에 떨어져 가는 너희들을 구원하고자 하는 것일까?

39 내가 정녕 너희들의 어버이가 아니라면 내가 너희들을 구원하기 위해 왜 오늘과 같은 이러한 어려운 역경의 힘든 길을 가게 하겠는가?

40 나의 선지자가 정녕 사탄으로서 마지막 너희들이 이야기하는 종말에 온 자라면 이는 한두 권의 책으로써 너희들을 혼란케 만들 것이며, 한두 권의 책으로써 너희들이 그를 보고 깨우쳐 또 하나의 집단이 이루어지는 것은 너희들 말로 식은 죽 먹기보다 더 쉬운 것이며, 그게 너희들의 형태가 아니던가?

41 너희들은 잡을 것만 있으면, 깨우칠 것만 있으면 그로 하여금 힘을 과시하며 집단이요, 종족을 이루어 너희들의 그와 같은 하나의 종파를 만들어 세상을 지배하고자 하는 것이 너희들의 뜻이 아니던가?

42 그리하여 너희는 수없는 종파가 세상에 나와 있으나, 세상을 통일하여 다스리고자 하는 그 종파 하나가 없으니, 서로 우후죽순처럼 저희가 주인이고 하늘에 오르는 길에 나에게 정통으로 선택된 백성이라 그리 소리 지르고 있음이니, 그 누가 정녕 나에게 선택된 자라 할 수 있겠는가?

43 내가 지금 나의 선지자를 통하여 160권이라는 나의 법전을 만들어 너희들이 읽고 또 읽고 또 깨우치고 깨우쳐도 끝이 없는, 그리하여 너희들이 정녕 깨끗한 마음으로써 하늘에 올 수 있는 그 길을 바라볼 수 있는 나의 피조물 만백성을 만들어 너희들을 구원하고자 이 역사의 사업을 이루고 있으니, 이보다 더한 역사를 이룰 수 있는가?

44 그리고 그 160권의 법전 속에 곱고 아름답게 살며 사랑을 베풀며 하늘에 오르는 그 정통의 길을, 지름길을 가르쳐 주는 이와 같은 책이 세상에 어디에 있는가 너희들이 돌이켜 보라.

45 정녕 너희들의 육신의 관계에서도 자식이 잘못 가기를 원하지 아니하며 잘 가도록 그를 가르치며 바로 서기를 바라는 것이 너희들의 부모의 마음이 아니던가?

46 아무리 잘못된 자요, 사악한 자라 하여도 제 자식 앞에서 하는 것은 옳고 바른 것만을 깨우치고 가르치고자 하는 것이 너희들 부모의 심정이 아니더냐?

47 또한 너희들을 가르쳐 길러 육성하는 스승의 마음은 어떠하더냐, 비록 자기는 잘못 가며 자기는 가진 것이 없고 자기의 지식이 짧다 하여도 그는 모두를 다하여 풍부한 지식을 갖추고 사회에서 필요한 사람으로서 그 제자가 성장해 주기를 바라는 것이 스승의 마음의 뜻이 아니더냐?

48 그러면 만백성을 만든 창조주인 내가 나의 백성들을 어찌 가도록 하겠는가?

49 그렇다면 나의 성령으로써 너희들에게 전하는 나의 말에 너희들을 정녕 구하고자 하는 나의 애절한 뜻이 여기에 담겨 있다는 것을 어찌하여 깨우치지 못하는가?

50 너희들은 눈을 떠야 될 것이니라.

51 나의 선지자가 밤과 낮을 가리지 아니
하며 그가 쓰러져 가는 그 아픈 가슴
을 안고 그 육신을 그가 스스로 지탱
하며 오늘의 법전을 쓰기 위해서 얼마
나 가슴이 미어지고 아픈 시간을 보내
고 이를 견디고 인내하는 것인가를 너
희들은 정녕 알겠는가?
52 그는 나 여호와의 뜻이 아니라면 이
방에서 연필을 꺾고 나갈 자이니라.
53 그가 견디고 인내하는 그 아픔의 고통
을 너희들은 모르나니, 이 많은 나의
성령을 받아 기록하는 그가 얼마나 힘
들고 어렵고 쓰린 아픈 가슴을 안고
오늘의 이 시간도 견디어 나가는 것인
가를 너희들은 모를 것이니라.
54 그를 바라보라.
55 그러면 너희들이 깨우침이 있을 것이
니라.
56 너희들에게 정녕 그 긴 시간과 낮과
밤을 가리지 아니하고 내가 이와 같은
것을 내린다 할 때, 너희들이 과연 그
긴 세월 동안 그 많은 나의 법전 160
권을 기록하여 세상에 만들어 낼 수
있을 것인가?
57 아무나 할 수 없음이니라.
58 너희들은 가다가 중단하며 가다가 쓰
러질 것이며 가다가 포기할 것이니라.
59 이를 봐도 너희들이 알 것이니라.
60 예수가 죽음으로써 나 여호와가 존재
하며, 하늘이 있으며, 구원의 길을 바
라보는 것이며 그가 전하는 것이 나의
뜻이라는 것을 깨우쳐 주기 위하여,
오죽이나 힘들고 답답하며 너희들이
따르지 아니하고 이해하지 못하면 그
가 생명을 바쳐 너희들에게 일깨워 주
고자 하였겠는가?
61 그렇듯이 나의 선지자가 모든 고통과
어려움을 겪고 인내하면서 가는 길이
너희들을 깨우치기 위한 길일 것이며,
이 기간 안에, 정해진 시간 속에 16권
의 이 법전이 세상에 나온 그 역사를
이루는 것으로써 너희들에게 이는 여
호와 하나님의 뜻이 아니면 이룰 수
없다는 것을 보여 주기 위하여 그가
쓰리고 지치고 아픈 그 몸을 견디고
나의 성령을 받아 기록하는 그를 보라.
62 그러면 너희들이 눈을 뜨게 될 것이니
라.

2,040 번째 하나님 말씀

2002년 3월 14일 10시 05분

1 사랑하는 선지자야!
2 "네, 여호와 하나님! 말씀하옵소서."
3 애굽에서 모세가 그 백성들을 끌고 나
가 너희들이 말하기를 그 군사가 그들
을 공격하였다 하였음이니라.
4 그러나 그와 같은 일이 없었음을 너희
는 알아야 할 것이니라.
5 어찌하여 너희들은 애굽의 병사들은
용감하고 강인한 것으로 생각하며 모
세가 이끌고 가는 나의 백성들은 나약
한 병자들로 그리 생각하여 거부할 수
없는 그와 같은 사람들로 생각하는가?
6 너희들은 지렁이라는 것도 밟으면 꿈
틀거린다는 말을 듣지 않았는가?
7 너희들이 지금 나의 장정이 6십만 명
이라 기록한 것이 너희들의 잘못된 허
점이 거기에 또 드러나고 있음이니라.
8 모세가 누구였더냐?

9 지금의 나의 법전을 받아쓰는 선지자보다도 더 강인하며 더 과격하며 지략이 뛰어난 자이니라.
10 너희들은 어찌하여 그 지도자의 상을 바라보지 아니하고 생각하지 못하는가?
11 모세라고 하는 나의 그 지도자가 애굽에서 쫓겨 나갈 때, 그가 그와 같은 대비요, 준비를 하지 않고 그 백성들을 그리 끌고 갔다 생각하는가?
12 그저 양떼처럼 몰고 가다 목동이 두들겨 패면 맞아 죽는 그와 같은 백성으로 너희는 생각하고 있음이니, 여기서 너희들이 하나를 깨우쳐야 될 것이니라.
13 모세는 탁월한 지도자였음이니라.
14 지혜도 있으며 용감하고 정의롭기가 한이 없으니, 지금의 너희들이 바라보고 있는 선지자보다도 더 영리하고 용감하며 그리고 그 성격 또한 불과 같은 자이니라.
15 모세가 거기서 그 백성을 인도하고 나가며, 그들을 공격하며 그들에게 대항할 생각이 없었겠는가?
16 너희들은 여기서 하나를 깨우쳐야 될 것이니라.
17 모세가 그 백성을 끌고 나와 그들이 다시 그 성을 공격하며 애굽을 공격한다 하면, 또 나의 백성들이 그 애굽을 공격할 수 있다는, 공격하여 이길 수 있다는 생각은 아니 해 보는가?
18 너희들이 장정이 6십만 명이라 해서 가족이 2백만 명이 넘는 그 백성들이 그대로 그들의 공격에 그냥 가만히 앉아 죽을 백성이라 생각하였는가?
19 모세는 그와 같은 준비를 다 하여 병장기를 갖추었으며, 그와 같은 경호부대요, 군대를 만들어 그들을 호위하게 하였으며, 그들을 지키게 하였으며, 전술적인 방법을 완전히 갖추어 그가 빠져나왔음을 너희들은 모르고 있음이니라.
20 너희들이 애굽의 얼마만 한 군사의 병력이 출동하여야만 그들을 대적하여 싸울 수 있다 생각하는가?
21 너희들은 어찌하여 나의 백성들이 애굽의 군사가 지나가는 곳에 그저 추풍낙엽처럼 목을 내놓고 죽어 간다 생각하였는가?
22 너희들은 이와 같은 것을 모르고 있음이니, 그곳에 6십만 명의 장정이 나갔다 기록한 것이 또한 인간이 적은 허점이니라.
23 장정이 6십만 명이라면 그들이 싸울 수 있는 혈기가 넘침이요, 그 가족들이 다섯 명씩만 붙었다 해도 너희들은 그 인원이 얼마라 생각하는가?
24 그 인원을 공격하여 그들을 몰살한다면 애굽의 병사가 얼마나 공격하여야 되고 몇 명이 공격하여야 하는가?
25 그들은 백만 명 이상의 병사가 뛰어야 될 것이니, 백만 명 이상의 그 군사가 거기에 있었다고 생각하는가?
26 애굽의 군사는 십만 명도 못 됨이니라.
27 그와 같은 군사 백만 명을 가지고 그들을 공격할 수 있으며, 또한 애굽의 군사를 총출동시켜 그 성곽을 비워 놓고 그들을 공격할 수 있는 제왕이 있다 생각하는가?
28 그들이 출병하여 가는 곳엔 그저 걸어

가면 되는가?
29 군량미가 따라야 되며 그와 같은 준비
가 따르니, 애굽의 나라가 뒤집히게
되어 있으며, 그 나라가 쇠퇴하여 멸
망의 길로 가게 되어 있으며, 그 2백
만 명이 넘는 나의 백성들을 애굽이
공격하다가 저희 군사들이 어찌 될 것
이라는 것을 그 제왕이 생각하지 못하
겠는가?
30 열 번이라는 재앙을 당해 그는 하늘이
무섭고 땅의 두려움을 알고 있거늘,
그가 저희 모든 병력을 다 동원하여
그들을 살생하려 대들겠는가?
31 거기에는 또 기적이 있을 것이며, 나
여호와가 저희들을 방어할 수 있다는
것을 그 애굽 왕이 왜 모르겠는가?
32 그는 오금이 저리고 간이 서늘하여 그
들을 다 보냈음이니, 그 나가는 백성
을 보고 성곽에서 길기도 긴 그 백성
의 행렬을 보며 그는 또한 간담이 더
서늘하였을 것이며,
33 모세가 병장기를 갖추어 그 장정으로
하여금 저희 백성을 호위케 하며 그가
군대의 조직으로써 질서 정연하게 빠
져나가는 것을 보고 그 애굽 왕은 그
들이 나가는 것이 차라리 잘되었다 그
리 생각하였거늘,
34 어찌하여 그가 십만 명도 안 되는 장
병을 가지고 그들을 공격하여 몰살시
키려 했다 생각하는가?
35 감히 나의 백성들을 당할 수 없음이니
라.
36 그 용기와 사기에 따라서 한 명이 열
명을 싸워서 이길 수 있는 그와 같은
것이 좌우되는 것이니라.
37 6십만 명의 장정이 군사로써 편성되
어 병장기를 들고 대적할 때, 그들을
만만하게 공격할 수 있다 생각하는가?
38 이는 있을 수 없음이니라.
39 그 탁월한 지도자인 모세가 그저 고개
숙여 다 쓰러지는 사람처럼 끌고 가
며, 파리 목숨 하나 잡을 수 없는 그와
같은 나의 백성들이라 생각하였는가?
40 애굽에서 싸워서 이기고 나오는 그들
의 사기는 애굽의 병사보다 열배 백배
더 위대하였으며, 그 시련과 고통을
겪은 애굽의 병사들은 나의 백성을 공
격하라 해도 오금이 저려 감히 공격할
수 없으며 사기가 떨어져 있는 그러한
형태에서 그들이 백만 명이라는 인원
을 어찌 동원하며 그 군사를 통하여 2
백만 명이 넘는 나의 백성들을 살상할
수 있다 너희들은 생각하는가?
41 여기에 그러기에 잘못되었음이라 내
가 말하느니라.
42 그러한 일이 없음이니라.
43 지금 너희들이, 지금 선지자 밑에 와
서 배우는 제자들이요, 나에게 선택된
너희들이 너희 민족을 그와 같이 끌고
나간다 할 때, 너희들은 군사적인 편
성과 그에 대한 대책을 세우지 않고
그저 오합지졸로 끌고 갔다고 생각하
는가?
44 그저 사막을 힘없이 걸어가다 파리 하
나 잡을 힘이 없는 나의 백성으로서
그저 그들이 내리치는 칼과 창에 죽어
가며 목을 내어놓을 것이라 생각하였
는가?
45 그들이 열배 백배 충천된 사기로 목숨
을 내걸고 저희 민족을 보호하기 위하

여 그들에게 대들 때, 그 병사들은 그
들을 이길 수가 없음이니라.
46 십만 명도 안 되는 그 병사들로써 그
들이 공격하였다고 생각하는가?
47 어찌하여 그리도 어리석으며 그와 같
은 깨달음을 모르는가?
48 6년이라는 긴 세월을 거쳐 그 백성들
은 홍해를 스스로 지났음이니라.
49 이것은 내가 선지자를 통하여 다시 너
희들에게 깨우쳐 주겠노라.
50 그들은 육로를 따라 자연을 음미하며
저희들의 생활을 엮어 가면서 그 속에
서 음식물을 취하면서 그리 6년이라
는 긴 세월동안 그곳을 벗어났음이니
그리 알라.
51 모세가 누구더냐?
52 그는 탁월한 지도자이며 지혜를 가진
자며 나 여호와가 그에게 지혜를 주었
음이니, 그는 완벽한 군대 못지않은
조직과 병장기로써 자기의 백성을 보
호하며 질서 정연하게 앞에서 인도하
는 자, 뒤에서 지키는 자, 이와 같은
형식을 갖춰 나아갔으니 2백만 명이
넘는 그 많은 백성을 누가 감히 십만
도 안 되는 병사로써 공격할 수 있다
생각하는가?
53 그를 보고 감히 공격할 수 없음이니라.
54 너희들은 어찌하여 애굽의 군사들은
용감하며 애굽의 왕은 능력을 가지고
있으며, 그리고 나의 백성을 인도하는
모세는 아무런 능력도 없고 자질이 없
으며 갖추어지지 아니한 자라 그리 생
각하는가?
55 그들도 그 당시 전쟁터에서 쓸 수 있
는 병장기를 다 갖추어 가지고 있었음
이니라.
56 애굽의 군대보다 더 사기가 충천하였
으며 그들의 조직이 일사불란하며 한
명이 열 명을 당할 수 있는 그와 같은
사기에 충천하여 있는 자들을 감히 애
굽의 군사가 20분의 1도 안 되는 그
병사로써 공격했다 너희들은 생각하
는가?
57 만에 하나 그것이 실패했을 때, 나의
백성이 애굽을 되려 친다는 것을 그
들이 생각을 안 하겠는가?
58 그들은 그 두려움을 알고 있음이니라.
59 이와 같은 것을 너희들이 생각해 볼
때, 이는 잘못되었음을 알아야 될 것
이니라.
60 이와 같은 나의 이치에서 내가 아니라
하면 너희들은 그리 알아야 할 것이
며, 아니기에 내가 아니라 함이니라.
61 창조주인 나 여호와가 맞는 것을 아니
라 할 리가 없으며 아닌 것을 맞다 할
수가 없음이니라.
62 너희들은 아무것도 생각하지 말며 다
만 모세의 그 탁월한 지도력과 그의
성격과 그의 지혜를 먼저 한 번 생각
해 보라.
63 그 많은 백성들을 이끌어 나갈 때, 하
루 만에 거기서 다 끌어왔는가?
64 모세는 나올 수 있는 시간을 정해 놓
고 준비를 하여 그 준비된 날짜에 인
도해 나왔으니, 거기는 모든 군사보다
도 더 단단한 조직의 편성을 했으며,
책임자를 임명하였으며, 인솔자를 임
명하였으며, 전쟁의 장수들을 다 임명
하여 그들을 보호하여 병장기를 갖추
어 그곳에서 나왔음이니,

65 그 장렬한 대열을 보고 애굽의 국민이
얼마나 놀랐으며 그 제왕이 얼마나 오
금이 저렸는지 알겠는가?
66 애굽에서는 그들이 돌아서서 자기들
의 성곽을 칠까 두려워 경계하며 그
자체를 지키기도 불안하였거늘, 어디
그 많은 나의 백성들을 작은 군사로써
몰아쳐 그들을 살생하였다 그리 말하
는가?
67 이는 아닌 것이니라.
68 6십만의 장정이 있었다는 그것이 너
희들이 잘못 쓴 근거라 하였음이니라.
69 내가 너희들에게 말하기를, 성서의 잘
못된 부분은 너희 인간들이 너희 꾀에
걸려 한 구절씩을 적어 놓았다 함이
니, 여기에 또한 그러한 것이 있느니
라.
70 너의 제자들에게 이를 일깨워 주며 그
리 나의 피조물 만백성에게 전하도록
하라.
71 2백만 명이라는 그 대장정의 대열을
보고, 일사불란하게 군사를 편성하여
병장기를 들고 그들을 호위하는 사람
을 십만도 안 되는 군사를 다 털어 공
격할 자가 있는가?
72 만일에 그들이 실패했을 때에는 어떠
한 결과가 나온다는 것을 누군들 모르
겠는가?
73 그리하여 이는 공격함이 아니라 떠나
가는 그들로부터 성곽을 지키기에 여
념이 없었음을 알라.
74 이것이 그때의 정황이니라, 선지자야!
75 너의 제자들에게 반드시 일깨워 주라.
76 너희들이 나의 성령을 태워 내리는 이
법전이 정녕 나의 뜻이라 한다 하면,
내가 선지자를 통하여 너희들에게 전
하는 뜻이 있으며 길이 있으며, 오로
지 정답만이 너희들에게 전해짐을 알
아야 될 것이니라.
77 너희들의 머리로 생각하지 말라 하였
거늘, 어찌하여 너희들은 너희 머리로
써 판단하고 생각하려 하는가?
78 모세는 탁월한 지도자였느니라.
79 그리하여 그들이 멀고도 먼 그 길을
감으로 인하여 모세가 나의 십계명을
받으러 나에게 왔을 때, 그들이 그와
같이 광란의 세계를 이루었음이니라.
80 모세가 십계명을 받으러 오는 그 며칠
사이 그들이 그것이 지겹고 힘들어서
그와 같은 역사를 이룬 것이 아니니라.
81 그들은 멀고도 먼 그 대장정의 길을
살아오면서 지치고 힘들었으며, 그리
하여 그들이 그와 같이 우상을 만들며
광란의 형태를 이루게 되었음이니라.
82 그들이 애굽을 나와 며칠 만에 홍해를
건너는 기적을 이루었으며 그와 같이
그들이 와서 모세가 십계명을 받으러
갔다 하면 그들은 그 기적 앞에 감히
그와 같은 형국을 이루지 아니하였으
며 할 수도 없었을 것을, 어찌하여 너
희들은 생각을 못 하는가?
83 그들이 넓고도 넓은 광야에 그 홍해를
육로를 따라서 6년이라는 길고도 긴
세월 동안 그곳을 지나오는 과정 속
에 지쳤고, 그리고 힘겨운 생활에 그
들은 권태로움과, 저희 스스로 영광의
땅에 가는 것보다도 더 지치고 힘들고
그간의 생활이 너무나 참기 어려운 그
와 같은 역경 속에서 그리 왔고
84 그리하여 모세가 나 여호와로부터 십

계명을 받고자 하는 그 시간 동안에 그들은 지쳐 온 삶을 한데 뭉쳐 그 힘으로써 우상을 만들며 그렇게 광란의 짓을 하였음이니라.
85 이와 같은 정황을, 너희들은 그 현상을 봐야 될 것이니라.
86 나의 선지자에게 그와 같은 정황의 그림을 내가 보여 주면서 나의 선지자를 통하여 내가 너희들에게 전하는 이것이 한낱 거짓말이라 생각하며 잘못된 것이라 생각지 말라.
87 그리고 당당히 너희들은 말하라.
88 2백만 명의 그 백성이 나올 때는 당당한 군사의 대열을 갖추었으며 전쟁터에 나가는 자보다도 더 사기가 드높은 그런 형국으로 갖춰져 그들이 출발하여 나왔음이니, 감히 그들을 공격할 수 있는 자 없었음을 알라.
89 2백만 명을 공격하기 위해 저희들은 백만 명 이상의 장병이 있어야 되니, 애굽에 그만한 장병이 있었다 생각하는가?
90 십만도 안 되는 군사를 가지고 있었던 것이 그때의 정황이니라.
91 너의 제자들에게 이 뜻을 반듯이 깨우쳐 주며 나의 피조물 만백성에게 그 상황을 그리 알려 줘야 바로 배우고 바로 깨우침이 있으니, 너희들이 그 허황된 꿈에서 깨어나게 됨이니라.

2,041 번째 하나님 말씀

2002년 3월 14일 10시 20분

1 사랑하는 선지자야!
2 **"네, 여호와 하나님! 말씀하옵소서."**
3 오늘 너의 제자들의 아프고 쓰린 것을 네가 대신 아프도록 기도하는 너의 모습을 보며 나 여호와가 네가 바로 서는 그 자세의 기쁨을 감출 길이 없느니라.
4 너희들 인간사에서도 말 못 하는 자식이 아파 그가 울 때 그를 대신하여 너희들이 아프고자 하는 것이 부모의 심정이요, 부모의 마음이니, 그것이 무엇이냐, 사랑이 아니더냐?
5 바로 그와 같은 사랑을 원하는 것이 나 여호와이며 그와 같은 백성으로 변하는 것을 내가 원함이니, 이게 바로 나 여호와가 바라는 사랑이라는 것이니, 그것이 곧 하늘에 오를 수 있는 길인 것을 너희들은 알아야 할 것이니라.
6 너희 육신의 부모가 말 못 하는 어린 자식이 아파 눈물을 흘리며 너희들에게 하소연할 때, '차라리 내 몸이 아프고 아이가 아프지 아니하였으면….' 하며 그를 안고 발을 동동 구르는 그것이 바로 내가 이야기하는 너희들의 사랑이며, 그와 같은 아름다운 사랑의 마음으로써 너희들이 변하여 살라 하였음이니,
7 그리 너희들이 산다면 이 지상의 낙원이 정말 낙원으로써 이루어져 지금같이 사람을 함부로 죽이는, 사람을 사고파는, 그 생명을 죽이기 위해 돈으로써 거래하는, 금화와 은화로써 거래하는 그와 같은 시대가 열어지지 아니하였으며,
8 도둑질하는 자, 거짓 하는 자, 간음하는 자, 강간하는 자, 모든 사악한 방법을 다 동원하여 육의 부귀와 영화와

명예와 출세를 위하여 발버둥치는 이
와 같은 세상은 이루어지지 아니하였
을 것이니라.
9 바로 나 여호와가 바라는 사랑이 그것
이니라.
10 자식이 아파서 몸부림칠 때 그를 안고
자기가 대신 아파 주기를 바라는 것이
며, 죽어 가는 그 자식 앞에 노부모가
대신 죽지 못하여 눈물을 흘리는 그와
같은 자식과 부모의 그 사랑이 바로
내가 원하는 사랑이니,
11 너의 제자들과 나의 법전을 읽고 깨우
친 모든 백성들은 그와 같은 마음의
사랑을 가슴속에 심어야 되며 그리 실
행하고 실천해야 하는 것이 근본인 것
이라 그리 가르치라.
12 오늘 네가 너의 제자 중에 아픈 자의
그 모습을 알며 그 너의 제자들의 아
픔을 네가 대신 아프게 하여 달라 기
도하는 너의 그 마음이 바로 그와 같
이 부모가 사랑하는 자식에게 주는 사
랑의 마음이 아니던가?
13 다 성장하여 세상사 자기의 앞길을 가
려 갈 수 있는 그와 같은 너의 제자들
의 아픈 모습을 보며 네가 대신 아프
게 해 달라 나 여호와에게 기도하는
그 마음이 바로 사랑이니라, 선지자야!
14 오늘날 네가 그와 같이 변하여졌으며,
네 마음이 그리 다스려졌으며, 그와
같이 가고 있는 너의 모습을 볼 때, 하
늘에 있는 천사도 눈물을 흘리며 눈시
울을 적시는 것을 너는 알아야 될 것
이니라.
15 아파하는 너의 제자들을 대신하여 네
가 아프고자 하여 그 아픔을 너에게
달라 기도하며, 그가 머리가 아프면
네 머리가 아프며, 그가 배가 아프면
네 배가 아프도록 하며, 그 가슴이 아
프면 네 가슴을 아프게 해 달라 나에
게 간곡히 기도드리는 너의 모습을 보
고 하늘에 있는 천사들도 눈시울을 적
시는 것이니 이것이 사랑이니라, 선지
자야!
16 누구도 베풀고 행할 수 없는 그 사랑
을 네가 실천하니 그 모습을 바라보며
그 마음을 보는 나 여호와의 기쁜 마
음을 네가 어찌 알겠는가?
17 정녕 너는 나로부터 선택된 선지자요,
나의 아들이요, 나의 종이니, 한 점의
부끄러움이 없음이니라.
18 그리 살라, 선지자야!
19 어린 자식이, 말 못 하는 자식이 아파
뒹구는 그 모습을 보며 그를 끌어안고
대신 아프기를 바라는 그 부모의 마음
으로써 나의 피조물 만백성을 그리 사
랑하며 세상을 그리 보라.
20 그리하면 네가 바로 선지자요, 나의
종이요, 나의 아들이니, 그것이 바로
내가 원하는 사랑이니라, 선지자야!
그 사랑을 실천하고 살라.
21 모두는 다 너의 자식이니라.
22 너의 형제이기 전에 너의 사랑스러운
자식이니라.
23 그리고 영으로써 맺어진 사랑의 자식
이니라.
24 육으로써 인간관계에 의해 이루어진
자식이 아니요, 육과 영으로써 이루어
진, 영원히 변하지 않고 같이 살아가
는 너의 자식이라 그리 보라.
25 너의 제자들의 그 아픔을 다 네 몸으

로 받아들이고자 기도하는 너의 그 마
음이 바로 사랑이니라.
26 네가 그와 같은 사랑을 실천하고 있음
이니 나 여호와의 기쁜 마음을 이루
말할 수 없으며, 네가 그와 같이 지켜
가는 그 모습에 네가 가슴의 모두를
버리고 있음을 내가 아느니라.
27 모두를 다 너의 자식보다 더 소중히
생각하고 살아가라.
28 그리고 그들은 지금 말 못 하고 걸음
마를 배우는 자식이라 생각하라.
29 그들은 나의 음성을 들을 수 없으며
나를 볼 수도 없으며 나의 성령을 들
을 수도 없으며 받을 수도 없으니, 그
들이 아이가 아니더냐, 선지자야!
30 어린아이란 무엇이더냐?
31 사고력이 없느니라. 그리고 생각함이
부족함이니라. 그리고 깨달음이 없으
며 저희 스스로 행함이 없는 것이 어
린아이의 순진한 그 모습이 아니더냐?
32 이제는 육신의 세계에서 영의 세계로
돌입하고자 하는 너희들이 볼 때 나의
음성을 듣지도 못하며 나를 만지지도
못하며 나의 성령을 태워 내려보내는
이 법전이 나의 음성이요, 나의 뜻이
라는 것을 그들이 모르고 있으니, 그
들이 바로 어린아이이니라.
33 그리하여 그들을 어린아이처럼 보라.
34 아직 깨달음이 너를 못 따라오며, 네
가 생각하는 것을 모르며, 너와 내가
대화하는 것을 그들이 알지 못하며,
내가 너를 바로 세우고자 하며 내가
이루고자 하는 그 역사를 아무리 말한
들 그들이 어찌 너만큼 알겠는가?
35 그리고 십계명의 소중함을, 십계명이
너희들의 영혼을 구하는 양식이요, 근
본이라 아무리 말한들 그들이 어찌 그
리 실감을 하고 그를 깨닫겠는가?
36 그들은 아직 모르는 아이이니라.
37 세 살 먹은 아이처럼 보라, 선지자야!
38 그들이 나이를 먹어 주름진 얼굴이든,
그들이 도둑질을 하든, 간음을 하든,
거짓을 하든, 그리고 남에게 사악한
짓을 하든, 살인을 하든, 그들이 나의
세계가 있으며 나의 영혼이 있으며 이
하늘나라가 있음을 알면 그리하겠는
가?
39 그들은 모르기 때문에 하느니라. 모르
기 때문에 하느니라, 선지자야!
40 그들을 미워하고 질투하고 욕하며 질
시하지 말고, 그들이 가장 나이 어린
너의 자식이라 생각하라.
41 그리하여 그들이 모르기 때문에 그리
하는 것이라 하여 그들을 깨우쳐 주
며, 어린아이가 성장하듯이 그들이 깨
우침 속에 나의 법전을 읽고 성장하도
록 길을 안내하는 것이 네가 할 일이
며 너의 제자들이 해야 할 일이니, 이
를 명심하여 새겨듣도록 하라, 선지자
야!

2,042 번째 하나님 말씀

2002년 3월 14일 22시 40분

1 사랑하는 선지자야!
2 "네, 여호와 하나님! 말씀하옵소서."
3 네가 나의 피조물 만백성을 구원함에
있어서 나이 어린 아이들에서부터 그
들을 깨우쳐 그들의 손에 법전을 쥐여
주는 것을 내가 우선으로 하라 그리하

였느니라.
4 그리하여 그 아이들이 변하면서 또 그
자손이 변하여 가는 그와 같은 역사
속에서 내가 새로 이루고자 하는 새로
운 거룩한 나라를 이룰 수 있다 내가
너희들에게 말하였느니라.
5 그리하여 너희들은 젊은 아이들에게
나의 법전을 손에 쥐여 주는 그와 같
은 역사를 먼저 시작하여야 할 것이니
라.
6 지금 너희들이 나의 성령을 받아 나의
피조물 만백성에게 나의 법전을 전하
여 그들을 깨우치고자 하나, 그들로서
는 지금 나의 법전을 깨우쳐 하늘에
오르는 길을 볼 수 있는 시간이 없음
이니라.
7 수천 년 전에 구약의 역사요, 신약의
역사가 이루어지는 그 과정에서 너희
들은 그 당시의 삶의 환경을 환상 속
에서 신비의 세계로만 지금 비추어 보
고 있음이니,
8 지금 나의 피조물 만백성, 너와 더불
어 살아가는 그들은 오늘의 나의 법전
이 세상에 나가 너희들을 구원하고 하
늘에 오르는 그 길을 인도하는 것을
이미 받아들일 수 없을 정도로 그들의
몸과 마음이 다 굳어져 있음이니라.
9 너희들은 그들을 깨우쳐 나의 법전을
전하려 한다 하면 지금 한창 자라나는
아이들에게 그 법전이 전하여지는 시
기가 늦어짐이니, 40대가 10년이 지
나면 50대요, 30대가 10년이 지나면
40대니, 20대가 또한 10년이 지나면
30대가 됨이니,
10 그들이 세상에서 찌들고 찌드는 만큼
나이와 연륜을 가짐으로 인하여 그들
을 구원할 수 없는 그와 같은 역행의
역사를 이루게 됨이니라.
11 지금 너희들이 나의 법전을 세상에 전
하는 것은 너희들의 그 세대가 아니라
20대의 그와 같은 나의 피조물 만백
성에게 너희들이 법전을 쥐여 주고 일
깨워 줘야만 그들이 아래위로서 그들
의 역량을 발휘하여 나의 법전을 전하
는 것으로써 나의 피조물 만백성, 많
은 이들을 구할 수 있으며, 많은 생명
을 구제할 수 있는 것이 여기에 있음
이니라.
12 너희들의 세대에게 나의 법전을 일깨
우고자 한다면 너희들은 100이라는
공을 들여 30도 구원하지 못하며, 지
금 너희들이 50대에 그리 한다 하면
너희 또한 마찬가지이니라.
13 지금 20대의 젊은이들에게 나의 법전
을 전해야 그들이 깨우칠 수 있으며,
그들의 손에서 나의 법전이 떠나지 아
니할 때 그들은 아래위로 너희들이 공
을 들이는 것만큼 100을 들였을 때
120퍼센트의 역사를 이룰 수 있는 그
와 같은 것이 그들의 세대에 달렸음이
니라.
14 그리고 그들의 자손이 또한 그들을 따
라 살아온다 하면, 그 자손들이 그 아
버지와 어머니를 따라 변한다 하면 이
는 너희들이 100년에 이룰 수 있는 역
사를 10년에 이루는 그와 같은 변화
의 역사를 이루는 것이니라, 선지자야!
15 지금의 너희들의 세대에 있는 자들을
구원하려 하지 말라.
16 내가 너희들에게 말하여 일깨워 주지

아니하였던가?
17 너희들의 믿음의 성전이라 하여 그곳
에 믿음의 종파에 가서 종사하는 사람
들이 1년, 2년을 종사한 사람은 나의
법전을 읽고 깨우치기 쉬우나, 그가
10년, 20년, 30년씩 저희의 인생을 다
바쳐 저희들이 믿는 그 종파가 하늘에
오르는 길이라 거기에 맹종하며 광신
적으로 가는 자들은 돌릴 수가 없다
말하였음이니라.
18 그들은 나의 십계명을 지키지 아니하
며, 십계명은 인간으로서 지킬 수 없
다 그리하는 그 지도자 밑에 가서 배
웠으며, 그들의 가르침 속에 그들의
머리가 젖어 있으며 세뇌가 되어 있음
이니,
19 10년 된 자 깨우치기 힘들며, 20년 된
자 그 배의 공을 들여도 아니 되며, 30
년 된 자 더 공을 들여도 되지 아니하
며 그와 같이 그들은 지금 돌이킬 수
없느니라.
20 그들이 나의 계명을 지키고 살 수 없
다 하여 잘못 가는 종교 지도자 앞에
가 광적인 믿음을 행할 때 그들의 영
혼은 이미 죽어져 있기 때문이니라.
21 그리하여 그들이 30년을 믿은 자 30
년 동안 영혼이 굳어져 있으니, 죽어
져 있는 그 영혼을 어찌 그들이 다시
살릴 수 있겠는가?
22 죽어 굳어져 있는 그 영혼의 연수가
깊을수록 그들이 굳어진 강도가 깊음
이니, 그를 깨우쳐 일깨우기는 너희들
이 너무나도 어렵고 힘든 길이니라.
23 오늘 내가 나의 선지자를 통하여 나의
피조물 만백성에게 전하는 것은 너희
들 스스로 깊이 깨우쳐 행하여야 될
것이니라.
24 너희들 세대의 백성들을 깨우치는 것
이 아니라, 지금의 20대의 너희 자손
을 깨우쳐 하늘에 오르는 그 길을 그
들이 바로 보고 깨우쳐, 지금 잘못 가
는 종교 지도자들에게 단죄할 수 있는
것이 그들뿐이며 그들만이 그리할 수
있는 것이니라.
25 그리하여 그들이 지금 잘못 가는 종교
지도자들을 단죄하며, 그들을 일깨워
주며, 그들을 인도하며, 그들의 눈을
뜨게 할 수 있으며, 몇천 년 역사에 흘
러온 그 종교의 믿음이 잘못되었음을
그들만이 일깨워 줄 수 있는 용기가
있는 자들이니라.
26 그리고 그들은 지금 흘러온 너희 세대
들에게 설법하여 가르쳐 그 또한 너희
세대들이 나의 법전을 들여다볼 수 있
는 그와 같은 역사를 이루는 것이 지
금 바로 20대의 너희 자녀들이 해야
할 일인 것을 너는 잊어서는 안 될 것
이니라.
27 지금 네가 한 점의 나의 성전을 만들
고 나의 법전을 전하는 곳을 만들고
돌아왔음이니, 그곳에서 너희들이 시
작하는 것은 오로지 젊은이들로부터
그 역사를 이루어야 된다는 것을 잊지
말라.
28 거기에는 너희들이 나이 든 자요, 너
희들의 세대가 오는 것이 아니라, 지
금의 너희 자녀들이 와서 연구하며 깨
우치며 나의 법전을 정독하여 그들로
하여금 나의 피조물 만백성을 아래위
로 이끌고 깨우칠 수 있는 그와 같은

역사를 거기서 시작해야 되는 그 나의 가르침을 명심하여 시행하도록 그리 하여야 할 것이니라.

2,043 번째 하나님 말씀

2002년 3월 14일 23시 50분

1 사랑하는 선지자야!
2 "네, 여호와 하나님! 말씀하옵소서."
3 지금의 나의 피조물 만백성 그들이 원
하며 갈구하던 것이 무엇이던가?
4 하늘나라에 와 영원히 사는 저희들의
영혼을 구함을 그들이 갈구함이니라.
5 그리고 저희들은 육신의 삶을 살아 육
은 흙으로 돌아가며 영혼이 나에게 와
저희들이 지은 죄의 대가에 대한 벌을
받으며 그 대가를 치른다는 것을 그들
은 '설마, 그러려니' 하고 생각하며 그
러한 세상이 없기를 바라는 마음으로
살아갈 것이니라.
6 그러나 너희들은 여기서 하나 깨우쳐
야 될 것이니라.
7 이 세상 모든 만물의 창조요, 이 세상
의 모두가 다 제자리에서 돌아가는 그
역사를 너희들이 바라보며 지구요, 이
우주가 돌아가는 그 형태를 바라볼
때, 과연 누가 이를 주관하며 이를 통
제하고 이리 정밀한 움직임을 이끌어
갈 수 있다 생각하는가?
8 너희들이 그것 하나를 다시 돌이켜 본
다 하면 정녕 나 여호와가 존재함을
알게 될 것이니라.
9 너희들은 구약이요, 신약 성서라는 그
것을 가지고 깨우치며 공부하며 그를
가지고 나 여호와가 존재하며, 위대하
고 전지전능한 여호와 하나님이라 말
하나,
10 성서를 가지고 나를 전지전능한 여호
와 하나님이라 부르기 전에 너희들이
이 지구상에 살아가는 모든 동식물에
대한, 나와서 사라져 가는 그 형태를
한 가지만 연구한다 해도 너희들의 가
슴이 뛰어 옴을 알 것이니라.
11 그리고 너희들이 두려움을 알 것이니
라.
12 하나의 동물이 살아가는 것을, 하나의
미물이 살아가는 것을, 깊은 바닷속에
서 거기에 적응하여 살아가는 나의 모
든 미물이 살아가는 형태를 너희들이
하나만 깊게 연구를 한다 해도 너희들
이 가슴이 두려우며 머리가 쭈뼛 서는
그와 같은 무서움을 알게 될 것이니라.
13 그를 깨달은 자는 나 여호와가 존재하
지 아니한다 말할 수 없을 것이며, 이
우주의 모든 돌아가는 그 형태가 나
여호와의 주관하에 이루어지지 아니
하면 결코 이루어질 수 없다는 것을
알게 될 것이니라.
14 너희들의 모두를 변화시키는 계절이
요, 계절을 따라 나왔다 시드는 것과,
또한 동식물들이 나와 살아가는 그 과
정과, 모든 미물이 살아가는 그 섬세
하고 오묘한 삶을 바라볼 때,
15 나의 성서의 구약이요, 신약을 너희들
이 공부하고 깨우치는 것보다도 이 자
연의 위대함을 너희들이 깨우칠 때 나
여호와의 무서움과 내가 존재함을 알
것이며, 너희들이 하늘에 내가 존재하
는 것을 깨닫고 살아야 될 것이니라.
16 그러나 너희들은 그리 생각하느니라.

17 '설마 여호와 하나님이 계시며, 하늘
에 있으며, 우리가 육신이 죽어 우리
의 육신이 흙으로 돌아가는 이와 같은
삶이면 끝나는 것이지, 설마 다음에
영의 세계가 있을까?' 하고 생각하니,
어찌하여 너희들은 그리 생각하는가?
18 너희들이 짓고 살아온 그 죄들이 무서
워서 너희들은 그러한 것이 없기를 바
라며, 그와 같은 것은 없을 것이라 생
각할 것이며, 존재하지 아니할 것이라
는 그러한 마음으로 너희들이 위안을
갖고 지금 살아옴이니,
19 너희들은 여기서 깨우쳐야 될 것이니
라.
20 너희들은 그와 같은 생각과 그와 같은
상상에서 살아왔다면 나의 법전이 세
상에 나가 전해지는 이 순간에 너희들
은 그와 같은 마음을 다 저버려야 될
것이며, '설마'라는 그러한 기대를 하
지 말라.
21 너희들이 세상에 태어나는 것도 나 여
호와의 뜻에 의하여 너희들이 나가며,
너희들이 지상에 사는 것도 또한 나의
모든 은혜 속에서 너희들이 삶이니,
22 너희들은 나 여호와에게 반드시 와 심
판을 받으며 너희들이 육의 삶이요,
영의 삶에 지은 그 죄의 대가를 반드
시 치른다는 것을 오늘 이 시간부터
잊어서는 아니 될 것이니라.
23 이는 엄연히 존재함이며 이는 엄연히
너희들이 벗어날 수 없는 길이며, 너
희들이 돌아갈 수도 없으며, 너희가
회피할 수도 없으며, 도망갈 수도 없
으며, 너희가 숨을 수도 없으며, 누구
도 대신할 수 없는 그와 같은 심판이
기다리고 있다는 것을 너희들은 알아
야 할 것이니라.
24 내가 선지자를 통하여 너희들에게 수
천수만 번 일깨워 주었느니라.
25 하늘에 오르는 것은 나 여호와가 직접
쓴 그 십계명을 지키며 나의 율법을
지키며 깨닫고 살아오면 그것이 하늘
에 오르는 기초요, 근본이라 내가 말
하였음이니,
26 그러나 너희들은 육신의 삶이 힘들고
어렵고 고달프다 하여 이를 시행하지
않으려 하며 이는 너희들이 지킬 수
없다는 그와 같은 안일한 방법으로써
접어 두고 있음이니,
27 나에게 와 구원을 받으며 나의 나라에
와 영원한 축복의 나라에서, 나의 에
덴동산에서 삶을 나에게 갈구하는 너
희들이 내가 지키라는 나의 뜻을 지키
지 아니하고 산다면서 어찌하여 나에
게 올라오려 하며 올라올 수 있다 생
각하며 구원받을 수 있다 생각하는가?
28 이는 너희들에게 천부당만부당한 일
이니라.
29 너희는 꿈에도 그와 같은 혜택을 받으
려 하지 말라.
30 너희 인간 사회의 모든 스승이요, 부
모도 너희들이 바로 서기를 바라며,
잘못 가는 것을 가르치지 아니하며,
그가 지키고 시행하지 못할 것을 그에
게 명하지 아니하거늘,
31 나를 전지전능한 너희들의 아버지요,
창조주인 여호와라 너희들이 부르짖
으면서 내가 너희들에게 지키지 못하
며 시행하지 못할 것을 내렸다 그리
생각하는 그 자체가 너희들이 나를 부

정함이니, 나를 인정하지 아니하려 하
는 너희들의 심정이니
32 이는 곧, 너희들이 살아오면서 육신의
삶에 너희들이 지고 온 그 죄의 대가
가 너무나도 크고 두렵고 무섭기에 너
희들이 이를 결코 용서받을 수 없으며
나 여호와로부터 너희들이 면제받을
수 없다는 그러한 두려운 마음에서 너
희들은 '설마, 설마' 하면서 지금 죽음
의 길을 향하여 가고 있음이니라.
33 여기서 나의 법전이 세상에 나가 나의
법전의 뚜껑을 열고 이를 읽는 나의
피조물 만백성 너희들은 깨우쳐야 될
것이니라.
34 내가 나의 성령을 태워 나의 피조물
만백성을 구하기 위하여 마지막으로
내려보내는 이 법전을 읽고 깨우치는
자 구원의 길을 받을 수 있으며,
35 이 법전을 읽고 깨우치는 자 하늘나라
에 나 여호와가 존재함을 믿는 그 자
체의 마음만을 굳건히 갖는다면 그게
바로 너희들이 하늘에 오르는 기초요,
근본이라 하였음이니라.
36 나 여호와가 존재한다 너희들이 믿는
다면 나 여호와가 하늘에 있으며, 너
희들이 죽어 나에게 와 심판을 받는
것을 너희들이 깨닫게 될 것이며, 나
에게 심판을 받는다 하면 너희들은 그
죄의 대가에 대한 벌을 받는다는 것을
깨닫게 됨이니,
37 곧 나 여호와가 존재함을 믿는 그 자
체가 너희들이 구원을 받는 기초요,
근본이라 내가 너희들에게 말하는 뜻
이 여기에 있음이니라.
38 이와 같은 이치를 너희들이 나의 법전
을 읽고도 깨우치지 못하여 구원의 길
을 보지 못한다 하면 너희들이 죽어
내 앞에 왔을 때, 얼마나 너희들이 어
리석고 잘못 살았는가를 그때 깨닫게
됨이니, 그때는 이미 너희들은 늦음이
라는 것을 알아야 될 것이니라.
39 내가 너희들에게 일러 말하였느니라.
40 나 여호와가 구약의 시대를 통하여 너
희들을 구원하고자 하였으며, 신약의
시대를 통하여 너희들을 구원하고자
하였으며, 나의 아들의 목숨까지 너희
들 앞에 바쳐 그 처참한 형국으로 죽
여 가면서 너희들을 구원하고자 하였
으나 너희들은 이를 듣지 아니하며 등
을 돌렸음이니라.
41 그리하여 내가 너희들에게 제3의 시
대에 마지막으로써 나의 성령을 태워
너희들을 구원하고자 나의 법전 160
권이라는 이 장서를 내려보내 너희들
이 읽고 깨우치도록 한다 하였음이니,
42 이는 내가 너희들을 얼마나 사랑하며
너희들을 내가 얼마나 소중히 관리하
고자 하는 것인가를 알아야 될 것이니
라.
43 내가 너희들을 이 세상 모든 동식물
중에서 가장 아름답고 가장 예쁜 모습
으로써, 그리고 내가 보기에 가장 즐
거운 형태로써 내려보냈으며, 너희들
이 생각할 수 있는 판단력과 사고력을
가장 높이 내려보냈느니라.
44 그리하여 내가 그리 내려보낸 나의 피
조물 만백성이 육신의 백 년도 안 되
는 그 삶 속에서 잘못 살아 나에게 와
그 험악한 죄의 대가를 받고 고통스러
운 그 세월을 지나는 것이, 영원히 돌

이킬 수도 없으며 버릴 수도 없으며
돌아갈 수도 없는 그와 같은 죄의 대
가를 치르고 고통 속에 사는 너희들이
너무나 불쌍하고 가련하여,
45 너희들을 구하고자 하여 성령을 태워
마지막으로 너희들에게 전한다 하였
으니, 어찌하여 나의 이 애절한 마음
을 너희들이 정녕 모르는가?
46 사랑하는 선지자야!
47 "네, 여호와 하나님! 말씀하옵소서."
48 예수가 재림하여 이 세상에 와 너희들
을 구원한다 함이니라.
49 그러나 내가 너에게 말하여 일렀느니
라.
50 예수가 내려와 '내가 예수라.' 하며 '너
희들을 구원하러 왔다.' 하여도 지금
의 종교 지도자들이 그를 갈기갈기 찢
어 죽일 것이며, 더 처참한 방법으로
그를 해할 것이며, 이는 왕사탄이 왔
다 그리 말할 것이며, 저희들의 집단
을 더 단속하며 결속하며 금화와 은화
를 거두어들여 더 위대한 성전을 짓는
데 나의 아들 예수를 이용할 것이니라.
51 내가 직접 내려간다 해도 그들이 그와
같은 형국으로써 한다 하였음이니라.
52 그리하여 무엇으로써도 그들을 깨우
치고 다스릴 수가 없다 하였음이니라.
53 그리하여 내가 나의 성령을 태워, 너
희들이 태워도 태울 수 없으며 버려도
버릴 수 없으며 영원히 존속하는 나의
법전으로써, 책이라는 것으로써 너희
들에게 내려보낸다 하였음이니,
54 나의 이 애절한 마음에 너희들이 잠시
가던 발길 멈추고 나의 법전의 뚜껑을
열 수 있는 그와 같은 마음의 자세는
정녕 없는가?
55 세월이 지난 다음에 너희들이 죽어 와
후회할 그 길을 내가 나의 법전 한두
절을 너희들에게 읽게 하여 깨우치려
이리 간절히 명하거늘, 어찌하여 너희
들은 나의 이 뜻을 듣지 아니하는가?
56 너희들과 아무런 인연이 없는 사람이,
너희들과 아무런 관계가 없는 사람이
이와 같이 부탁을 한다 해도 너희들은
한 번 정도는 받아 나의 그 법전의 뚜
껑을 열어 볼 수 있는 그러한 마음을
가질 것이니라.
57 내가 너희들에게 부탁하며 간절히 바
라는 것이 나의 법전 속에 수없이 기
록되었으며 나의 애절한 그 마음을 너
희들에게 전하고자 내가 수없이 나의
법전에 기록하였거늘,
58 너희들은 창조주 나에게 오며 나에게
구원의 길을 받고자, 나의 낙원에 오
르고자 하여 기도하고 평생을 경배하
는 그와 같은 삶으로 살아가는 너희들
이,
59 나 여호와가 직접 선지자를 통하여 내
린 나의 이 법전이 너희들을 구원하는
길이며 하늘에 오르는 길이라 이리 간
곡하고 애절하게 너희들에게 부탁을
하거늘,
60 어찌하여 너희들이 잠깐 나의 법전을
열어 보는 그와 같은 마음의 자리를
갖지 못하는가?
61 너희들이 철천지원수라 말하는, 인간
사회에서 적대시하는 그와 같은 한이
맺힌 사이라 해도 이와 같이 너희들에
게 간곡히 부탁한다면 한 번 정도는
너희들의 마음을 누그러뜨려 돌아볼

수 있는 그와 같은 마음의 여유도 지
금 너희들이 없는가?
62 그보다 더한 자가 이리 간곡히 부탁한
다 해도 너희들은 그리도 돌아볼 수
있는 마음자리가 없는가?
63 인간이 인간으로서 너희들에게 그리
부탁한다 해도 너희들 마음속에는 나
의 법전을 한 번 들여다볼 만한 그만
한 마음의 여유가 정녕 없는 것인가?
64 하물며 창조주인 나 여호와가 나의 법
전을 통하여 너희들에게 이리도 간곡
히 전하거늘,
65 이 세상 모두는 다 나 여호와의 뜻이
며 내가 창조하였으며 내가 다 필요하
여 만들었다 너희들은 말하며 그 모두
는 여호와 하나님이 주관하여 이루어
지는 은혜와 은총이라 말하면서,
66 너희들은 어찌하여 너희들에게 필요
한 나의 법전이 세상에 나온 것을 사
탄이요, 말세에 사악한 자의 장난이라
그리 치부해 그를 바라보지 아니하는
가?
67 사랑하는 나의 피조물 만백성 너희들
은 들어야 할 것이니라.
68 이 세상 모두가 나 여호와의 주관하에
이루어지며 내가 필요하여 이 세상에
만들었다면, 내가 필요하여 세상에 내
보냈다면 너희들에게 필요한 것이 아
니던가?
69 그 마음 한자리만을 가지고라도 나의
법전을 한 번 들여다볼 만한 그와 같
은 마음의 여유는 없는가?
70 제자 너희들은 나의 피조물 만백성에
게 나의 이 애절한 뜻을 전하여야 할
것이니, 이것이 곧, 너희들이 지켜야
할 대명인 것이니라.

2,044 번째 하나님 말씀

2002년 3월 15일 01시 30분

1 사랑하는 선지자야!
2 "네, 여호와 하나님! 말씀하옵소서."
3 지금 나의 피조물 만백성이 살아가는
생활에서 너희들이 남을 위하여 수고
로움을 행했을 때 너희들은 반드시 그
와 같은 대가를 받아 감이니라.
4 그리고 대가 없는 어떠한 봉사나 어떠
한 일을 하지 아니하는 것이 너희들이
며, 지금은 너무나도 계산속이라는 것
이 치밀히 따져져 있어서 아버지와 아
들 사이에도 계산으로써 생각을 하며
형제지간에도 계산속을 먼저 따지는
이와 같은 형국의 삶이 되었음이니라.
5 세상은 세상대로 너희들의 생명까지
도 계산으로써 금화와 은화로 계산하
니, 너희들의 목숨의 그 소중한 것도
저울대에 얹어 놓고 금화와 은화로 달
아 가는 그와 같은 형국이 되었으니,
이보다 더 사악한 시대가 어디 있다
말할 수 있겠는가?
6 지금 나의 피조물 만백성 너희들이 살
아가는 것이 어떠한 수고로움도 대가
없는 수고로움은 치르려 하지 아니하
며 행하지 아니하는 그와 같은 형태가
만연되어 있음이니라.
7 이제는 지금 너희들이 살아가는 이 형
국이 남들보다도 더 선한 일, 그리고
남들이 할 수 없는 일, 그리고 남들이
행할 수 없는 선한 행위를 하는 자들
을 잘못된 자요, 다른 세상에서 온 자

처럼 보고,
8 그리고 너희들과는 하나의 동질감이 없는 이질적인 마음을 갖고 살아가는 그와 같은 눈으로 보는 시대가 되었음이니라.
9 단돈 한 푼이라도 받지 아니하고는 봉사를 하지 아니하며, 대가 없이 하지 아니하며, 남을 위해서 베풀지 아니하는 것이 지금의 너희들이 살아가는 형국이 되어 있으며,
10 그리하여 남을 위하여 베풀고 남을 위해 봉사하는 그 얼마 남지 않은 아름다운 사람들의 마음을 가지고 있는 자들이 지금은 잘못된 사람들의 집단으로 보이게 됨이니, 지금 너희들이 살아와 있는 그 형태가 이와 같으니라.
11 이와 같은 속에서 세월이 흐르고 점점 더 흘렀을 때 너희들은 돌이킬 수 없는 인간관계가 형성됨이니라.
12 너희들이 현 시점에서 선행을 베풀며 아름다움을 행하며 사는 얼마 남지 않은 그 사람들을 볼 때 이상한 사람으로 보이는 그와 같은 형국으로 되어 있음이니,
13 여기서 너희들이 좀 더 사악해지고 좀 더 멀어진다 하면 선하고 착한 일을 하는 것을 너희들은 짐승 보듯이 하는 그와 같은 세대의 변화가 올 것이니라.
14 남들을 위하여, 어렵고 불쌍한 자를 위하여 저희들이 가지고 있는 값진 것을 던지며, 그리고 자기들이 평생 동안 살아온 그 업적을 모두 다 바치는 그와 같은 아름다운 삶을 보여 주는 그 사람들이 지금은 이상한 사람으로 비쳐지는 그와 같은 형국에 와 있으며,
15 좀 더 세월이 흐른다 하면 그러한 사람을 동물과 같이 너희들이 보는 그 형국이 올 것이니라.
16 내가 나의 이 법전에 이와 같은 내용을 기록하는 것은 나의 피조물 만백성이 읽으면서 너희들은 정녕 나 여호와 하나님의 말씀인가 하는 그와 같은 생각을 할지 모르나, 이는 엄연한 사실임을 알 것이니라.
17 물이라는 것을 내가 자연스럽게 너희들이 충분히 섭취할 수 있도록 주었으나 너희들이 관리를 잘못하며 잘못 썼기에 지금은 너희들이 금화와 은화를 주고 그 물을 취하듯이, 이 시대가 올 것이라는 것을 너희들은 생각지 못했을 것이니라.
18 앞으로 너희들은 마음대로 섭취하는 공기라는 것도, 산소라는 것도 너희들이 금화와 은화로 사서 마시는 계산적인 시대가 온다면 너희들은 믿겠는가?
19 지금 너희들이 자연의 환경을 파괴하고 있는 행위로 그와 같은 것이 머지않아 도래하게 되어 있음이니라.
20 너희들이 먹어서는 안 되는 것까지 너희들의 육신에 좋다 하면 섭취하는 이와 같은 자연환경을 파괴하는 시대가 도래하고 있음이니, 너희들이 산소라는 것을 사서 마시는 시대가 올 것이니라.
21 그와 마찬가지로 너희들이 여기서 좀 더 사악한 무리로 전락할 때, 너희들은 아름다운 미덕을 행하는 자를 짐승처럼 멸시하며 경시하는 눈으로 보는 그런 시대가 올 것이니라.

22 너희들이 베풀지 못하는 그 선행을 베
푸는 자를 너희들은 핍박하며 그를 너
희들이 동료로서 생각지 아니하는 그
러한 시대가 올 것이니,
23 너희들의 추하고 더러운 그 모습을 보
이는 것이 싫음이며 너희들이 너희들
자신을 돌아다보고 그와 같은 추한 모
습을 너희가 보기 싫어 선행을 베푸는
자들을 너희들이 핍박하며 그를 경시
하는 그와 같은 사악한 시대가 머지않
아 오게 되어 있음이니라.
24 그리하여 이와 같이 너희들이 더 사악
해졌을 때, 너희들의 마음을 영원히
잡을 수도 없으며 너희들을 돌이킬 수
없는 그와 같은 형국에 이르기에 내가
지금 제3의 시대를 열기 위하여 나의
성령을 태워 나의 법전을 세상에 내보
내는 것이 여기에 있음이니라.
25 이와 같은 나의 뜻을 너희들이 깨달아
야 할 것이며 나의 선지자를 따르는
나의 선지자의 제자들과 나의 법전을
읽고 깨우친 만백성 너희들은 나의 피
조물 만백성을 구하는 데 모든 정열을
다 바쳐야 될 것이니라.
26 지금의 이 시점이 더 지나가며, 너희
들이 게을리하며 너희들이 태만하여
이와 같은 사악한 시대가 좀 더 그대
로 흘러간다면 영원히 돌이킬 수가 없
으며,
27 내가 새로운 시대를 만들며 새로운 땅
을 만들고자 하며 나의 지상에서 에덴
동산이요, 낙원을 만드는 이와 같은
역사가 이루어질 수 없음이니라.
28 이와 같이 사악해져 있음이니라.
29 사악한 자가 존재하는 이상 그 사악한
뿌리가 그 뿌리를 또 낳게 됨이니, 그
를 어떠한 방법으로써도 이 땅에 뿌리
를 내릴 수 없도록 할 수 없음이니라.
30 너희들 인간의 힘으로써는 도저히 이
를 막을 수 없으며 제거할 수도 없음
이니라.
31 오로지 나의 법전만이, 나의 성령만이
그들을 이 나의 동산에서 존재하지 못
하도록 뿌리 뽑을 수 있는 그 힘이 있
음이니, 너희들의 생각과 너희들의 머
리에서 판단하지 말며,
32 나의 법전이 나의 피조물 만백성을 구
하는 생명수라 생각하여 너희들의 형
제를 구원하는 데 소홀히 해서는 아니
될 것이며, 너희 인간의 모든 지혜를
총동원하여 나의 법전을 전하는 그 일
에 너희들이 최선을 다해야 될 것이
며, 게을리해서는 아니 될 것이니라.
33 너희들이 노력하는 그 속에 나의 은혜
와 은총이 내릴 것이며 나 여호와가
너희들이 가는 길을 바람이 불어 받쳐
주듯이 인도하며 밀어줄 것이니, 그리
고 너희들에게 힘을 실어 줄 것이니,
너희들의 기본자세의 그 노력이 필요
함이니라.
34 이제는 너희들이 또 하나의 점을 만들
어 불을 붙이기 시작하였으니 그 불이
탈 수 있도록 잘 다스리고 가꾸어야
한다는 것을 잊어서는 아니 될 것이니
라.
35 그리하여 그와 같은 점이 또 하나가
생기며 그 점을 보고 또 하나의 점이
생기니, 그리하여 너희들이 사는 이
나의 동산에 나의 법전이 세상을 다
덮게 되는 그와 같은 역사가 이루어지

는 속에서 나의 피조물 만백성을 바로
잡을 수 있는 길이 있음이니,
36 너희들의 오늘의 이 선택이 얼마나 소
중하고 귀한가를 알아야 할 것이니라.

2,045 번째 하나님 말씀

2002년 3월 15일 07시 10분

1 사랑하는 선지자야!
2 "네, 여호와 하나님! 말씀하옵소서."
3 나의 아들 예수가 세상을 떠나기 전에
너희들에게 말하여 일렀느니라.
4 그가 죽어 가는 것을 그 제자들에게
슬프게 생각하지 말라 말하며, 나의
아들 예수가 죽어, 곧 그와 같은 길의
역경을 거치고 가야 그를 대신하는 보
혜사가 세상에 오며, 자기 뜻대로 말
하는 것이 아니라 나의 뜻을 받아 세
상에 전하는 새로운 역사를 이루는 자
가 올 것이라 말하였으며, 그는 증표
로써 나의 피조물 만백성의 미래를 알
려 주며 그가 가야 할 길을 알려 준다
하였음이니라.
5 이와 같은 증표로써 세상에 나의 뜻을
전하는 자는 그가 사람을 어찌 써야
될 것이며 어찌 다스려야 될 것인지,
그와 같이 그가 사람을 선택하여 쓰는
데 필요한 능력을 주었음이니,
6 이는 너희들의 미래를 봐 주는 것의
의미가 아니라 새로운 시대와 새로운
역사를 이루는, 거룩한 새 역사를 이
루는 그 백성들을 그가 어찌 써야 될
것이며, 그가 가야 할 길이 무엇이며
그의 임무가 무엇인가를 바로 바라보
게 하기 위하여 그에게 내가 내린 약
조이니라.
7 그리하여 네가 지금 나의 피조물 만백
성에 대한 그들의 미래의 통합을 보아
주며 그를 깨우쳐 주는 것은 그가 정
해진 자기의 해야 할 책무와 그리고
너를 따라 어찌 그가 가야 하는 것인
가를 그들에게 깨우쳐 네가 바로 쓰도
록 하고자 함이니, 이 뜻을 네가 깊이
알아야 할 것이니라.
8 너는 나로부터 선택된 자요, 또 나로
부터 그러한 대명을 받아 한 일부를
담당할 너의 제자요, 내가 쓰고자 하
는 나의 백성들에 대한 것을 너 스스
로 판단하지 말며, 너 스스로 할 말과
하지 아니할 말을 판단하여 전해서는
아니 되는 것이니라.
9 오로지 내가 너에게 명하여 알려 주는
그대로 그들에게 앞길을 가르쳐 주어
야 될 것이며, 그가 가야 할 자세를 일
깨워 줘서
10 그리하여 그것이 어느 시점엔가는 너
와 다시 만나게 됨이며, 네가 나의 피
조물 만백성을 위하여 나의 법전을 전
하는 그와 같은 책무 속에 그가 일익
을 담당하는 것이며 그와 다시 만나
그를 쓰게 되어 있음이니,
11 오늘에 내가 너에게 일깨워 주는 그
내용을, 내 뜻을 너는 가감 없이 전해
야 될 것이며, 네 생각으로써 그를 전
하고 전하지 아니하는 것이 있어서는
아니 될 것이니라.
12 네가 나의 법전을 전하며 세상에 악의
뿌리를 제거하며 새로운 천사들의 낙
원을 이루는 데 그들은 반드시 돌아와
야 할 자들이며 그 일익을 담당할 자

들이니라.
13 지금 수천, 수억의 나의 피조물 만백
성이 바르고 옳은 길로 가는 그 길을
분별하지 못하며 스스로 이성을 잃고
스스로 자제를 못 하는 이와 같은 광
란의 세계에서 광란의 믿음으로 나에
게 오르고자 하는 자들이 있음이니,
14 그들을 다스리고 일깨우는 데는 내가
나의 피조물 만백성을 이미 터치해 두
었으며, 그들이 서서히 고개를 들어
네가 운항하는 그 배를 타고 그 직분
을 다할 자들이 모여들 것이니라.
15 그리하여 그들에게 그들의 직분과 그
들이 가야 할 길과 그들의 미래를 내
가 너에게 알려 주고자 함이니, 이를
바로 골라 네가 선택하여 그들에게 임
무를 주는 것이 네가 나의 법전을 세
상에 전하는 그 배가 출발할 수 있으
며 순항을 할 수 있는 것임을 네가 알
아야 할 것이니라.
16 네 뜻과 네 임의대로, 그들에게 전하
는 것을 소홀히 해서는 아니 되는 것
을 네가 알아야 될 것이니라.
17 모든 것은 작은 것부터 쓰러지며, 작
은 것부터 쓰러지는 그 역사의 시초가
됨이니라.
18 단단한 성곽도 작은 하나의 받침돌이
무너지기 시작하여 그가 무너지는 것
과 같은 형국이니, 그들을 쓰고자 하
는 그 자리에 그대로 쓰지 아니한다
하면 네가 완벽한 나의 배를 만들 수
없으며 그 배를 순항할 수 있도록 띄
울 수가 없음이니라.
19 너는 그들과 반드시 만나게 되어 있으
며 그들이 네 앞을 떠난다 해도 다시
돌아올 수 있는 자들이니, 그러나 그
들에게 그에 대한 책무를 확실히 네가
심어 줘 일깨워 줘야 될 것이니라.
20 자기에게 좋은 일과 남에게 피해 되는
일을 네 마음대로 구분하여, 전할 말
과 전하지 아니할 말을 구분하여 전하
고 네가 행동한다면 이는 네가 걷잡을
수 없는 오류를 낳게 됨이니라.
21 너에게 유리하든, 나의 법전을 전하는
데 무거운 책무의 짐을 그가 시행하
든, 그가 지고 가야 하거든 그에게 가
야 한다는 것을 너는 그저 일깨워 주
면 그것으로써 네 소임을 다하는 것이
니, 전할 말과 전하지 아니할 말을 네
임의대로, 네 뜻대로 정해서는 아니
될 것이니라.
22 지금 나의 법전이 2부가 세상에 나오
며 3부가 세상에 나왔을 때에는 이가
걷잡을 수 없는 태풍처럼 세상에 덮어
져 나갈 것이니,
23 네가 쓸 사람과 쓰지 아니할 사람을
그들에게 임무를 확실히 주지 아니한
다면 그들이 그와 같은 변화가 이루어
져 올 때 네가 지탱하고 그를 이끌어
가기가 어렵고 힘듦을 알아야 할 것이
니라.
24 그리하여 그들에게 확실히 임무를 주
어 그들이 기억하든 아니 기억하든,
너를 따르든 안 따르든 그건 네가 생
각할 문제가 아니며,
25 네가 그들에게 임무를 주면 그들은 그
임무를 기억하게 될 것이며 자기들이
스스로 찾아올 때와 자기가 설 자리를
그들이 깨닫게 됨이니 그를 알아야 할
것이니라.

26 너는 남에게 듣기 어려운 이야기요,
남이 들어서 곤란한 이야기요, 그를
탓하는 그러한 이야기를 전하지 아니
하는 것이 네 마음의 미덕이라 생각하
지 말라.
27 어렵고 힘든 짐을 진 자는 진 대로 네
가 전할 것이며, 그는 그와 같은 어렵
고 힘든 짐을 너로부터 받아 갈 때 그
에 따른 영광과 상이 내려짐이니,
28 너는 지금 그들에게 듣기 싫은 일이라
하여 그를 말하지 않는 것이 너의 미
덕이라 그리 생각해서는 아니 될 것이
니라.
29 그가 몇 배의 은혜와 은총을 받을 수
있는 그 영광을 네가 그들로 하여금
얻지 못하며 구하지 못하게 한다면,
30 이는 네가 그를 위하는 길이 아니라
정녕 그를 잘못 가게 인도하는 것이
니, 이는 있을 수 있는 일이 아니니라.
31 내가 너에게 다시 말하노니, 나의 성
서에 기록되어 내가 너희들의 미래를
말하여 주며 통하도록 해 주는 것은
그들의 책무를 가르쳐 주는 자이며,
32 너에게 와 반드시 쓰임을 당하는 그와
같은 너로부터 선택되어 쓰여야 될 사
람들이라는 것을 잊지 말라.
33 이제는 그들이 들어서, 또 그들이 받
아서 수행하고 아니함은 그들에게 달
렸으니, 너는 어떠한 어려운 점이든
어떠한 직분이든 내가 내리는 그 뜻을
그대로 전해 주는 것을 잊지 말아야
할 것이니라.

2,046 번째 하나님 말씀

2002년 3월 15일 17시 35분

1 사랑하는 선지자야!
2 "네, 여호와 하나님! 말씀하옵소서."
3 나의 법전이 나의 성령으로써 나의 피
조물 만백성을 구하는 길이며, 하늘에
오르는 저희들이 갈망하는 그 길이 여
기에 있으며, 그 길과 빛을 볼 수 있는
것이 나의 법전 속에 있다 하여 이를
읽고 깨우쳐 구원의 길을 보라 하며
너희들이 아무리 지나가는 사람에게
소리쳐 전한다 해도,
4 그를 미친 자라 그냥 가는 사람이 있
는가 하면, 그를 저와는 아무런 관계
가 없이 무관심한 상태로 그저 가는
자가 있는가 하면, 백 명 중에 한 명이
요, 천 명 중에 한 명이 그를 받아 가
지고 가는 자가 있을 것이며 그를 읽
어 보는 자가 있을 것이니라.
5 그와 마찬가지로 지금 나의 법전을 읽
어 하늘에 오르는 그 길과 나의 피조
물 만백성을 구하는 길에 동참하라 하
여도 동참하지 아니하는 자가 있는가
하면, 오지 말라 하여도 그를 시행하
고자 찾아오는 자가 있으며 그 길을
영광된 길이라 하여 그 스스로 모두를
다 바쳐 나의 뜻을 세상에 전하는 자
가 있으니,
6 오라 해도 오지 아니하는 자가 있는가
하면 가라 해도 가지 아니하는 자가
있음이니, 나의 법전을 읽고 깨우친
세월이 1년이라 하여, 또는 몇 개월이
지났다 하여, 단 며칠 만에 이를 깨우
쳐 얻은 자라 하여 그들의 그 믿음을

너를 만나 나의 법전을 읽은 그 횟수
와 나의 법전을 듣고 공부한 그것으로
써 평가해서는 아니 될 것이니라.
7 오늘 네가 2부의 한 장에 영원히 남아
야 할 자들을 기록하여야 할 것이니,
너는 이와 같은 뜻을 깊이 깨우쳐 그
이름을 역사에 길이 남도록 기록해 주
어야 될 것이니라.
8 그들은 정녕 네가 돌아가라 밀어붙여
도 돌아가지 아니할 자들이며, 나의
법전을 손에서 놓고 모두를 덮으라 하
여도 그들은 덮지 아니할 자들이니라.
9 이제 한 지역의 한 시대를 열어 가는,
나 여호와가 새로운 역사의 새로운 시
대를, 새로운 땅을 창조하는 그곳에
불을 지를 자들이니,
10 그들은 네가 돌아가라 밀어붙여도 돌
아가지 아니할 자들이며, 그들이 가야
할 길과 그들이 가야 할 책무와 그들
이 해야 할 그 직분을 그들에게 내렸
을 때, 그들은 그를 가슴에 깊이 새겨
영원히 나의 새로운 역사를 이루고자
하는 이 지상을 나의 뜻에 의하여 지
상의 낙원으로 만드는 그 대업을 수행
할 자들이니,
11 그들의 이름을 길이 나의 법전에 기록
하여 대대손손 나의 피조물 만백성이
그들이 살아온 발자취를 거울삼아 깨
우쳐 천사가 되는 그 길에 그들이 기
본이 되어야 할 것이며, 그리고 그들
은 그리 갈 것이니라.
12 그리고 하늘에 비치는 태양처럼 영원
히 나의 피조물 만백성에게 길이 빛이
남을 자들이니, 너는 두려워하지 말며
그들의 이름을 나의 법전에 기록하여
후세에 그들이 살아왔으며 그들이 이
룬 업적을 길이 남기도록 하라.
13 '남기열'이라는 이름을 기록하라.
14 그리고 '최태영'이라는 이름을 기록하
라.
15 '권효진'을 기록하라.
16 '조나영'을 기록하라.
17 그들이 영원히 빛이 될 자들이니라.
18 순교자의 마음 못지않은 자세로써 그
들 자신을 태워 너를 따를 것이니, 그
들을 너의 제자로 거두어들일 것이며,
그들이 모두를 다하여 너를 따를 것이
니, 오늘 그리하여 그들이 네 옆에 있
게 하였음이니 그들의 마음과 생각이
다스려질 것이니라.
19 이를 기록하여 그들이 변해져 가는 그
모습을 영원히 대대손손 깨우쳐 거울
이 되도록 그리하라.
20 이를 주저하지 말라. 나의 뜻이니라.

2,047 번째 하나님 말씀

2002년 3월 15일 21시 15분

(강론을 마치며)

1 사랑하는 선지자야!
2 "네, 여호와 하나님! 말씀하옵소서."
3 너의 제자들에게 이를 전하여야 될 것
이니라.
4 지금 너희들이 나의 성전에 와 나의
법전을 공부하는 것은 너희들 스스로
구원을 받고자 하며 너희들이 하늘에
오르는 그 길을 오르고자 함이 아니니
라.
5 너희들은 너희 이름을 내가 낙원에 걸
어 놓아 너희들의 구원의 역사를 이루

었으며, 지금은 너희들이 많은 경지에 올라와 있으며 나의 뜻이 무엇인가, 그리고 하늘에 오르는 길이 무엇인가를 알고 있음이니,

6 너희들이 지금 너희들을 구원하고자 하는 그와 같은 마음에서 오늘 이 시간에 앉아 있으면 아니 되는 것이니라.

7 너희들은 여기 나의 성전에 와 나의 선지자를 통하여 내가 내리는 나의 성령의 이 음성을 들으면서 내가 너희들의 눈을 뜨게 하며, 귀를 열게 해 주며, 너희들이 나의 피조물 만백성을 지도하고 인도할 수 있는 그 능력을 너희들에게 심어 주었음이니,

8 이제는 너희들 자신이 깨우쳐 있는 너희들의 그 경지를 너희들이 시험할 때가 되었음이니라.

9 너희들은 너희들 자신을 구하고자 하여 이 자리에 있음이 아님을 알아야 할 것이니라.

10 너희들은 잘못 가고 있는 나의 피조물 만백성 그들을 구원하는 것에 모든 초점을 맞추어야 될 것이며 그 부분에 너희들이 노력하고 생각해야 될 것이니라.

11 이제 너희들은 열여섯 권의 법전을 끝마치지 아니한다 해도 열여섯 권의 법전에 내가 원하는 그 뜻을 알고 있으며, 너희들이 어찌 가야 될 것이며, 백성들이 어찌 잘못 가고 있는지 이와 같은 것을 너희들이 눈으로 내려다보며 그를 보고 있는 경지에 지금 올라 있음이니,

12 너희들은 나의 피조물 만백성을 구하는 데 역점을 두어야 될 것이며, 누가 어느 나의 피조물 만백성을 많이 구원하느냐 하는 거기에 너희들의 생각의 모두를 다 던져야 할 것이니라.

13 지금 너희들이 안일하게 너희들 자신만을 구원하고자 나의 음성을 들으며 나의 법전의 책장을 넘길 때가 아님을 알아야 될 것이니라.

14 내가 최초에 너희들에게 말하였느니라.

15 너희들이 손으로 지은 그 성전의 교회라는 곳에 사람들을 1년이요, 2년 이상은 머무르게 할 필요가 없다고 하였음이니라.

16 그들이 깨우친 만큼 나가서 나의 피조물 만백성을 가르치는 그 교육 기관의 역할을 하는 것이 내가 원하는 성전이요, 종교의 지도자들이 가야 할 길이라 그리 말하였음이니,

17 지금 너희들이 짧은 기간 동안에 나의 법전의 열여섯 권 중에서 이와 같이 공부를 하고 있음이니,

18 이는 일반 너희들이 말하는 종교 단체에서 30년이요, 평생을 그들이 공부하고 닦아도 너희들의 경지에 오를 수 없으며, 너희들이 생각하는 그 뜻을 감히 그들이 따르고 이해할 수 없음이니라.

19 너희들은 지금 어느 종교 지도자보다도 나의 뜻을 많이 알고 있으며, 나에게 오르는 길이 무엇이며 너희들이 어찌 살아가야 하는지를 알고 있음이니,

20 이제는 그를 가지고 너희들이 나가서 나의 피조물 만백성을 구하는 데 역점을 두어야 될 것이며,

21 너희들이 나의 피조물 만백성을 어떠

한 방법으로써 많이 구원하며, 또 너
희가 구원한 그들로 하여금 나의 피조
물 만백성을 어찌 구하는 것인가를 너
희 장부에 기록하여야 할 때가 지금이
니 그리 알아야 할 것이니라.
22 너희들이 어느 곳에 나가서 나의 피조
물 만백성과 갑론을박하여도 부족함
이 없으며, 너희들이 가지고 있는 하
늘에 오르는 그 이치와 뜻을 너희보다
더 아는 자 없으며 너희를 이길 자가
없느니라.
23 이제는 너희들이 해야 할 일을 내가
지금 선지자를 통하여 명하나니, 너희
들이 나아가 나의 피조물 만백성을 어
떻게 구원하며 그들을 어찌 구원하여
너희들이 그들을 깨우칠 것이며 지옥
불로 떨어지는 그들을 건질 수 있는가
하는 이 대명을 이루는 데 너희들이
지금서부터 역점을 두어야 될 것이며,
24 너희들은 각자 기록하는 하나의 너희
들만이 가지고 있는 그 수첩 속에 너
희들이 구원하는 자의 이름을 하나하
나 나열하여 기록하여 보관하여야 할
것이니라.
25 그 숫자가 너희들을 구원하는 것이요,
나의 피조물 만백성을 너희들이 하늘
에 오르도록 하는 그 대임을 맡은 자
로서 나에게 선택된 자가 해야 할 일
이니라.
26 너희들 수첩에 기록된 그자가 또 나의
피조물 만백성을 구원하는 그 모두는
다 너희들이 이끄는 너희들의 제자들
인 것이니라.
27 너희들은 지금서부터 너희들의 마음
의 다짐을 다시 해야 할 것이며, 너희
들의 생각을 다시 해야 할 것이며, 너
희들의 각오를 다시 해야 할 것이니라.
28 이제는 내가 만백성을 구하고자 하는
나의 그 성령을 태운 나의 주옥같은
뜻을 너희들이 가슴에 받고 새김이 너
희들 가슴에 그득히 충만되어 있음이
니라.
29 너희들이 무엇이 두려우며 너희들이
지금 무엇이 부족하겠는가?
30 너희들은 나로부터 선택되어 너희들
이 죽어 와 건너는 그 불바다를 건너
지 아니하며 너희들이 영원히 사는 나
의 낙원에 올 수 있는 선택된 자들이
니, 너희들이 해야 할 임무가 무엇이
더냐?
31 지금 나의 성전에 와 나의 선지자를
통하여 너희들에게 깨우침을 전하는
그 가르침을 듣고 너희들 가슴에 그저
차곡차곡 묻어 두는 그와 같은 너희들
이 되어서는 새로운 시대요, 새로운
역사를 이룰 수 있는 길이 없음이니라.
32 이 세상 수십억 인구 중에 지금 너희
들만큼 깨우친 자가 없으며, 나 여호
와가 직접 나의 성령을 전하는 곳이
없으며, 나의 빛을 전하며 나의 뜻을
전하는 선지자가 앉아 있는 이 성전
외에는 아무 곳에도 이와 같은 아름다
운 곳이 없음이니라.
33 이는 하늘과 지상이 교통하는 곳이며,
나의 뜻을 전하며 너희들의 기도 소리
를 받아 하늘에 접하는 곳이라 말하였
으니, 너희들이 지금 어떠한 자들이던
가?
34 너희들이 지금 마음의 상태를 나의 피
조물 만백성을 구하는 그곳에 모든 뜻

을 다 바치며 경주해야 될 것이니라.
35 이제는 너희들이 이 성전을 떠난다 해
도 너희들의 마음에 흔들림이 없을 것
이며, 너희들이 갈 수 있는 지표를 알
고 있으며, 너희들이 살아가는 것을
알 것이며, 너희들과 갑론을박하여 대
적하여 이길 자가 이 세상에 없음이니
라.
36 이는 곧, 나의 뜻이요, 나의 진리요,
내가 너희들에게 일깨워 준 것은 오로
지 하늘에 오르는 길이기 때문이니라.
37 그 하늘에 오르는 길은 한 길뿐이며
한 가지 방법밖엔 없음이니, 그를 알
고 있는 너희들에게 누가 뭐라 해도
그는 너희들과 대적할 수 없음이니라.
38 오늘부터 너희들은 너희 작은 수첩에
너희들이 구원하고자 하는 자의 이름
을 기록하여 구원해야 할 것이며, 그
것이 너희들이 나에게 받은 은혜에 보
답하는 길이며,
39 너희들이 죽어 나의 앞에 왔을 때 그
수첩의 명부를 나에게 펼칠 것이니,
너희들 스스로 얼굴을 붉히는 그와 같
은 삶을 살지 말라.
40 이제는 너희들이 각자가 깨우침이니
라.
41 너희들이 내가 하나의 씨앗을 뿌린 것
이며, 그 씨앗을 뿌린 터에서 뿌리를
내려 썩어진 그 흙을 옥토로 만드는
것이 너희들이라 하였음이니, 이는 너
희들이 살아나기 위한 하나의 그 뿌리
를 내리는 것이 너희들이 가야 할 길
이니,
42 남녀노소를 가리지 말며, 병든 자, 어
려운 자를 가리지 말며 너희들은 시행
해야 될 것이니라.
43 내가 성서에 기록하여 너희들에게 전
하였느니라.
44 너희들이 가지고 있는 가장 보배롭고
값진 것 모두를 다 팔아 나의 피조물
만백성을 구하는 것이 너희들이 하늘
에 오르는 근본이라 그리 가르쳤건만,
45 그와 같은 것을 모두를 다 접어 두고
지금 나의 피조물 만백성이 살아가며
종교 지도자들이 또한 그와 같이 가르
치고 있음이니라.
46 그와 같은 것을 망각하며 그와 같은
것을 생각지 아니하며 그와 같은 것은
너희들이 지워 둔 상태에서 오로지 나
의 피조물 만백성에게 재물을 긁어모
으는 그와 같은 사악한 방법으로써 지
금 이끌어 감이니 그들을 너희들이 바
로잡아야 될 것이니라.
47 나의 성서에 기록되어 있음을 너희들
이 한번 확인하라.
48 하늘에 오르는 길이요, 나에게 오르는
것은 너희들이 가진 가장 값진 것을
팔아 너희 이웃을 구할 수 있는 그와
같은 마음을 갖는 길만이 하늘에 오르
는 길이라 성서에 기록되어 있을 것이
니,
49 그걸 지금 이 세상 피조물 만백성 중
에서 실천하는 자가 하나도 없음이니
라.
50 내가 너희들에게 그리 실천하라 함이
아니니라.
51 너희들이 거두어들인 만큼 내가 너희
들에게 길을 열어 줄 것이니, 너희들
은 몸과 마음으로써 그리고 너희들이
나로부터 받은 성령의 그 깨달음으로

써 너희들이 하나의 씨앗이 떨어진 그
곳에서 뿌리를 내려 그 썩어져 가는
흙을 옥토로 만드는 임무를 너희들이
하되,
52 너희들의 작은 수첩에 너희들이 구원
한 자의 이름을 기록하여 그 명단을
가지고 나에게 와야 될 것이니 이를
명심하여 너희들이 각자 삶의 생각을
바꾸어야 할 것이니라.
53 이제는 너희들이 성전에 매달리며 선
지자의 그 음성에만 매달리는 것이 아
니라, 그 음성을 듣고 너희들이 돌아
서서 죽어져 가는 나의 피조물 만백성
을 구하는 것이 너희들의 대명이니라.
54 이를 너희들이 깊이 깨우쳐 행하여야
될 것이며, 나 여호와가 너희들에게
나의 그 명령을 직접 내림이니 너희가
알 것이니라.

2,048 번째 하나님 말씀

2002년 3월 16일 22시

1 사랑하는 선지자야!
2 "네, 여호와 하나님! 말씀하옵소서."
3 너의 제자들에게 이르라.
4 지금 수천 년 동안 종교의 믿음이라
하여 그들이 흘러오는 방법과 그들의
지도자와 그들을 가르치는 자들이 어
찌 가르치는가?
5 그들은 인본주의요, 인간의 자세를 저
버리며, 신본주의로써 그 모든 나의
피조물 만백성을 이끌어 가고 있음이
니라.
6 심지어 부모에게 효도하는 것이 우선
이요, 먼저가 아니며 나 여호와에게
먼저 경배하라 하며, 저희들을 낳아
주고 길러 준 부모에게 효도하는 것은
잘못되었다 가르칠 정도로 이와 같이
사악한 방법으로 가르치고 있으며,
7 오로지 저희들에게만 와서 바치며 저
희들에게만 시간을 바치며 나 여호와
만을 위하여 모두를 바치라 그리함이
니라.
8 그들은 배우지 못한 자가 배움의 터전
을 갖고자 한다 해도 '그 배울 것이 필
요 없느니라, 그리고 너희들이 배워서
무엇하느냐?' 하며, 그저 하나님만 믿
으며 저희들이 만든 그 성전에 와서
십일조요, 헌금이요, 시간과 모든 노
동력을 바치라 말하느니라.
9 '너희들이 공부를 하여 사회에 가서
배울 것이 무엇이 필요하냐, 그 시간
이 있으면 성전에 와서 바치면 구원을
받는다.' 그리하느니라.
10 너희들이 배움의 터전에서 깨달은 것
이 인간의 삶에 얼마나 소중하고 아름
다운 것인가?
11 그를 그들은 너희들에게 말살시키는
것이니라.
12 그와 같이 너희들을 인도하고 가르치
는 것이 지금의 종교 지도자들이니라.
13 무엇이든 다 필요가 없으며, 저희들의
성전에 와서 저희들에게 재물만 많이
바치면, 저희들에게 시간만 바치면 무
조건 구원을 받으니, 구원을 받는 것
이면 그것이 최상이지 아무것도 필요
없다 그리 말하느니라.
14 그리하여 그들은 배울 필요도 없으며,
조상과 저희를 낳아 준 부모를 섬기는
것도 필요 없으며, 그저 나 여호와에

게 모두를 바치라 그리 말하느니라.
15 그리고 미친 듯이 저희 뜻에 따라서
저희들이 하라는 대로 그저 저희들의
성전에 와 모든 시간과 모든 재물과
모두를 다 바치면 그것으로써 최상의
영광이라 그리 가르치느니라.
16 그러나 지금 나의 선지자가 너희들에
게 무어라 이르더냐?
17 너희 인간이 살아가는 나이를 초월하
여 너희들은 배우라 하느니라.
18 그리고 깨달으라 하느니라.
19 그리하여 배우고 깨달아 너희들이 인
간의 도리를 다하며 인간의 자세를 다
하며 그와 같이 살아가는 그 속에서
나 여호와에게 향하는 마음 또한 너희
들이 진실하고 아름다우면 된다 그리
하느니라.
20 너희들이 나에게 바치는 것은 너희들
이 가지고 있는 금화와 은화의 재물도
아니요, 너희들이 가지고 있는 그러한
노동력도 아니라 말하느니라.
21 오로지 너희들이 바칠 수 있는 것은
나에게 경배하고 기도하며 나 여호와
가 존재함을 믿으며 내가 너희들에게
명한 그 계명을 지키며 살면 하늘에
오를 수 있다 그리 가르침이니 이것과
너희들의 종교 지도자들이 가르치는
것과 어떤 차이가 있는가?
22 나의 선지자가 너희들에게 뭐라 하는
가?
23 너희들이 인간사 사회에 살아가는 것
만큼 성전에 와 너희들이 시간을 바치
며 금화를 바치는 것보다, 너희들이
남에게 뒤지지 않도록 학업을 정진하
며 연령을 초월하여 학업에 매진하며
배우고 깨우치는 사람이 되라 그리 가
르침이니라.
24 그러나 그들은 그 배움이라는 모든 것
과 부모요, 형제요, 모두가 다 필요 없
는 것이며, 오로지 저희들이 손으로
만든 그 성전에 와 재물을 바치며 나
여호와를 찾으며 그저 내가 구원해 주
었으며, 예수의 보혈로써 구원받았다
그리 소리 지르면 되는 것이며,
25 저희들이 무슨 특권이나 있는 것처럼,
나 여호와인 양 저희들이 예수의 보혈
로써 구원을 받았다, 너희들이 나의
성전에 오는 그 순간에 나의 아들 예
수로부터 구원받았다 그리 사기극을
하며 그를 팔아먹고 있음이니,
26 그들과 나의 선지자가 너희들을 가르
치는 방법과 방향이 어찌 다른가 너희
들이 보고도 모르는가?
27 나의 선지자는 그와 반대로 너희들을
이끌어 감이니라.
28 공부를 할 것이며, 배워야 할 것이며,
인간 육의 세상에 있는 것을 더 터득
하여 남들에게 수빠지지 않는 인생을
살아가도록 그 기초를 다지라 하며,
29 그 기초를 다져 가는 속에서 나 여호
와를 찾으며 너희들의 마음을 곱고 아
름답게 갖고 살아가며 기도하고 경배
하는 그와 같은 마음으로 살아가라 나
의 선지자가 너희들에게 가르쳐 줌이
니 이는 어떠한 차이가 있는가?
30 너희들을 가르치는 그것만이 차이가
있는 것이 아니니라.
31 너희 종교 지도자들이 지금 배움이 필
요 없으며 그저 저희들이 만든 그 성
전에 와 기도하고 재물을 바치라 그리

하는 것은 너희 인간들을 우매하고 둔
한 사람으로 만들며,
32 부모와 형제에게 시간을 바치는 것보
다도 나 여호와에게 먼저 시간을 바치
는 그것이 우선이요, 거기다 전부 바
치며 너희 육신의 부모와 형제와는 아
무런 관계가 없다 그리 가르치는 자들
과 어떠한 차이가 있는가?
33 배움이 더 우선이며, 저희들이 만든
성전에 가서 경배하고 헌금을 바치는
것보다 못 배운 자가 먼저 배움의 터
전에 매진해 깨우침이 더 훌륭하다 가
르치는 것은 너희들의 앞길을 열어 주
며 너희들의 현명한 삶을 위해서 그리
하나,
34 너희들의 모든 배움의 길을 열어 주지
아니하여 그와 같이 배울 필요가 없으
며 성전에 와 그저 나이가 먹든, 늙어
죽을 때까지 저희들에게 금화와 은화
를 바치며 저희 성전에 와 봉사하며
그저 저희가 하라는 대로 기도하며 살
아가면 구원을 받으니 배우지 말라는
것은 무엇을 의미하는가?
35 나의 피조물 만백성 너희들을 우매하
고 둔한 자로 만드니, 이는 깨우치지
못한 자가 무엇이더냐?
36 짐승과 같음이니라.
37 그저 단순한 생각 속에서 옳고 그름을
구분할 수 없도록 그와 같이 너희들을
묶어 놓고 우매한 쪽으로 끌어가야만
저희들이 통제하고 관리하고 저희 마
음대로 부리기 쉬우니,
38 그리하여 그들은 나의 피조물 만백성
너희들의 깨우침을 방해하는 자들이
며 형제들과 그 부모의 사랑까지도 그
저 말살시키는 그러한 형태로써 이끌
어 가는 자들이니라.
39 그러나 선지자는 너희들에게, 배워야
할 것이며 깨우쳐야 할 것이며 그래서
알아야 될 것이며, 그리하여 너희들이
성전에 와 바치는 시간과 노동력과 그
재물을 가지고 너희 인간의 육신의 깨
우침과 깨달음을 얻으라 하며,
40 부모와 형제간의 사랑과 우애를 실제
로 돈독히 나누며, 나 여호와에게 바
치는 것보다 너희 부모에게 효도를 먼
저 하며 너희 형제지간에 우애를 돈독
히 하여 그 위에서 너희들은 나에게
경배하며 마음 하나 바치라 그리함이
니,
41 재물로써 너희 형제와 부부지간에 나
누며 쓰도록 하며, 나에게는 재물이
아니라 영적인 마음을 바치는 것이요,
십계명을 지키고 사는 것이 하늘에 오
르는 길이라 그리 가르치는 선지자와
너희들이 어떠한 차이가 있는지 이것
을 모르는가?
42 너희들이 배우는 시간까지도 박탈하
고자 하는 자는 무엇이던가?
43 너희들이 앞으로 전진하고 변화되는
그런 기회를 열어 주지 않겠다는 것이
며, 너희들이 사회에 나아가 전진하는
그 길마저 열어 주지 않겠다는 것이
며, 너희들을 잡아 놓겠다는 그와 같
은 사악한 뜻이 거기에 숨어 있지 않
은가?
44 그러나 나의 선지자가 너희들에게 이
르기를, 너희들은 배워 깨달아서 남에
게 뒤지지 않는 인간 사회의 상식과
모든 지식을 너희 것으로 가지라 하는

것은,
45 그가 그 지식과 그 깨달음을 바탕으로
넓은 사회에 나아가 넓은 활동과 넓은
생활을 할 수 있는 그와 같은 길을 열
어 주고자 하며 그들을 그 길로 인도
하는 것이 아닌가?
46 어떠한 것이 나 여호와의 뜻이라 말할
수 있겠는가?
47 너희들은 여기에서 깨달음이 없는가?
48 너희들이 또 하나 깨달아야 될 것이니
라.
49 그들은 저희들이 손으로 지은 그 성전
에 와 시간과 재물과 모든 것을 그저
바쳐 하나의 바보처럼 변해 가는 그와
같은 인생을 살도록 하는 것이며,
50 그는 그들이 그 성전만을 가지고 저희
들이 관리하다 죽어지면 그뿐이기 때
문에 그와 같은 형태로써 나의 사랑하
는 피조물 만백성을 그리 이끌어 가고
있느니라.
51 여기서 한 계단 너희들이 더 생각해야
할 것이 있음이니라.
52 나의 선지자가 너희들에게 어려운 시
간을 내어 공부를 하며 깨우치며, 금
화와 은화를 너희들 자신의 계발을
위해 투자하는 곳에 쓰도록 하라 하며,
53 성전에 오는 것보다도 너희들의 깨달
음의 상식이요, 지식을 쌓아 인간 사
회에서 남에게 부끄럽지 않은 삶을 살
아갈 수 있도록 그와 같은 곳에, 교육
에 투자하라 하는 것은 너희들을 넓게
쓰고자 함이며,
54 세상의 나의 피조물 만백성을 상대로
하여 나의 법전이 세상을 다 덮을 것
이며 세상에 다 나갔을 때 너희들을
높이 쓰고자 함이며, 귀하게 쓰고자
함이며, 너희들을 중히 쓰고자 하며,
너희들의 길을 열어 주며 너희들을 그
와 같이 인도하고 안내하고자 하는 데
그 선지자의 뜻이 있음을 너희들은 알
아야 될 것이니라.
55 그들은 하나의 저희들의 교회에서, 성
전에서, 저희들의 법당에서, 저희들이
지은 그 성전에서 저희들만이 편하게
살아가기 위하여 나의 피조물 만백성
을 우매하고 몽매한 인간으로 만드는
것에 역점을 두고 있음이니 그는 오로
지 무엇이더냐?
56 저희가 죽을 때까지 그들을 종처럼 부
리고 먹고살다 제가 죽어 가면 그만이
라는 그와 같은 사악한 생각이 있는
자이니라.
57 그들은 구원과는 아무런 관계도 없으
며 구원의 길도 모르며 구원의 방향도
모르는 것이니라.
58 그러나 나의 선지자는 무어라 하느냐?
59 이 세상 나의 피조물 만백성을 이끌어
가는 지도자로서 성장해야 되며, 나의
법전을 세상에 전해야 되며, 그리고
많은 사람들을 만나기 위해서 너희들
이 내면의 인간성과 실력과 너희들의
지식과 교양을 겸비하여 쌓아야만 된
다 그리 가르쳐 너희들에게 그 어려운
길을 가라 매질을 하고 있음이니, 너
희들을 중히 쓰고자 함이니라.
60 그리고 반드시 나의 법전이 세상을 덮
을 때, 많은 요소요소에서 너희들이
인간사의 일을 통제하며, 인간 세속에
들어가 너희들이 모범을 보이며,
61 인간 세속에 들어가서 그들에게 물들

어 쓰러지는 너희들이 아니라 그들을
정녕 이끌어 끌고 나오는 그와 같은
역할을 할 수 있는 너희들이기 때문에
그들과 대적하여 하나의 손색이 없는
육신의 인격체와 영의 인격체를 더불
어 견주어 갖추게 하기 위하여 나의
선지자가 너희들에게 지금 그 어려운
매질을 하고 있는 뜻이 여기에 있음이
니,
62 정녕 여기서 너희들은 지금의 가고 있
는 종교 지도자들의 방법과 나의 선지
자가 너희들을 이끌어 가는 그 방법이
어느 것이 잘되었으며 잘못되었는가
이것을 깨우쳐야 될 것이며,
63 이와 같이 가는 길을 나의 피조물 만
백성에게 너희들이 전하여야 될 것이
니라.
64 배우지 아니하는 것은 이 세상에 나의
피조물 만백성을 지도하고 통제할 때
너희들을 선지자가 쓸 수 없기에 미리
너희들에게 깨우침을 주고자 하여 육
신의 학문과 지식과 모든 면에서 남들
에게 뒤지지 않는 인격체를 형성하도
록 나이의 고하를 따지지 말며 배움에
매진하라 하여 너희들에게 매질을 하
는 선지자의 그 마음이 얼마나 너희들
을 사랑하며,
65 나의 뜻에 따라서 이 세상의 모든 백
성들을 이끌고 가는 그 지도자로서 너
희들을 부리고 쓰기 위하여 너희들의
문을 열어 주며, 너희들의 길을 닦아
주며, 너희들을 안내하며, 너희들을
깨닫게 하고자 하며, 너희들에게 상식
과 지식을 쌓게 하며,
66 그 위에 하늘에 오르는 나의 법전을
읽어 너희들의 영의 세계의 그 아름다
운 모습을 볼 수 있어 같이 이를 병행
하여 살아가는 한 사람의 훌륭한 인격
체로 육성하여 너희들을 밖으로 내보
내며 남들 속에 집어던져 그 속에서
죽어 가는 나의 피조물 만백성을 살리
는 그 역할을 할 수 있는 전사자로서
너희들을 키우고자 하여 모든 열과 성
의를 다 바치는 나의 선지자의 그 뜻
과 그의 가는 길과 그의 행하는 길과,
67 지금의 종교 지도자들이 가는 그 길을
너희들이 견주어 이를 깊이 깨달아,
선지자가 열을 던질 때 너희들이 백의
노력을 해야 된다는 것을 잊지 말아야
할 것이니라.
68 이것이 정녕 나의 뜻이니라.
69 나 여호와의 뜻이 무엇이라 말하였는
가?
70 사랑이라 말하였느니라.
71 그리고 새로운 시대를 열며 새로운 창
조를 위하며 새로운 변화를 위하여 너
희들이 새로운 나라를 건설하고, 새로
운 태양이요, 새로운 바람이요, 새로
운 구름의 이 세상을 만드는 게 나의
뜻이라 그리 내가 너희들에게 전하였
음이니,
72 그와 같이 너희 스스로 변하고 전진하
도록 길을 열어 주는 것이 나 여호와
의 뜻이며 선지자가 나의 뜻을 받아
행하는 것이 여기에 있음이니라.
73 너희들이 새롭게 변하지 않고 새롭게
전진하지 아니하면 너희들을 새로이
쓸 수 없음이니, 너희들이 전진하고자
배우고자 하는 것을 오로지 저희들이
지은 성전에 와 기도하고 경배하면 구

원을 받으니 그 이상 생각할 것이 없
다 하여 너희들을 끌어내며 붙들어 매
며,
74 몽매한 자들과 단순한 짐승의 세계처
럼 단순 세포로 너희들을 세뇌 교육
시켜 끌고 가는 그들이 정녕 나 여호
와의 뜻이며 나의 선택된 백성이요,
나의 선택된 종이라 너희들이 말하느
니라.
75 나는 그들을 모르느니라.
76 정녕 나와 그들과는 관계가 없음이니
라.
77 오로지 나의 성령을 받아 너희들을 개
화시키고 변화시키며 미래를 통할 수
있으며 미래의 새로움을 건설하기 위
하여, 새로운 역사를 건설하여 온 세
상을 하나로 통일하며 그들을 지도하
고 깨우칠 수 있는 자격을 육성시키고
자 너희들에게 매질하는 나의 선지자
의 그 아픈 마음을 너희들이 알아야
할 것이니 그리 알라.

2,049 번째 하나님 말씀

2002년 3월 16일 22시 20분

1 사랑하는 선지자야!
2 **"네, 여호와 하나님! 말씀하옵소서."**
3 너의 제자들에게 나의 뜻을 일러 전하
여야 될 것이니라.
4 내가 너희들에게 말하기를, 지금의 종
교 지도자들이 이끌어 가는 방법과 그
들의 집단에서 너희들을 이끌어 가는
것은
5 그들이 인격의 형성이 되어 있든, 인
간의 양심의 기본이 되어 있든, 인간
의 배움의 길로써 남들에게 부끄럽지
않은 지식과 상식을 쌓아 남들 앞에
당당한 모습으로 살아가든 말든, 그들
이 어떠한 흉악무도한 짓을 하든,
6 그리고 그들이 인간으로서 남에게 피
해를 주며, 남에게 거짓 하며, 남을 기
만하며 그리하여 재물을 벌고 남들 앞
에 버젓이 살아가는 그들이 너희들 성
전에 와 기금을 낸다 하여, 각종 헌금
을 남보다 많이 내며 너희들이 이루기
어려울 때 그들이 헌금을 남들보다 몇
배 많이 내며 재물을 바친다 하면 그
들을 탓하는 종교 지도자가 지금 있는
가?
7 '당신이 우리 성전에 우리 신도들 앞
에 많은 기금과 많은 축하금과 헌금을
낸다 하더라도 당신이 살아가는 모습
과 당신이 가지고 있는 양심의 기본이
어디에 있으며 어찌 살아가는가?' 하
며 그것을 탓하며 그를 깨우쳐 주고자
하며,
8 그들이 남들과 같이 상식이요, 지식이
요, 인간 사회에 살아가는 법도를 잘
못 배워 잘못 깨우친 사람이 있다 하
면 그걸 바로잡아 더 배우고 깨우쳐
남들과 동등한 자세로 살아갈 수 있는
인격의 형성을 위하여 그에게 듣기 싫
은 소리며, 그에게 약이 되는 쓴소리
를 하는 종교 지도자들이 지금 과연
얼마나 있다 생각하는가?
9 그가 어떤 방법으로 하든, 거짓을 하
든, 남을 속이든, 또는 남에게 피해를
입히든, 남이 눈물을 흘리도록 더 아
픈 방법으로써 그리고 더 잔인한 방법
으로써 재물이요, 금화와 은화를 모으

든, 지금의 종교 지도자 너희들의 성
전에 많은 기금을 갖다 바친다 할 때,
그 기금에 대해서 생각을 해 보며 그
리고 그 기금이 어찌 벌어져서 너희들
성전에 들어오며 너희들이 그를 가지
고 사용하는가를 과연 생각해 보는 종
교 지도자가 어디에 있는가?
10 '잘못 벌어 왔으며 잘못 살아왔으며
잘못 이루어 온 그 기금이기에, 우리
의 성스러운 하나님의 성전에서 그와
같은 기금을 받을 수 없다.' 하여 그를
거부하는 종교 지도자들이 과연 얼마
나 있는가?
11 그와 같은 것을 따지지 아니하며 너희
들 앞에 바치는 것을 그저 뱀이라는
미물이 개구리를 잡아먹듯이 덥석덥
석 삼키는 그런 형국은 아닌가?
12 그리고 더 많이 가지고 오도록, 더 많
은 것을 바치도록 하며, 그가 어떠한
방법으로 착취하든 더 많은 것을 너희
들 앞에 바치는 것을 원하며,
13 그와 같은 자를 너희들은 많은 나의
피조물 백성들 앞에서 칭찬하며, 위대
한 인물이며 훌륭한 사람이라며 너희
들은 나의 성전에서 그를 격찬하는 일
은 없는가?
14 너희들이 손으로 만든 나의 성전이라
는 곳이요, 나의 음성으로써 또 나의
메시지요, 나의 성령으로써 모두를 영
적으로 받아 가르친다는 종교 지도자
너희들이 너희들 앞에 내는 각종 헌금
이요, 십일조요, 이러한 것들을 그들
이 어찌 벌어서 어찌 만들어서 너희들
앞에 바치는가 그것을 과연 생각해 보
며,
15 너희들이 정녕 받을 것과 받지 못할
그것까지도 너희들이 기본적인 입장
에서 생각을 한 번이라도 해 보았는가?
16 그리하여 받을 것과 안 받을 것을 구
분하여 그들에게 깨우쳐 주며, 다스려
주며, 바로 살아가도록 너희들이 얼마
나 그들을 인도하고 깨우치고 있는가?
17 지금 나의 피조물 만백성을 이끌어 가
는 종교 지도자요, 너희들의 각종 종
단의 종파에서 그와 같이 행하고 있는
것이 어떠한 형국으로 이루어지는가
를 너희들은 봐야 할 것이니라.
18 나의 선지자가 너희들에게 말하였느
니라.
19 어떠한 방법이든 너희들은 남에게 뒤
지지 않는 지식과 상식을 쌓는 학문이
라는 것에 매진하여야 할 것이며, 그
리고 너희들이 속과 겉에 알찬 지식을
가지고 상식을 가지며, 또 세상을 보
는 눈을 깨달으며,
20 그와 같은 기본의 자세에서 하늘에 오
르는 나의 십계명을 지키며 나의 율법
을 지켜 나 여호와의 뜻에 따라 하늘
에 오르는 그 찬란한 빛을 보도록 하
여야 할 것이라 하였느니라.
21 지금 너희들에게 그 쓴 약이며, 너희
들이 듣기 싫으며 시행할 수 없는 그
와 같은 길을 가도록 너희들의 아픈
가슴에 매질을 하는 나의 선지자의 뜻
이 어디에 있는가?
22 정녕 이와 같이 너희들을 가르치는 것
이 나 여호와로부터 선택된 나의 선지
자가 하는 일이 아닌가?
23 정녕 너희들은 지금의 종교 지도자들
이 하는 행위와 그들이 가는 길과 나

의 선지자가 하는 행위와 그가 가는
그 모습을 보고 깨우쳐야 할 것이니라.
24 나 여호와가 너희들을 뭐라 했느냐?
25 너희들은 새로운 시대를 이룰 역사의
인물이라 하였음이니 너희들이 변하
여져 가고 또 깨우쳐 가는 것이 당연
한 것이니, 그를 너희들에게 명하는
선지자의 그 아픈 마음을 너희들이 어
찌 알겠는가?
26 그리하여 너희들을 높이, 널리 중요한
지도자로서 육성하여 쓰고자 하는 선
지자의 그 마음이 곧 나 여호와의 뜻
이니, 그의 뜻이 아니니라.
27 내가 그로 하여금 명하여 너희들에게
그와 같은 길을 가도록 하며 그 길을
열어 주고자 함이며, 너희들을 소중히
쓰고자 하며 귀히 쓰고자 하여 너희
육신의 삶을 내면과 외면을 다스리며
하늘에 오르는 길을 깨우치라 하여 너
희들에게 쓰고 아픈 그 뜻을 내가 선
지자를 통하여 너희들에게 명하는 것
이니,
28 이를 너희들은 지금 깨우쳐 한번 돌아
다봐야 될 것이니라. 과연 정녕 누가
자식을 사랑하는 어버이의 마음이며,
너희들의 창조주가 너희들을 어찌 사
랑하는 것이 너희들을 아끼며 사랑하
는 길인가를 너희 스스로 깨우쳐 이루
어야 할 것이니, 이를 명심하여 행하
여야 할 것이니라.
29 이와 같은 뜻을 나의 사랑하는 선지자
너는 너의 제자들에게 심어 줄 것이
며, 또한 이 뜻을 전해 들은 나의 만백
성 너희들은 나의 피조물 만백성을 일
깨우고 깨우쳐서 그들의 마음을 열어
줘야 할 것이니, 이를 명심하여 너희
들이 행하도록 그리하라.
30 오늘의 이 길이 힘들고 어려운 길이
나, 세월이 지난 다음에 거기에 얻어
지는 너희들의 영광이요, 너희들이 중
히 쓰이며 너희들이 나를 향하여 나의
법전을 들고 세상에 나가 나의 만백성
에게 강론할 때, 오늘의 고통이 너희
들의 기초가 되며, 기본이 되며, 영광
된 그 길임을 알라.
31 이것이 나 여호와의 뜻이며, 선지자의
뜻이 아님을 너희들이 깊이 깨우쳐야
할 것이니라.
32 나로부터 선택된 너희들의 다른 점이
요, 차별화되는 것은 너희들은 어떠한
좋은 일이든 남을 위하여 행할 수 있
는 너희들의 봉사함을 아끼지 아니하
며, 너희 스스로 모든 어렵고 힘든 그
길을 남을 위하여 봉사하며 남을 위하
여 베풀 수 있는 길이라면 그것을 웃
으면서 갈 수 있는 것이 너희들이 차
별화되는 나의 백성일 것이니라.
33 정녕 나로부터 선택되지 아니하는 자
들은 맛있는 음식을 먹을 것이며, 즐
거운 일을 할 것이며, 행복한 일을 할
것이며, 남에게 생색내는 일이요, 남
앞에 나서서 저희들을 과시하는 일이
요, 이와 같은 일은 저희들이 벌떼처
럼 모여드느니라.
34 그들은 남들 앞에 생색을 내며 또 좋
은 것을, 맛있는 것을, 그리고 편한 것
을 취하고 저희들을 자랑하는 그러한
일에 그들은 서로 몸을 다투어 벌 떼
처럼 모여드나, 힘들고 어려운 일에는
썰물이 빠지듯이 그와 같이 그들이 빠

져나감이니라.
35 그러나 나에게 선택된 너희들은 그렇
지 아니하니라.
36 너희들이 차별화된 나의 백성이라는
것은 즐거운 음식을 취할 때도, 그리
고 너희들이 좋은 일을 할 때도, 너희
들이 생색을 낼 때도, 너희들이 너희
이름을 높이 알릴 때도, 만인 앞에 자
랑스럽게 설 때도 너희들은 양보하는
마음이요, 그리고 그다음에 남는 그
힘들고 궂은 일은 너희들이 팔을 걷어
붙이고 서로 하려고 하며 앞서 하고자
하는 것이니,
37 이것이 나의 피조물 만백성과 그렇지
않은 자들과의 차별화되는 근본이며,
그와 같은 형태로 변해져 가는 것이
나 여호와의 백성들이 가는 길이니라.
38 그와 같이 살아가는 너희들이니, 내가
너희들을 보기를 얼마나 소중히 생각
하겠는가?
39 너희들이 나의 피조물 만백성을 구하
고자 하는 나의 뜻을 행할 수 있는 자
들인 것을 깊이 깨우쳐 너희 자신의
소중함을 알아야 될 것이니라.
40 어렵고 힘든 것은 자기의 몫이요, 즐
겁고 행복한 것은 남의 몫이라는 그와
같은 마음으로 살아가는 너희들이 나
에게 선택된 백성이며, 차별화된 백성
이며, 지금 잘못 가는 종교 지도자들
밑에서 구원의 길이라 하여 광란의 행
위로써 광신적인 행동을 하는 그들과
너희들이 이것이 엄연히 다른 점이니
그를 알라.
41 내가 너희들에게 전하고자 하니, 그
더러운 흙탕물이 너희들에게 튀기어
묻지 않는 그와 같은 소중하고 깨끗한
마음과 행동으로써 너희들이 살아가
야 할 것이니,
42 이제는 너희들이 70점이라는 점수를
따 인간들의 잘못 가고 잘 가는 것을
내려다보며, 나에게 오르는 길이 무엇
인지 알며 계명을 지켜야 한다는 것을
알고 있는 너희들이니,
43 내 사랑하는 너희들에게 지금 잘못 가
는 종교 지도자들의 그 썩고 냄새나고
추하고 더러운 물방울이 너희 몸에 또
튀어 와 붙는 것을 나 여호와가 괴로
워함이니라.
44 그리고 그를 볼 수가 없음이니라.
45 너희들이 더 굳건하고 단단하고 힘차
게 너희들만이 지금 살아가는 그 길을
전진하여 너희들을 보고 나의 피조물
만백성이 변해 오는 그 역사가 되어야
될 것이며, 그들로부터 튀겨 오는 그
더러운 물에 너희들이 염색되어서는
아니 될 것이니, 이를 너희들이 깊이
깨우쳐 행하도록 그리하라.

2,050 번째 하나님 말씀

2002년 3월 17일 0시 35분

1 사랑하는 선지자야!
2 "네, 여호와 하나님! 말씀하옵소서."
3 지금 나의 성령을 받아 나의 법전을
가지고 공부하는 너희들과 그리고 이
를 보고 깨우쳐 오는 자들과, 그렇지
아니하며 잘못된 종교 지도자들 앞에
구원을 받을 것이라 하여 그저 재물과
금화와 은화를 바치며 광란의 방법으
로써 저희들의 구원을 바라는 그들과

차이가 있음이니 그것은 너희들이 알
것이니라.
4 그들은 즐겁고 좋은 일에는 나선다 하
였으며 어렵고 힘든 일에는 등을 돌린
다 내가 말하였느니라.
5 그러나 너희들은 어렵고 힘든 일일 때
나서며, 좋고 너희에게 아름다운 일이
며 너희에게 득이 되는 일은 양보하는
그와 같은 마음으로써 변해져 있다 내
가 말하였느니라.
6 여기서 너희들이 또한 더 깨우쳐 나가
야 될 것이 있느니라.
7 내가 너희들에게 가르쳐 이르기를, 나
의 십계명에 '네 부모를 공경하라.'는
말이 있듯이, 너희들은 지금 잘못 가
는 그 종교 지도자들이 저희들의 이익
과 저희 자신의 득과 그리고 제가 구
원을 받겠다는 그 생각에 부모와 형제
와도 인연을 멀리하며 그저 저희들을
인도해 준다는 잘못 가르치는 종교 지
도자들의 그 말에만 귀를 기울이며,
8 그리하여 그들은 바치라는 금화와 은
화를 광적으로 갖다 바치는 그와 같은
형국이 되어 있으며, 그저 저 자신만
을 알면 되는 것이며, 이웃의 고통과
이웃의 형제를, 이웃의 나이 든 자를
돌아보지 아니하며 나약하고 힘없는
자를 바라보지 아니함이니라.
9 나의 성서에 나의 아들 예수가 행했던
것은 어렵고 힘들고 추하고 능력 없는
자, 너희들이 돌아보지 아니하는 자를
가까이 하며 그들과 더불어 살라 하며
그와 같이 하고자 하는 실천을 보였으
며,
10 그리고 나의 성서에 내가 말했듯이 너
희들이 하늘에 오르는 길이요, 깨우침
을 얻는 것은 너희들의 가장 소중한
것을 버리며 그를 위하여 나의 피조물
만백성을 구하는 그와 같은 길을 가는
것이 구원의 길이라 내가 너희들에게
깨우쳐 주었으나,
11 너희들은 그와 같은 나의 가르침은 팽
개쳐 버린 채 그저 재물 만능주의가
되어 오로지 너희들이 부귀와 영화를
얻는 것에만 급급해하는 그러한 삶을
살아가고 있느니라.
12 그러나 너희들은 그리 해서는 아니 되
는 것이니라.
13 내가 너희들에게 '네 부모를 공경하
라.'는 그 계명이 있듯이, 나의 성전에
서 같이 공부하며 나의 성령을 보고
나의 법전을 깨달은 너희들은 너희들
의 부모와 같이 나이 든 자를 부모와
같이 공경하며, 윗사람을 형제와 같이
공경하며, 같은 나이 또래를 다정한
친구라 하며, 아랫사람을 동생과 같이
생각하며 후배같이 생각하는 그와 같
은 마음의 실천이 여기서 이루어져야
되는 것이니라.
14 그리하지 아니하면 너희들이 또한 그
들과 차이가 없음이니, 너희들을 나의
법전을 읽고 깨우친 자라 말할 수 있
겠는가?
15 너희들은 그들과 차이가 있음이니 이
는 곧, 나이 든 자를 너희 부모와 같이
생각하는 효성스러운 그러한 마음을
너희들이 여기서 길러 내는 것이며,
너희 마음속에 그 마음을 심어 그를
그와 같이 대하며,
16 나이 많은 너희 윗사람을 누나요, 형

처럼 그와 같은 마음으로 대하며, 또
어린 자를 동생처럼 대하며, 그리고
남의 자식을 너희들의 친자식처럼 대
하는 그 마음을 여기서 훈련을 쌓아야
되며, 그와 같은 행동을 함에 주저함
이 있어서는 아니 되며 그와 같이 행
동을 하는 데 계산이 있어서는 아니
되는 것이니라.
17 이것이 너희들의 다른 마음이니라.
18 그리고 너희들이 나의 성전에서 그와
같은 마음을 다지며 그와 같은 마음으
로 훈련을 했을 때, 너희들이 유사시
에 그 발휘하는 마음은 한 형제요, 한
부모의 밑에 있는 자식처럼 하나의 힘
을 발휘하게 되는 그와 같은 역사를
이루게 됨이니라.
19 그와 같은 마음을 가지고 사는 너희들
이 평소에는 남들과 별 차이가 없는
것 같으나, 유사시 어렵고 힘들 때 너
희들이 힘을 발휘하고자 할 때는 그
힘의 위력은 대단한 것이니라.
20 그리하여 너희들은 지금서부터 그러
한 마음을 가지고, 이 성전에 모이는
모든 사람들을 남남이라 생각하지 말
며, 차별을 두지 말며, 가난하고 어려
운 자를 적대시하지 아니하며, 있는
자를 따르려 하거나 그를 먼저 앞세우
는 그러한 생각이 없이,
21 너희들이 나이 먹은 자는 무조건 부모
와 같이 생각하며, 윗사람을 형이요,
누나같이 생각하며, 아랫사람은 동생
과 같이 생각하며, 또 어린아이를 자
식과 같이 생각하는 그 마음이 똑같이
이루어졌을 때 너와 내가 아니라 한
'우리'라는 그와 같은 힘의 역사를 이
루게 됨이니라.
22 그러니 너희들이 그와 같은 마음을 갖
고 나의 성전에 와 나의 법전을 읽고
공부하고 깨우쳤을 때, 그 속에 너희
들의 아름다운 마음의 새싹이 트게 되
며, 그로 인하여 너희들이 하나가 되
는 그 위대한 힘을 발휘할 수 있는 역
사를 이루게 됨이니라.
23 그리하여 나의 피조물 만백성이 그와
같은 마음을 갖고 살 때, 어찌 그들이
살인하며, 거짓 하며, 남의 재물을 사
기하며, 이웃의 것을 넘겨다보며, 간
음이요, 간통이요, 그와 같은 험악한
일들을 너희들이 그리 시행하고 살아
갈 수 있겠는가?
24 너희들만이라도 그와 같은 마음을 갖
고 하나가 되는 깨우침을 얻어 나의
법전을 읽는 자들은 나의 성전에서 행
동함을 그와 같이 하는 것을 잊지 말
아야 할 것이며,
25 어떠한 하나의 나의 성전이 생겨 네가
그곳에 가서 그들을 깨우칠 때도 이와
같은 나의 뜻을 먼저 그들에게 깨우쳐
전하여 주어 하나가 될 수 있도록 그
리 다스려 나가도록 그리하라, 선지자
야!

2,051 번째 하나님 말씀

2002년 3월 17일 09시 20분

1 사랑하는 선지자야!
2 "네, 여호와 하나님! 말씀하옵소서."
3 내가 가장 작은 것을 실수하는 것이
하늘에 오르는 길에 오를 수 없는 두
렵고 무서운 것임을 알라 하였으며,

그와 같이 행하는 자는 하늘에 오를
수 없다 말하였음이니,
4 너희 인간들이 살아가는 그 습성과 또
너희들이 살아가는 생활의 형태와 마
음의 자세가 너희들이 아름다운 일을
행하면 계속 아름다운 것만을 행할 수
있으며, 부지런히 학업이라는 것에 정
진하는 자는 계속 학업에만 더 정진하
게 되어 있음이니라.
5 그리고 노력하는 자는 노력에 노력을
더하여 그와 같이 모든 것을 거두어
갈 수 있는 그 인생의 삶을 살 수 있으
나, 게으르기 시작하는 자는 그 게으
름이 계속 겹쳐 그는 영원히 인간의
도리를 다하고 살 수 없는 그와 같은
인생의 낙오자가 됨이니라.
6 그리하여 너희들이 알코올이라는 것
을 처음에 한두 잔으로 시작하여 그가
거기에 젖어들기 시작하면 그는 알코
올에 의하여 진 인생이 되며, 그로 인
하여 자기 자신의 모두를 버려야 되는
그와 같은 삶을 살게 되는 것이니,
7 이것이 너희들의 생활 형태이며 너희
들이 가지고 있는 마음이며 살아가는
방식인 것이니라, 선지자야!
8 그리하여 너의 제자들에게 이르기를,
잠시도 나의 법전을 손에서 떼어서는
아니 되며, 그를 너희들이 소홀히 해
서도 아니 되며, 내가 너를 통하여 너
희들에게 내리는 그 가르침을, 너희들
에게 전하고자 하는 나의 그 뜻을 잠
시라도 생각하지 아니하면 너희들의
마음이 흔들리며 잘못됨이라 내가 너
희들에게 일깨워 주었노라.
9 그리하여 내가 너희들에게 이르기를,
항상 감사하는 마음과 그리고 나 여호
와를 생각하는 마음을 가지라 하였음
이니라.
10 너희들이 나에게 기도하고 경배하는
그 마음과 그 시간 또한 너희들이 생
각하기에 달렸음이니라.
11 열심히 기도하고 경배하는 자는 하루
에 수없이 기도하고 경배할 수 있으나
게으르기 시작하면 너희들이 점점 멀
어짐이니,
12 그리하여 결국에는 나 여호와에게 기
도하며 경배하는 것까지도 너희들이
저버리고 잊어버리고 사는 삶을 살게
되어 있음이니라.
13 그리하여 선지자야, 노력하는 자 앞에
노력을 할 수 있듯이, 너희들이 잠시
라도 나 여호와를 찾으며 나에게 경배
하는 것을 소홀히 해서는 아니 되며,
아름답고 고운 일을 시작함에 있어 주
저해서도 아니 되며,
14 그와 같은 행위를 함에 있어서 점점
더 그 폭이 넓어지는 그와 같은 삶을
살지 아니하면 반대로 너희들은 사악
한 일과 사악함에 즐거움을 얻게 됨이
니, 인생을 그리 살아가게 되면 너희
들의 모두가 다 저버리게 됨이니라.
15 그리하니 너희들이 살아가는 그 마음
이 손등을 선택하느냐 손바닥을 선택
하느냐 하는 것은 너희들의 간단한 순
간의 판단의 마음의 착오에 있음이니,
16 이를 너의 제자들에게 일깨워 바른 삶
을 살 수 있고 항상 나에게 기도하고
경배하는 그와 같은 마음속에서 살아
가도록 그리 오늘 깨우쳐 줘야 될 것
이니 그리 알라.

2,052 번째 하나님 말씀

2002년 3월 17일 12시 20분

(강론을 마치며)

1 사랑하는 선지자야!
2 "네, 여호와 하나님! 말씀하옵소서."
3 이 세상 나의 피조물 만백성이 살아가
는 형태와 그들이 가지고 있는 그 모
습이 하나가 된 자 없으며 다 다르다
말하였느니라.
4 그렇다면 그들이 생각하고 살아가는
방법 또한 다 다름이니, 그들을 하나
하나 너희들과 뜻이 다르고 가는 길이
다르다 하여 적대시하며 그들을 탓하
고 나가며 갑론을박을 한다 하면 이는
어찌 되겠는가?
5 그와 같이 갈 수가 없느니라.
6 지금 나의 피조물 만백성이 세상을 살
아오면서 간단한 그 이치 하나를 지키
지 아니하고 실행을 하지 아니하여 지
금과 같이 혼란한 시대가 왔으며, 너
희들이 말하는 종말의 시대가 지금 와
있음이니라.
7 너희들은 살아오면서 나의 성서를 통
하여 너희들이 배우고 가르치면서 지
금 말하기를 물의 심판이요, 불의 심
판이요, 그리고 너희들이 상상할 수
없는 무서운 방법으로써 너희들을 심
판하여 사악한 자를 처리하며,
8 오로지 나를 믿고 경배하는 자들은 구
원을 받을 것이라 그리 생각하고, 너
희들은 지금도 그와 같은 시대가 올
것이라 생각하며, 나의 아들 예수가
재림하여 너희들에게 은혜와 은총을
주며 너희들을 구원할 자와 구원하지
않을 자를 심판할 것이라 너희들은 생
각하고 있음이니라.
9 그러나 내가 선지자를 통하여 너희들
에게 말하였느니라.
10 그와 같은 것은 없다 말하였음이니,
너희들은 나의 기적을 이룬 것을 지금
하나하나 점검하여 생각하며 기억해
보라.
11 6천 년 역사 중에서 안 이루어진 기적
이 어디에 있으며 안 이루어진 역사가
어디에 있는가?
12 내가 물로써 너희들을 심판하였음이
며, 그와 같이 심판한 것을 너희들은
다시 이 세상에 또 한 번 그와 같은 방
법으로써 온다는 것을 지금 이 순간부
터 너희들 머릿속에서 지워 버려야 할
것이니라.
13 그들에게 물로 심판을 하여 지금에 온
역사의 그 후손들이 살아가는 형태가
어찌 되었는가?
14 너희들이 지금 인간의 목숨까지도 인
간의 목숨으로 생각하지 않는 이와 같
은 종말의 시대가 오지 아니하였는가?
15 나의 아들 예수를 너희들에게 보내어
그가 그 고통스러운 죽음의 형국으로
써 너희들에게 보여 줬으며 그와 같은
역사를 남겼음이니라.
16 그러하면 너희들은 나의 아들 예수가
다시 또 올 것이라면 그보다 더한 처
참하고 가혹한 방법으로 그가 당함으
로써 너희들에게 깨우침을 줄 수 있다
생각하는가?
17 이미 예수가 이 세상에 와 너희들과
같이 살며 어렵고 가난하고 불쌍한 자
들과 더불어 살아가는 것을 너희들에

게 보여 주었으며 그리 살라 보여 주
었음이니라.
18 그리하여 나의 아들 예수가 이 세상에
와 죽어 갔으니, 그러한 형국을 또 한
번 너희들은 치르라 이야기하는가?
19 그것이 없느니라.
20 지금 너희들은 여기서 하나를 깨우치
고 가야 될 것이니라.
21 성서에 말하기를 나의 아들 예수가 재
림하여 너희들을 구원한다 말하였으
니, 그것은 없음이니라.
22 그는 바로 요한이라는 자가 예수가 온
다 말하여, 그는 저와 상대할 수 있는
자가 아니며, 전지전능한 여호와 하나
님으로부터 그 모두를 받아 대행할 자
가 온다 그가 미리 말하지 아니하였던
가?
23 그때 이미 예수가 온다 그에게 알려
주었으니, 그가 그리 전하여 그 시대
에 예수가 갔음이니라.
24 그러나 지금 너희들이 다시 나의 아들
예수가 재림하여 너희 백성을 구한다
는 그러한 생각은 하지 말라.
25 이것은 너희들이 만들어 낸 것이며 너
희들이 그와 같이 생각에 젖어 있는
것이니라.
26 나의 아들을 한 번 보내어 그 역사의
고통 속에 세월이 흘러온 지금에 와서
너희들이 서 있는 현 위치와 너희들이
살아가는 방법과 너희들의 가슴속에
가지고 있는 생각의 그 마음은 어찌
되어 있는가?
27 모든 사악한 것과 선한 것은 너희들의
마음에 있다 하였느니라.
28 너희들 마음속에 선한 것은 지금 얼마
를 차지하고 있으며 악한 마음은 얼마
를 차지하고 있는가?
29 나의 아들 예수가 그와 같이 죽음으로
써 너희들을 일깨우고자 하여 몇천 년
의 역사가 흘러온 다음에 지금의 너희
들의 가슴속에 가지고 있는 그 마음의
성령이 너희들에게 이루어진 현주소
이니라.
30 그러니 그와 같은 방법으로 또다시 너
희들에게 그 전철을 보인다 해도 몇천
년 역사가 흐른 다음에 나의 피조물
만백성은 이 세상에서 오늘과 같이 그
와 같은 역사가 이루어지지 아니하겠
는가?
31 어찌하여 그러한 전철을 나 여호와가
다시 밟으며 그와 같은 행위를 너희들
에게 이루어 준다 생각하는가?
32 나의 아들 예수가 죽음으로써 너희들
이 선한 마음만 가지며 지상의 낙원을
하늘의 낙원처럼 이루어 놓았다면 오
늘과 같은 이러한 시대는 없을 것이니
라.
33 너희들은 여기서 깨달아야 될 것이니
라.
34 불이요, 물로 재앙을 내리지 아니하는
것은, 그리고 나의 아들 예수를 다시
보내 구원하지 않는다는 것은 그와 같
은 역사를 지금 이룬다 해도 몇천 년
이 흐른 다음에 또한 그 백성들이 지
금보다도 더 사악하고 험악한 그 자리
에 가 있을 것이니, 어찌하여 그와 같
은 방법으로 너희들에게 가르친다 하
는가?
35 너희들은 너희 자식을 가르치는 그 교
훈의 기본도 모르는가?

36 한 번을 때려서 가르칠 자식이 매를
맞기 시작하면 그 자식이 매에 만성이
되어 그를 바로잡을 수 없으니, 다른
특별한 방법을 써야만 그를 다스리고
마음을 잡을 수 있는 가장 기본적인
그 이치도 깨닫지 못함이니,
37 어찌하여 너희들은 내가 너희들에게
한 번 다 가르치고 시행했던 그 방법
이 또 이루어질 것이라는 그와 같은
어리석은 생각을 하고 있는가?
38 이제는 없음이니라.
39 그리하여 무엇으로도 너희들의 마음
을 다스릴 수 없으며, 너희들의 마음
을 다시 잡을 수 있는 것은 이 지상과
하늘에도 없느니라.
40 오로지 마지막으로 나의 모든 성령을
태워 너희들에게 내려보내니, 이것이
그리하여 제3의 시대며 마지막이라는
나의 간절한 뜻을 너희들이 깨우쳐야
될 것이니라.
41 이제는 나의 성령을 태우는 마음으로
써 너희들이 대대손손 찢어 버리고 불
태워도 존속할 수 있는 나의 법전이라
하여 나의 성령을 기록하여 책으로 만
들어 160권이라는 나의 뜻을 다 기록
하여 세상에 내보내나니,
42 이것만이 너희들이 대대손손 천 년에
걸쳐서 이를 깨우칠 수 있는 길이니라.
43 아무리 기적을 이루며 역사를 이루어
도 너희들은 그 뿌리에 악의 씨를 완
전히 버리지 못함이니, 또 이보다 더
사악한 시대가 열어지게 됨이니라.
44 이제 너희들이 더 사악한 시대요, 더
사악한 것을 볼 수 없으며, 너희들이
더 지탱하는 세상은 악의 뿌리가 이
지구를 다 썩혀 선한 것이 뿌리를 내
릴 수 없는 그와 같은 형태가 이루어
지기에,
45 지금 내가 하나의 겨자씨를 심을 수
있는 그 옥토가 남았기에 거기에 마지
막으로 심은 것이니, 이 성전에 모여
있는 너희들이 바로 그 씨앗이니라.
46 그리하여 내가 법전이라는 것을 내려,
너희들이 대대손손 읽고 깨우쳐 이 지
상에 천 년에 걸쳐서 사악한 뿌리가
하나도 없이 할 수 있는 것은 나의 성
령뿐이기 때문에,
47 바로 나의 법전이 나의 성령이라는 것
을 너희들은 알아야 될 것이니라.
48 그리하여 나의 법전을 너희들이 열
때, 나의 법전을 정독할 때 내가 너희
들의 가슴에 와 있으며, 너희들이 그
법전을 덮을 때 내가 너희들 마음에서
하늘로 올라옴이니,
49 너희들이 항상 나에게 감사하며 나를
잊지 말고 살라 함이 여기에 있느니라.
50 너희들이 잠시라도 감사하는 생각과
나를 저버렸을 때 너희들의 마음이 흔
들림이니라.
51 사악한 마음이 너희들에게 뿌리를 잡
기 시작하면 서서히 너희 선한 마음이
자리를 잡지 못하는 이와 같은 이치의
깨달음을 알아 너희들은 내가 내리는,
52 내가 너희들에게 전하는 이 성령의 뜻
을 하나하나 잘 기억하여 너희들이 순
종할 때만 하늘에 올 수 있는 그 길을
볼 수 있음이니 그리 시행하도록 하라.

2,053 번째 하나님 말씀

2002년 3월 18일 01시 20분

1 사랑하는 선지자야!
2 "네, 여호와 하나님! 말씀하옵소서."
3 내가 너에게 이르기를, 모든 종파나 어떠한 형태든 이 지구상에서는 나의 백성 모두를 다 한 형제라 네가 생각해야 되며 그를 가슴에 안으라 하였음이니라.
4 그리고 그리 살아가는 것이 나를 향하여 오고자 하는 백성들이라 하였음이니라.
5 지금 너희들이 가고 있는 그 길은 어떠한 길을 가고 있는가?
6 서로 한 가지를 가지고 같이 깨우치는 자도 서로 갑론을박하며 저희 것이 더 크며 저희 것이 더 훌륭하며 저희 것만 위대하다 그리 말하지 않는가?
7 내가 너에게 이르기를 모두는 다 한 형제며, 그리고 너희들이 평가하지 말라 하였으며 옳고 그름을 다투지 말라 내가 너에게 말하였음이니, 그 뜻을 이제야 네가 깨우쳤는가?
8 나의 피조물 만백성 너희들은 사탄이요, 이단이요, 사악한 무리라는 것이, 그와 같은 자가 없는 것이니라.
9 최초부터 그와 같이 정해진 것이 아니며, 너희들이 그와 같은 역사 속에서 살아가는 것도 아니니라.
10 너희들이 살아가는 삶에서 어찌 살아가느냐가 가장 중요하며 그곳에 너희들이 천사요, 사악한 자의 갈림길에서 있기 때문이니라.
11 그리하여 너희들이 나의 계명을 지키며 나의 뜻에 의하여 살고자 하는 자는 나의 백성이며 나로부터 선택된 자이니 그들이 바로 나의 아들이요, 나의 딸이니라.
12 그리하여 그들이 바로 하늘에 오를 수 있는 것이니라.
13 아무리 저희가 배웠으며 똑똑한 자요, 가진 것이 많다 하여도, 그리고 많은 백성들이 그를 따르고 추종한다 하여도, 그가 어찌 행동하느냐에 따라서 그가 나의 백성이냐 아니냐 하는 것이, 나에게 선택된 자냐 아니냐 하는 것이 구분됨이니 그를 알아야 될 것이니라.
14 너희들은 그리하여 너희들 형제지간에 이단이요, 사탄이요, 사악한 무리라는 그와 같은 말을 써서도 안 되며 그와 같은 생각을 해서도 아니 된다 내가 일렀음이니라.
15 너희들이 말하기를 잘못된 자식이, 잘못 가르친 자식이, 또 잘못 행위를 하는 자식이, 그리고 너희들이 말하는 불효자라 하는 그 너희 육신의 자식들이, 그가 마음을 바로잡아 그가 더 효도할 수 있으며 더 착하고 선량한 아들로서 살아가며 부모에게 효도를 다하는 그와 같은 삶을 살아가는 자식으로 변할 수 있음이니라.
16 그러기에 나의 피조물 만백성을 너희들이 평가해서는 아니 되며, 그가 살아가는 방법과 그가 생활함의 어떠한 기로에서 어찌 살아가느냐에 따라서 그가 천사요, 사악한 자라 할 수 있음이니라.
17 그러니 이는 무엇이더냐?

18 너희들이 어찌 생각하고 어찌 살아가느냐에 따라서 너희들이 나의 아들이요, 나의 딸로서 구원을 받으며 나의 에덴동산에 와 살 수 있는 그와 같은 특권을 얻게 됨이니라.

19 그리하여 내가 선지자 너를 통하여 말하였으니, 내가 너의 제자들과 나의 백성들에게 일깨워 가르치라 말하였느니라.

20 너희들은 사탄이요, 이단이라 하는 말을 하지 말며 그와 같이 평하지 말라, 너희들이 나의 십계명을 지키며 율법에 따라 살아간다면 너희들이 곧 나로부터 선택된 백성이요, 너희들이 곧 선지자요, 나의 종이라 내가 너희들에게 말한 뜻이 여기에 있음이니라.

21 지금 너희들이 서 있는 자리에서 너희들의 삶이 어떠냐에 따라서 나의 자식이요, 나의 아들이요, 딸이요, 나에게 선택된 백성이며 나에게 책무를 받은 자라는 것을 너희들은 알 수 있음이니라.

22 그러나 너희들이 서 있는 자리에서 내가 원하는 길로 가지 아니하고, 내가 원하는 방향으로 너희들이 순종하며 살아가지 아니한다 하면 이는 무엇이더냐?

23 나하고는 아무런 관계없는 나의 피조물 백성들이라 내가 말한들 너희들이 할 말이 없음이니라.

24 그리하여 너희들이 어떠한 생각을 가지고 사느냐에 따라 정녕 이것이 천사요, 나의 선택된 백성들이니라.

25 그러니 너희들은 과연 그 기준을 어디에 둘 것인가?

26 누가 나의 뜻에 의하여 진정 살아가는 자며 나의 명에 의하여 살아가는 것이며 나에게 순종하며 살아가는 자인지를 너희들이 평가할 수 없음이니라.

27 그가 보이지 않는 생활과 보이는 생활 속에서 내면과 외면이 곧은 자세로써 나의 십계명을 지키며 나의 율법을 지키며 지금 내가 나의 성령을 태워 내려보내는 나의 법전을 지키고 살아간다 하면, 그가 바로 나에게 선택된 자이니라.

28 그리고 나에게 축복을 받으며 나의 나라에 와 영원히 살 수 있는 그러한 특권을 받게 됨이니라.

29 너희들은 말로써는 나에게 오르는 종교 지도자요, 그리고 만백성을 구하는 자들이라 아무리 떠들고 아무리 설법을 하고 너희들이 그와 같이 너희 자신을 만백성에게 알리고자 하나,

30 너희가 생활하는 그 방법이 나의 계명을 지키지 아니하며 나의 율법에 따라 살아가지 아니한다 하면 너희가 바로 사탄이요, 사악한 무리임을 너희들은 이제 구분할 줄 알아야 될 것이니라.

31 그러하니 너희들을 인도한다 하여 너희들에게 많은 인력과 조직과 그리고 성대한 너희들의 손으로 만든 그 성전에서 너희들을 가르치는 자가 바르고 옳은 길을 가지 아니한다 하면 그것은 무엇이더냐?

32 그가 바로 이단이요, 사탄이요, 사악한 무리이니라.

33 어떠한 형태든, 어떠한 초라한 모습이든, 어떠한 위치에 서 있든, 나 여호와의 뜻을 지키며 나의 계명을 지키며

그리 행하고 살아가는 자가 정녕 나의
선지자요, 나의 종이요, 나에게 선택
된 백성이며, 나의 아들이요, 나의 딸
임을 너희들이 알아야 될 것이니라.
34 그러니 지금서부터 너희들이 살아온
이 현시점에서 너희들이 어떠한 길을
선택해야 될 것인가를 거기서 너희들
이 깨우쳐야 할 것이니,
35 너희들이 나의 아들딸로서 다시 태어
나는 영광을 얻을 것인가, 그렇지 아
니하면 너희들이 상상할 수 없는 너희
들이 지은 그 죄의 대가를 지옥 불에
가서 치르는 그와 같은 험난하고 고통
스러운 삶을 살아갈 것인가 지금 너희
들이 선택할 때가 와 있음이니라.
36 지금 너희들이 서 있는 자리에서 나의
계명을 지키며 나의 율법에 따라 살아
가겠다 그리 마음을 다지며, 그리 자
세를 바꾸며 그곳으로 방향을 전환하
는 자는 정녕 하늘에 오르는 빛을 볼
수 있으며 나 여호와의 품에 올 수 있
음이니라.
37 그러나 지금 나의 법전을 읽는 이 순
간에도 정녕 나의 율법을 따르지 아니
하며 너희들을 잘못 가르치는 종교 지
도자들의 그 말에 현혹되어 그 길을
계속 살아간다 하면 그는 영원히 나에
게 구원받을 수 없음을 너희들이 알아
야 할 것이니라.
38 정녕 그것이 너희들이 의심스럽고 불
안하며 너희들이 실천할 수 없거든,
너희들 인간사에 살아가는 그 법도와
질서에 어긋나지 아니하는 행동을 행
하며 살라.
39 그러면 그것이 바로 나의 품에 올라올
수 있는 영광을 너희들이 얻게 되는
것이니, 이를 깊이 깨우쳐 행하도록
그리하라.

2,054 번째 하나님 말씀

2002년 3월 18일 02시 45분

1 사랑하는 선지자야!
2 "네, 여호와 하나님! 말씀하옵소서."
3 너희들이 살아가며 너희 육신을 관리
하고 통제함에 있어서 너희들이 모든
동식물들을 섭취하면서 그것에서 영
양을 얻어 너희 몸이 균형 있게 자리
가 잡혀 감이니, 모든 것은 양분이 있
으며 그 양분이 너희 몸을 받쳐 주는
그와 같은 원동력이 되기에 너희들이
지탱하니, 많은 것을 섭취하고 살아가
게 되어 있음이니라.
4 너희들이 말하는 너희 몸을 보호하며
좋은 약이라 하는 것이 있으며 또 맛
있고 좋은 음식이 있음이니라.
5 그러나 너희들은 몸에 좋다는 그 약만
을 가지고 지탱할 수 없으며 살아갈
수 없음이니라.
6 그리고 너희들이 맛있고 좋은 음식이
라 하여 그 음식만을 계속 섭취하고
그것 하나 가지고 계속 살아갈 수 없
도록 너희 몸의 형태의 균형이 되어
있지 않은가?
7 이 이치를 가지고 종교 지도자들이요,
종교의 믿음을 향하여 살아가는 나의
백성들이 여기서 깨닫고 하나 알고 가
야 할 것이 있느니라.
8 내가 너희들에게 말하기를, 모두는 다
나의 뜻에 의해서 세상에 나온 것이며

나로 하여금 존재함이니, 그들이 다
필요하며 그들이 사용처가 있고 그들
이 그 자리에 있어야 하기 때문에 내
가 그와 같이 만들어 놓았다 하였음이
니라.
9 그리하여 너희들에게 모든 종파는 한
형제요, 너희가 욕하고 시기하고 질투
하는 것이 아니라 그들을 다 인정하는
속에서 살아가야 한다 함이니라.
10 그리하여 그 속에서 그들이 잘못 가는
것을 바로잡고 일깨워 주고 가는 것이
너희들이 가야 할 길이며, 모든 종파
를 가슴에 안으라 함이 여기에 있느니
라.
11 미신이요, 또는 기복 신앙이요, 모든
종파들이 다 하나라 하는 것은 내가
너희들에게 일깨워 주는 뜻이 여기에
있음이니라.
12 내가 그들이 점수를 가지고 있다 하였
음이니, 그들이 다 존재하며 그들이
있음으로써 내가 추구하는 그 사랑의
결실을 위하여 그들이 다 나름대로 조
금씩 그 길을 가고 있다 하였음이니라.
13 너희들 육신에서 섭취하는 모든 동식
물의 영양가가 다 다르며, 양분이 강
한 것이 있는가 하면 약한 것이 있듯
이, 너희들에게 다 필요하기 때문에
그를 섭취하고 사느니라.
14 너희들이 그를 골고루 모두 섭취하여
너희 몸에 필요한 그 영양소를 조금씩
공급해 주지 아니하면 너희 몸에 이상
이 생기며 그를 지탱할 수 없느니라.
15 너희들이 아무리 좋은 약이요, 아무리
좋은 음식이라 해도 그것 가지고 너희
육신을 지탱할 수 없듯이, 내가 너희
들에게 이르는 깨우침도 또 그와 같이
마찬가지이니라.
16 너희들이 하나만을 가지고 살아간다
하면 너희들은 모두를 깨우치고 이해
함이 부족함이니라.
17 그리하여 모든 종파들이 다 내가 원하
는 사랑의 그 길을 위하여 각자 그들
의 위치에서 그들의 영양소를 공급하
듯이, 그들의 임무를 수행하고 그들이
맡은 바를 시행하고 있음이니라.
18 다만 그들이 저희들이 제일 좋은 양분
이요, 영양 공급에 필요한 가장 중요
한 것이라 부르짖고 있음이니라.
19 그리하여 그 영양분이 너희들의 육신
에 들어가 피를 만들어 너희들이 지탱
할 수 있듯이, 나의 모든 종파들이 각
자 맡은 만큼 사랑이라는 것을 향하여
너희들이 갈구하고 부르짖는 그 속에
서 모두가 다 내가 필요하여 이 세상
에 만들어 놓았다 하는 것을 너희들이
알아야 할 것이니라.
20 그리하여 그들의 모두를 통제하며 이
제는 그들을 하나로 다스리기 위하여,
이제 그들의 소임이 다 되었으며 그들
이 다 스스로 깨우쳐 한 길을 보고 하
늘에 오르는 그 길을 깨우쳐야 될 것
이니, 그게 바로 무엇이더냐?
21 지금까지 그들이 존재하였으며 그들
이 이끌어 왔던 그 종파들은 나의 성
령으로써 세상에 내보내는 나의 법전
의 그 기틀을 위하여 그들이 존재하였
으며, 이 법전이 나오기 전까지 그들
이 내가 존재하는 사랑의 그 실천을
그들 나름대로 행하고 있었음이니라.
22 그리하여 그들이 준비 단계로 이루어

졌으며, 크고 작은 그와 같은 단계로
이루어진 너희들의 그 생활 속에서 지
금 나의 법전이 세상에 나가 나의 성
령을 받아들이고 그를 이해하고 따르
며 깨우치는 자들이 일어나게 되어 있
음이니라.
23 그리하여 그 모두의 준비를 하기 위하
여 그들이 지금까지 존재하였으며 그
들이 지탱하여 왔음을 알아야 될 것이
며,
24 나의 성령이 세상에 나와 나의 법전이
세상에 전해질 때, 그를 전하는 길이
며 그 역사하는 길을 그들이 전하고
바로잡기 위하여 그들이 존재하였다
는 것을 알아야 될 것이며 그들을 존
속시키게 하였음이니라.
25 그리하여 나의 성령이요, 나의 법전이
세상에 나가 그를 기틀로 하여 하늘에
오르는 길을 바로 보고 못 보는 것은
너희들의 뜻에 달렸으며 너희들의 판
단에 달렸느니라.
26 그러나 지금 작은 깨달음이요, 작은
일부를 담당한 너희들이 그것이 오로
지 하늘에 오르는 길이며 만백성을 구
원하는 길이라고 착각하고 있으며, 그
길이 아니면 아니 된다 그리 부르짖고
있는 형국이니라.
27 그리하여 너희들은 나의 이 법전이 나
가 이 뜻을 읽고 난 다음에 너희 스스
로 깨우쳐야 할 것이니, 너희들이 지
금까지 모든 종파들을 이끌어 오며 지
탱하고 견딘 것은 나의 법전이 나갔을
때 그를 받쳐 주기 위한 하나의 역할
로서 존재한 것이며,
28 너희들이 하늘에 오르는 길을 정녕 인
도하며 직접 나에게 만백성을 이끌고
오는 그와 같은 역할을 할 수 없음이
니라.
29 너희들이 할 수 있는 것은 한계가 있
음이니라.
30 너희들이 깨우치고 행하는 것은 내가
말하듯이 100에서 60이라는 그 점수
를 넘지 못하거늘, 그 점수를 가지고
너희들이 세상을 통제하며 나의 피조
물 만백성을 하늘에 오르는 길로 이끄
는, 정녕 너희들만이 바른길이라 그리
착각하지 말라.
31 너희들의 모두는 다 나의 성령을 직접
태워 나의 법전이 세상에 나가 내가
새로운 시대와 새로운 역사를 이루는
그 준비를 위하여 존재하였다는 것을
깨우쳐야 될 것이며,
32 이제는 너희 스스로 나의 법전 앞에
고개 숙여 나의 성령의 뜻을 깨우치고
바로 읽고 깨달아 너희들이 이끌던 나
의 피조물 만백성을 진정한 하늘에 오
르는 길로 인도할 때가 되었음이니,
33 이를 거역하는 자는 존속하지 못할 것
이며, 깨닫고 이에 순응하고 이를 따
르는 자는 존재하고 이 세상이 새롭게
태어나는 그 역사에 진입할 수 있으
며, 또한 더불어서 그의 영혼이 구원
을 받는 영광을 얻게 된다는 것을 너
희들이 잊어서는 안 될 것이니, 이를
깊이 깨우쳐야 할 것이니라.
34 이 세상의 모두는 나의 뜻에 의하여
이루어졌으며 나의 주관하에 행하여
진다 하였음이니라.
35 그리하여 지금 너희들이 수천 년 역사
동안 흘러오면서 내가 내린 나의 뜻이

요, 나의 성서를 너희들이 때로는 왜
곡되게 기록하여 그리 왜곡되게 가르
쳐 지금같이 험악한 세상이 되었음이
니,
36 이 모두를 바로잡기 위하여 나의 성령
을 태운 나의 법전이 세상에 나감이
니, 이게 바로 모든 시대를 다 통일하
고자 함이니라.
37 그리하여 내가 직접 나의 성령을 태워
내려보내는 것이라 말함이니, 내가 만
든 나의 피조물 만백성 너희들과 이
지구의 모든 것을 관리하고 통제하는
것은 나의 주관하에 이루어지며, 나만
이 너희들을 바로잡고 시정하고 바로
이끄는 그와 같은 역사를 이룰 수 있
음이니라.
38 지금 내가 만든 나의 피조물 만백성,
그리고 이 지구상의 모든 동식물이요,
그 모두가 이루어진 형태가 나의 뜻이
니, 내가 지금서부터 그들을 내가 원
하는 길로 바로잡고자 함이니,
39 너희들이 내가 법전을 내려보내는 그
뜻을 깊이 깨우쳐 알아야 할 것이니라.
40 창조주인 내가 바로잡고자 함이니 너
희들이 이것을 벗어나서 존재할 수 없
으며, 나의 뜻을 거역하고 존재할 수
없음이며, 나의 법전에 따라 너희들이
행하지 아니하고는 에덴동산을 이루
는 이 지구상에 너희들이 존재할 수
없으며 지탱할 수 없다는 것을 알아야
될 것이니라.
41 너희들이 내가 직접 내린 나의 법전을
따르며 이를 깨우쳐 오는 자만이 구원
을 받을 수 있다는 것을 명심하여야
될 것이니라.
42 이는 창조주인 내가 바로 세우기 위하
여, 바로잡기 위하여 내려보낸, 내가
직접 내려가는 것과 같은 나의 성령이
기 때문이니,
43 창조주가 명하는 그 뜻을 너희들이 거
역하고 이탈하고 그를 순응치 않고는
존재하며 지탱할 수 없다는 그 이치를
깨달아 너희들이 바로 행하여야 될 것
이니 그리 알라.

2,055 번째 하나님 말씀

2002년 3월 18일 08시 40분

1 사랑하는 선지자야!
2 "네, 여호와 하나님! 말씀하옵소서."
3 내가 너를 사랑하며, 너의 제자들 또
한 나 여호와가 사랑함이니라, 선지자
야!
4 네가 정녕 나 여호와의 뜻이 무엇이
며, 그리고 성서라는 것이 무엇이며,
구약의 시대가 무엇이며, 신약의 시대
가 무엇이며, 그리고 구약 시대의 역
사가 이루어졌던 그 내용이요, 그 흐
름조차도 몰랐던 네가,
5 예수의 죽음조차도 아무것도 몰랐던
네가 나로부터 선지자라 명함을 받아
변하기 시작하여 나의 열여섯 권의 법
전을 세상에 내었으며, 2부의 나의 법
전을 지금 이렇게 기록하고 있음이니,
너의 오늘의 변하는 그 모습에 나 여
호와의 마음이 기쁘기 한량없도다.
6 사랑하는 선지자야,
7 너희들이 그리 말하지 아니하는가?
완벽한 사람이 없다 말하느니라.
8 그리하여 서서히 살아가면서 변화되

는 것이며 서서히 살아가면서 옳고 그
름을 판단하게 되는 그와 같은 깨달음
속에서 사람이 변하여져 가느니라.
9 그러나 너희들이 인간의 육신이 변하
는 것은 내가 말했듯이 한계가 있다
하였으며, 그 한계를 초월하여 변할
수 없다 내가 너희들에게 말하였느니
라.
10 그러나 너 또한 60이라는 그 나이의
인생을 육신 속에 살아왔으며 그 세속
속에 허덕이며 파묻혀서 흘러오듯이
살아온 네가, 믿음을 모르며 성서를
모르며 그 성서의 구약과 신약의 그
역사 속에서 아무것도 모르던 네가,
11 오늘 똑같은 인간 속에서 살아온 그
삶을 저버리고 나의 성령의 뜻을 기록
하여 변하여 오는 네 모습이 얼마나
많이 그리도 변하였던가?
12 나 여호와가 너를 보기에 그 기쁜 마
음을 감출 수 없으며, 그리고 모든 천
사들도 감히 네 앞에 와 말을 하지 못
함이니라.
13 그와 같이 변하는 너의 모습을 보고
모두들 감탄하고 있음이니, 너는 오늘
인간의 그 탈을 벗지 못하며 인간 세
상의 삶을 벗지 못하는 그를 아파하지
말며, 선지자야, 괴로워하지 말라.
14 네가 정녕 얼마나 많은 시간을 나를
위하여 경배했으며, 나를 위하여 네가
기도했으며, 그리고 나의 십계명의 뜻
이 무엇이며 내가 추구하는 것이 무엇
인지 얼마나 네가 공부하고 깨우쳤느
냐?
15 그 시간은 잠깐 지나가는 시간도 안
됨이니라.
16 그 속에서 네가 오늘과 같이 변하며,
네가 가고자 하며 바로 서고자 하는
너의 그 마음이 갸륵하기 끝이 없음이
니, 너는 괴로워하지 말라, 선지자야!
17 이제는 네가 세월이 지나면 지날수록
그 자리를 알 것이며, 변화될 것을 알
것이며, 네가 가는 길을 알고 있지 않
으냐?
18 내가 하나의 겨자씨를 이 썩고 썩은
지구상에 심었음이니, 그 겨자씨가 지
금 서서히 잘 자라고 있으며, 이제는
비바람이 불어도, 태풍이 불어도 넘어
지지 아니할 만큼 네가 성장하였음이
니, 이를 심은 나 여호와가 보는 마음
이 얼마나 기쁘고 흐뭇하겠는가?
19 이제는 거름을 주고 기르면 됨이니,
나의 이 어렵고 힘든 고비를 네가 넘
겼다 한다면 너는 어찌 생각하는가?
20 너희들 육신의 세계에서 자식을 낳아
그 자식이 성장하며, 그리고 그가 걸
음마를 배우며, 그가 말을 배우며, 그
가 걸을 수 있는 것을 지나 달릴 수 있
는 그와 같은 길이 있다 하면 그 부모
의 마음은 얼마나 흐뭇하며,
21 이제는 그 자식에 대한 마음의 한 구
석을 놓을 수 있으며 그리고 그 자식
이 잘 성장할 수 있다는 것을 느끼지
아니하겠는가?
22 그리하여 그를 잘 보살피고 이제는 그
를 잘 성장하도록 돌보아 준다면, 그
와 저의 부모와는 의사가 소통하며,
또 깨달음이 있으며, 서로 의사를 타
진하면서 살아가며 그 어렵고 힘든 저
희들의 이야기들과 육신으로써 견디
기 아프고 쓰린 것을 다 의사 소통으

로써 전할 수 있으니, 그게 서로 교류
하게 됨이니라.
23 그리하여 답답함이 없으며 어려움이
없이 그리 잘 영양분을 공급하며 그를
키우면 되나니, 지금 나 여호와가 너
를 보기를 그와 같으니라.
24 이제는 네가 걸을 수 있고 달릴 수 있
는 그 단계에 섰으니, 나 여호와가 네
가 쓰러질 것을 염려할 것도 없으며
부러질 것을 염려할 것도 없으며 네가
꺾일 것을 또한 염려할 것도 없음이니
라, 선지자야!
25 이것이 지금 네가 와 있는 자리이며,
네가 그리 성장해 와 있기 때문에 나
여호와를 기쁘게 함이 그지없으며, 하
늘에 있는 천사들도 너를 보고 감히
말하지 못하며 두려워하고 있음이니
라, 선지자야!
26 이제는 곧게 성장하면 되느니라.
27 그리하여 굵고 굵은 나무로 성장하여
이 세상을 다 그늘로써 덮을 수 있는
그와 같은 나의 성령으로써 성장하는
네가 되면 될 것이니라.
28 선지자야,
29 작은 나무가 무슨 영향력을 발휘하겠
는가?
30 지금까지는 네가 내가 심은 그 옥토
속에서 싹을 틔우며 노랗게 성장하기
도 바빴음이니, 그 성장을 지나 네가
지금 커 가고 있음이니, 그 나무가 어
찌 성장하겠는가?
31 그 나무는 이 지구상의 모두를 다 덮
을 것이며, 그 작은 겨자나무가 성장
하여 이 세상을 덮을 때, 나의 피조물
만백성의 휴식처가 될 것이며, 안식처
가 될 것이며, 그들 머릿속에 영원히
기억할 수 있는 겨자나무가 되지 아니
하겠는가?
32 네가 이제 성장하며 성장함으로써 나
의 피조물 만백성의 마음과 정신의 병
을 인도하고 고쳐 줄 수 있는 권능이
너와 더불어 같이함이니라.
33 이제 네가 바로 성장하기 때문에 그와
같이 변하여짐을 알아야 될 것이니라.
34 너를 찾아온 자가 말하였느니라.
35 모든 영광을, 예수 못지않은 영광을
다 네가 가질 것이며, 그가 행하였듯
이 세상사를 다 네가 정할 수 있는 그
능력이 너의 몸에 임하였다 그리 말하
였음이니,
36 그건 바로 네가 부러지지 아니하며 꺾
이지 아니하며 뽑히지 않는 그와 같은
겨자나무가 성장하는 것을 그들이 축
하하는 것이며 그들이 그를 전하는 것
이니, 그리 알아야 될 것이니라, 선지
자야!
37 이제는 너를 바라보며 너를 아는 나의
피조물 만백성이 너를 찾아올 것이며
그들이 임무를 찾아 시행할 것이니라.
38 처음에 조그맣게 흐르던 그 둑의 물이
흐르고 흐름으로써 큰 제방이 무너진
다 하였지 않느냐?
39 그리하여 지금 나의 피조물 만백성이,
나로부터 사명을 받으며 나로부터 터
치된 자들이 하나둘 너희들에게 모여
듦이니, 세상사는 이제는 구멍이 나기
시작할 것이며 새로운 역사요, 새로운
시대가 열어지며 새로운 땅이 이루어
지는 거룩한 그 시대는 점점 전진하여
나갈 것이며, 나의 이 지구를 너희들

의 그 마음으로 다 덮게 될 것이며, 네
가 성장하여 그 겨자나무의 그늘로써
세상을 다 보호하며 감싸는 그와 같은
시대가 오게 될 것이니라.
40 노란 병아리를 어미 닭이 보호하듯이,
그 품에 끌어안듯이 네가 나의 피조물
만백성을 그리 끌어안을 것이며 그리
보살필 날짜가 머지않았음이니라, 선
지자야! 네 임무가 그와 같으니라.
41 모든 사악한 무리들로부터 공격받을
것이니라.
42 그 병아리를 공격하고자 하는 모든 사
악한 것들로부터 그 어미 닭이 품에
안아 그를 보호하듯이, 네가 이제 이
겨자나무로서, 이 그늘로, 안식처로서
성장한 나무 품속에 나의 피조물 만백
성이 안식처를 찾으며 아름다움을 찾
으며 인간의 삶을 찾으며 인간의 진리
를 찾으며, 그 속에서 인의를 본바탕
으로 하여 사는 나의 피조물 만백성에
게 역사를 이룰 것이니라, 선지자야!
43 그러하니 울지 말라. 그리고 눈물을
거두라.
44 네가 잘 가고 있음이니라.
45 모든 인간들이 견디고 넘을 수 없는
그 선을 넘어 네가 인간 세계를 스스
로 넘었다 하면 누가 믿겠는가?
46 나 여호와만이 아느니라.
47 그리고 하늘에 있는 천사들이 알고 있
음이니라, 선지자야!
48 네가 너 스스로 인간의 그 삶을 넘어
지금 나에게 오고 있음이니, 지금까지
지키고 행하며 순종하며 변화되는 너
의 그 모습이야말로 이 세상 어느 나
의 백성도 그리 갈 수 없다 함을 알라,
선지자야! 그러니 눈물을 거두라.
49 그리고 네가 아직도 그 선을 넘어 나
에게 오기가 멀고도 먼 길이 남아 있
으나, 네가 그 모두를 초월하여 지금
그 육신의 세상을 넘어 나의 나라에
진입하여 와 있음이니, 이를 누가 기
뻐하지 아니하며 감히 두려워하지 아
니하겠는가?
50 그리고 너를 칭송하지 아니하는 자가
어디 있겠는가, 선지자야!
51 눈물을 거두라. 울지 말라.

부 록

【하나님께서 가르쳐 주신 운동】

천재지변이 일어날 때, 동물이나 미물들은 미리 알고 대피하지만, 인간은 알지 못하고 큰 화를 당합니다. 하나님께서 인간에게 가장 높은 지혜를 주시고 완벽하게 창조해 주셨기에 동물들보다 더 잘 알 수 있지만, 욕심으로 마음이 혼탁해져서 한 치 앞을 보지 못하는 것입니다.

마찬가지로, 인간은 누구나 스스로 필요한 운동을 해서 건강을 지킬 수 있도록 하나님께서 만들어 주셨습니다. 우리의 머리에서 우리 몸에 필요한 동작을 해 달라고 끊임없이 신호를 보내지만, 인간이 혼탁하게 살아서 그 신호를 알아채지 못합니다. 그러니 자연스럽게 자기 몸이 원하는 그 신호를 따라서 운동하는 것이 하나님께서 가르쳐 주신 운동 방법입니다. 바로, 우리의 영이 육을 이끄는 운동입니다.

▶ 하나님 운동법

1. 눈을 감고, 발을 어깨너비로 벌리고 바르게 선다.
2. 몸에 힘을 풀고, 허리를 숙이면서 손과 머리를 아래로 내린다.
3. 허리를 펴고 싶을 때, 천천히 펴면서 하고 싶은 동작을 하면 운동이 시작된다. (사람마다 다르다.)
4. 멈추지 말고, 어떤 동작이든지 자기 몸의 느낌대로 계속 이어서 한다.

▶ 참고 사항

① 눈을 감은 상태로 아무 생각 하지 않고, 자기 몸의 느낌대로 움직입니다.

② 마음을 비우고, 욕심을 버리고, 지난날의 잘못을 반성하면서 몇 차례 시도하다 보면, 자기도 모르게 하고 싶은 동작이 끊임없이 생깁니다.

③ 운동 장소는 방 안이든 운동장이든 관계없으며, 걷거나 달리고 싶을 때는 눈을 떠도 됩니다.

④ 매일 40분 이상, 주 4회 이상, 3개월 이상 하면 음식 조절에 들어갑니다.
- 음식으로 생긴 병은 음식으로 치료하게 되며, 어떤 음식을 먹어야 하는지 스스로 알게 됩니다.
(자기 몸에 필요한 음식만 먹고 싶어집니다.)

⑤ 사랑하는 사람과 함께 운동하면 서로 치료해 주기도 합니다.

⑥ 운동을 하다가 몸의 어느 한 부분을 계속 손으로 자극한다면 그쪽에 이상이 있는 것이니, 의사에게 상담을 받고 적절한 치료를 받으면 됩니다.

⑦ 다이어트 및 기타 건강관리에 효과적입니다.

⑧ 꾸준히 운동하여 영이 맑아지면, 자신의 과거와 미래를 스스로 보게 됩니다.

누구나 스스로 하실 수 있습니다.

간 행 사

《새로운 성경》은:

· 새로운 성경은, 하나님께서 선량하고 선한 자를 선택하여 십계명을 암송하도록 하시고, 십계명을 암송한 다음에 음성으로써 들려주시는 말씀을 듣고 그대로 카세트테이프에 녹음해서 받아쓴 책입니다.

· 90분짜리 녹음테이프 700여 개에 달하는 말씀으로, 1999년 8월부터 2004년 7월까지 총 160권(권당 288쪽)을 완성하였으며, 그 이후에도 현재까지 계속 말씀을 내려 주고 계십니다.

· 새로운 성경은 "하늘을 두루마리 삼고 바닷물을 먹물 삼아 쓰고 써도 다 못 쓴다"는, 끝없이 방대한 하나님의 말씀이 두루마리로 직접 내려오는 것입니다. 이러한 새로운 성경은 구약과 신약을 폐하려는 것이 아니라 "인봉된 성서의 비유의 뜻"을 상세히 설명하여 완성하고자 하나님께서 직접 내려 주신 말씀입니다.

《새로운 성경》의 구성:

· 제 목: 2013년, 160권 모음집을 발간하면서, 본 도서의 제목을 "하나님! 말씀하옵소서"에서 《새로운 성경》 으로 명해 주셨습니다.

· 단행본: 각 권당 288쪽(신국판) 책이 160권까지 시리즈로 출판됩니다.
(모음집은 단행본을 16권씩 묶어서, 총 10부로 구성됩니다.)

《새로운 성경》의 성경적 근거:

· 신약 성경 [요한복음] 16장 13절에 "진리의 성령이 오시면 그가 너희를 모든 진리 가운데로 인도하시리니 그가 자의로 말하지 않고, 오직 듣는 것만을 말하며" 하신 말씀처럼 하나님의 음성을 들은 것만 기록하였으며,

· "장래 일을 너희에게 알리시리라" 하신 말씀과 같이 개인, 나라, 인류의 "장래"일을 하나님께서 알려 주시는 것만 기록하여 책으로 만들었습니다.

《새로운 성경》의 기록 방법:

· 1999년 8월부터 하나님께서 저에게 들려주시는 음성을 기록하였습니다. 처음에는 제가 들은 말씀을 불러 주면 저의 아내가 기록하여, 2000년 1월 29일에 1권 초판이 세상에 나왔습니다. 2000년 4월부터는 주시는 말씀을 받아 녹음기에 기록하기 시작하였습니다.

· 녹음을 시작하면서 하나님의 말씀을 받는 데 가속도가 붙었고, 2001년 5월 3일에 1부(1~16권까지)를 인쇄하여 출판하였으며, 2004년 7월까지 총 160권 분량의 말씀을 받아 기록하였습니다.

하나님께서 저에게 주신 것은:

· 첫째, 만백성을 상대로 내려 주시는 "기도", 둘째, 수시로 내려 주시는 "묵상", 셋째, 개인의 과거, 현재, 미래를 알려 주시는 "개인 기도", 넷째, 개인의 건강을 위해서 내려 주시는 "음식 처방", 다섯째, 하나님께서 가르쳐 주신 "운동"등이 있습니다. 이 중에 첫 번째, "기도"를 책으로 편찬하였습니다. 사람의 생사, 개인의 미래에 관한 천기는 수록하지 말라 하셨습니다.

강론 안내:

· 하나님께서는 지금도 매일 저에게 새로운 하늘의 비밀의 말씀을 내려 주고 계십니다. 수시로 내려 주시는 말씀을 정리해서 제자를 육성하라는 말씀에 따라 매주 강론을 하고 있습니다. 누구나 무료로 들으실 수 있습니다. (book160.com)

《새로운 성경》을 읽는 분들에게 드리는 선물:

· 개인 기도: 개인의 과거, 현재, 미래에 관하여 말씀을 내려 주십니다.

· 음식 처방: 사람은 음식을 먹고살다가 건강을 잃으니, 음식과 운동으로 건강을 되찾는 방법을 알려 드립니다. 단, 하나님이 계심을 믿고, 십계명을 지키겠다고 진실로 서약하는 분들께 알려드립니다.

《새로운 성경》의 은혜와 기적:

· 새로운 성경 전160권은 16권씩 묶어서 총 10부의 모음집으로 구성됩니다. 모음집 한 부를 읽고 깨우치는 자에게 하나님께서 다음과 같은 기적이 있다고 하셨습니다.

· "첫째, 그가 죽어 하늘에 갔을 때 그의 죄를 묻지 아니하며, 구원을 받는 위대한 은혜가 있으며, 둘째, 그의 소원과 소망이 이루어지고, 셋째, 죽은 자(부모, 형제, 자식, 사랑하고 은혜 입은 분)의 이름으로 구입한 책을 읽고 누군가 한 사람이 깨우칠 때, 그 죽은 자가 지옥에서 천국으로 구원을 받게 되며, 넷째, 유산, 중절 수술 등으로 태어나지 못한 아이를 위하여 구입한 책을 보고 한 명이 깨우쳤을 때, 그 아이가 사람으로 다시 한 번 태어나는 은혜를 받는다."

· "새로운 성경"을 3회 이상 정성을 다해 정독하는 자, 성서의 비밀을 알게 되고, 세상의 이치를 알게 되며, 세상을 지배하고 통제할 수 있는 지혜를 다 얻게 된다고 하셨습니다. 이 책은 만백성이 정독하고 이웃에게 전하여, 평생 가슴에 묻은 슬픔과 고통의 짐을 벗고 미래를 위한 힘찬 삶을 살아가도록 하는 책입니다.

끝으로

· 하나님께서는 흰 눈이 세상을 덮듯이 새로운 성경을 온 세상에 전하라고 하셨습니다. 《새로운 성경》을 각국어로 번역해서 온 인류에게 구원의 길을 깨우쳐 주고, 그 수익으로 가난하고 어려운 백성을 구제하여, 만백성의 영과 육을 함께 구원하는 선지자의 임무를 수행하라고 저에게 명하셨습니다.

· 하늘에서 내려 주신 말씀의 보화를 만백성에게 나누어 주는 것이 선지자의 임무라고 하셨습니다. 새로운 성경을 통해서 얻는 재물을 사용할 곳도 하나님께서 일일이 명해 주십니다. 모든 재물은 저의 자의로 쓸 수 없고, 하나님께서 명하시는 대로만 쓰여집니다.

· 어떤 명분으로든 십일조나 각종 헌금을 거두어들이지 말라 하셨으며, 국내뿐 아니라 각국에 성전과 단독 서점을 운영하며, 한국의 많은 젊은이들을 전 세계에 지도자로 내보내라고 하셨습니다.

· 우리는 세계적으로 새로운 성경을 보급하며 어려운 이들을 돕는 역사를 해 나갈 것입니다. 지금까지 비록 몇 명 안 되는 제자들과 함께 이러한 일을 역사했지만, 앞으로도 계속 하나님께서 기뻐하시는 일들을 해 나갈 것입니다. 부족한 저희에게 여러분들의 지혜와 성원을 보내 주시기를 바랍니다. 많은 분들의 참여와 도움을 간절히 기다립니다. 감사합니다.

한국어로 내려온 《새로운 성경》 단행본을 출간하며
2016년 4월 10일

발행인 김 용 철

한국어로 내려온

새로운 **성 경** · 2부 · 제26권

지은이 하나님 말씀
대역자 김용철

초판인쇄 1쇄 2006년 12월 12일
재판인쇄 1쇄 2017년 4월 3일

펴낸 곳 도서출판 하얀마음
등록번호 제 10-2107호 (2001년 2월 14일)
주소 서울시 노원구 덕릉로86길 5, 2층
전화번호 02) 313-1114
팩스 02) 393-5554
전자우편 book160@hanmail.net
편집위원 조나영 김미향 이석교
제작지원 민평기 양영아 민대웅 민영주 김도윤 민지영 이현종

도서상담 1600-7527
ISBN 978-89-5875-126-7 (04230)
978-89-5875-100-7 (세 트)

값 10,000원
잘못된 책은 구입하신 곳에서 바꾸어 드립니다.

※이 책은 10부로 제작되며, 각 부 16권씩 총160권으로 구성됩니다.※

1부	**2부**	3부	4부	5부	6부	7부	8부	9부	10부
1권	17권	33권	49권	65권	81권	97권	113권	129권	145권
2권	18권	34권	50권	66권	82권	98권	114권	130권	146권
3권	19권	35권	51권	67권	83권	99권	115권	131권	147권
4권	20권	36권	52권	68권	84권	100권	116권	132권	148권
5권	21권	37권	53권	69권	85권	101권	117권	133권	149권
6권	22권	38권	54권	70권	86권	102권	118권	134권	150권
7권	23권	39권	55권	71권	87권	103권	119권	135권	151권
8권	24권	40권	56권	72권	88권	104권	120권	136권	152권
9권	25권	41권	57권	73권	89권	105권	121권	137권	153권
10권	26권	42권	58권	74권	90권	106권	122권	138권	154권
11권	27권	43권	59권	75권	91권	107권	123권	139권	155권
12권	28권	44권	60권	76권	92권	108권	124권	140권	156권
13권	29권	45권	61권	77권	93권	109권	125권	141권	157권
14권	30권	46권	62권	78권	94권	110권	126권	142권	158권
15권	31권	47권	63권	79권	95권	111권	127권	143권	159권
16권	32권	48권	64권	80권	96권	112권	128권	144권	160권